Elogios para Storytelling de Domínio

"Este livro oferece uma excelente introdução a uma técnica acessível, estruturada e baseada em narrativa para uma modelagem de domínio colaborativo. E para aqueles que desejam ir além, Stefan e Henning os ajudarão não apenas a evitar as armadilhas comuns da facilitação, mas também a integrar o conhecimento de domínio em seu trabalho de desenvolvimento diário."

— *Paul Rayner, autor do livro The EventStorming Handbook*

"Este livro se destina a ser o recurso definitivo sobre Storytelling de Domínio por muitos anos."

— *Mike Cohn, cofundador da Agile Alliance*

"Até agora, quando as pessoas falam sobre visualização, geralmente querem dizer 'palavras em caixas no quadro branco'. Representar as necessidades do usuário e suas jornadas tem sido um tanto complicado, com longas descrições em formulários ou uma série de estruturas. O que Stefan e Henning alcançaram foi um método que mostra o que realmente está acontecendo. Um modelo de Storytelling de Domínio mostra quem está fazendo o que com quem, em qual ordem e para qual finalidade de um modo claro e verdadeiramente visual. É muito fácil aprender a criar esses modelos, mas, mais importante, um leitor leigo consegue entender e criticar os modelos à primeira vista. Isso torna o Storytelling de Domínio uma poderosa ferramenta de comunicação que acredito será muito usada em empresas de software e outras."

— *Mathias Verraes, curador do Domain-Driven Design Europe*

"É um grande acréscimo a qualquer estante do profissional DDD."

— *Julie Lerman, coach de software, The Data Farm*

"Todas as organizações sofrem disrupção com o rápido avanço da mudança, e meu trabalho é ensinar as pessoas a aplicar o método Kanban em seus negócios. Nesse contexto, usamos o Storytelling de Domínio enquanto exploramos e extraímos fluxos de valor nas organizações de um modo muito bem-sucedido. Em seu livro, Stefan Hofer e Henning Schwentner explicam como a colaboração pode e leva à transformação de nossos modos de trabalhar."

— *Altuğ Bilgin Altıntaş, engenheiro de agilidade de negócios, treinador e coach Kanban credenciado, autor do livro Kanban Metodu ile Çeviklik, coorganizador da FlowConf*

"De uma história a um software funcional, este livro ajuda a chegar à essência do que criar. Altamente recomendado!"

— *Oliver Drotbohm*

"Este livro é um feito raro, combinando um guia pragmático com uma poderosa técnica de modelagem de domínio e muitos insights extraídos dos principais aspectos do DDD, sem ser um grande volume. Os autores apresentam um caso convincente em que histórias coloquiais contadas e visualizadas em uma linguagem natural pavimentam o caminho mais rápido para um software comercial de qualidade. Prepare-se, ansiando para começar seu próprio Storytelling de Domínio enquanto lê estudos de caso bem selecionados."

— Xin Yao, arquiteto-chefe de software no Danske Bank

"Praticar Storytelling de Domínio é uma jornada que leva a uma compreensão profunda e verdadeira do domínio do problema no qual você está trabalhando. Ao descobrir o funcionamento interno e sutil do negócio, prepare-se para algumas soluções inesperadas que se revelam ao longo do caminho. Este livro o colocará em condições de embarcar por si mesmo nessa jornada e o guiará durante o percurso."

— Mufrid Krilic, profissional de DDD e Storytelling de Domínio

"O Storytelling de Domínio serviu como a principal ponte entre nosso negócio, produtos e pilhas de tecnologia, assim como entre nosso passado e futuro. Usando a prática, todos que participaram — desde chefes de equipe P&L e Operações até engenheiros individuais e chefes de produto — compreenderam melhor aonde pretendíamos (e precisávamos) levar o negócio e, alinhados uns com os outros, entenderam como as equipes multifuncionais de produtos e engenharia funcionariam dentro de contextos limitados relevantes que representavam coletivamente nosso futuro modelo de negócio. E muitos (a maioria!) acharam ser um processo divertido e libertador.

O Storytelling de Domínio é uma metologia prática fundamentada na linguagem e no contexto de clientes e empresas, e portanto acessível e valiosa para funções variadas (não apenas a engenharia) dentro do seu negócio. Recomendo o livro e, o mais importante, a metodologia!"

— Jim Banister, diretor de produtos, Raisin DS GmbH

"Como gerente de produto, realmente amo a visualização. O Storytelling de Domínio foi uma das técnicas que conheci bem no começo de minha jornada em DDD (2017). Fiquei impressionada, espantada e ao mesmo tempo surpresa de um modo positivo por isso ser exatamente o que é preciso para alguém facilitar a comunicação entre as equipes de desenvolvimento e a empresa. É muito fácil aprender e focar na linguagem pictográfica que possibilita que, literalmente, todos entendam e utilizem. Eu recomendaria seu uso imediatamente; não acho um exagero, basta começar e seguir o fluxo! Acredite, valerá a pena. :)"

— Zsófia Herendi, gerente de produto

Linguagem Pictográfica

Bloco de Construção	Exemplos	Definição
Ator	espectadores; caixa; sistema de reserva de ingressos	Representa uma pessoa ou um software que tem um papel ativo na história de domínio.
Objeto de Trabalho	horários de exibição; ingresso; preço	Representa algo no qual/com o qual o ator trabalha.
Atividade	oferece; compra	O que um ator faz com um objeto de trabalho.
Número de Sequência	01; 02; 03	Indica a ordem de uma frase em relação às outras.
Anotação	Suposição: espectador tem uma assinatura; opcional	Uma informação textual, como uma nota. Pode ser sobre um bloco de construção, uma frase ou a história de domínio inteira.
Grupo	opcional; na bilheteria	Agrupa partes de uma história de domínio que ficam juntas de algum modo. Em geral desenhado com um contorno, por exemplo, uma forma retangular.

Os blocos de construção são usados para formar as frases de uma história de domínio. Exemplo: um funcionário do cinema diz “o espectador assiste a um filme”. Você desenha:

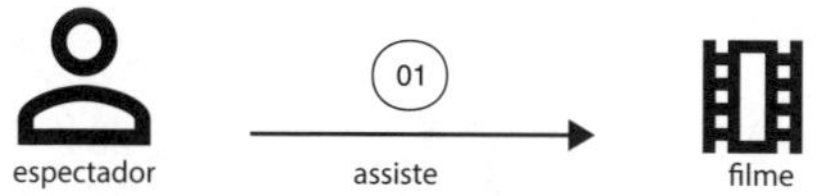

Estruturas Típicas das Frases

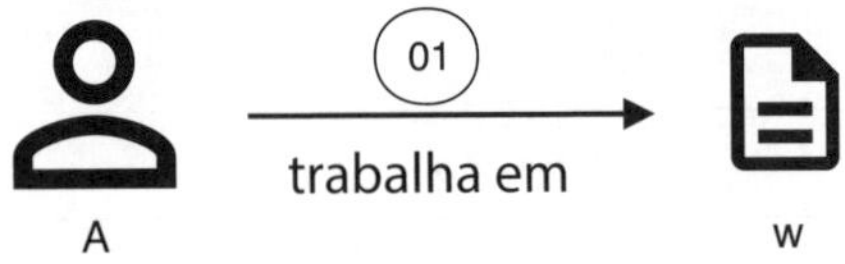

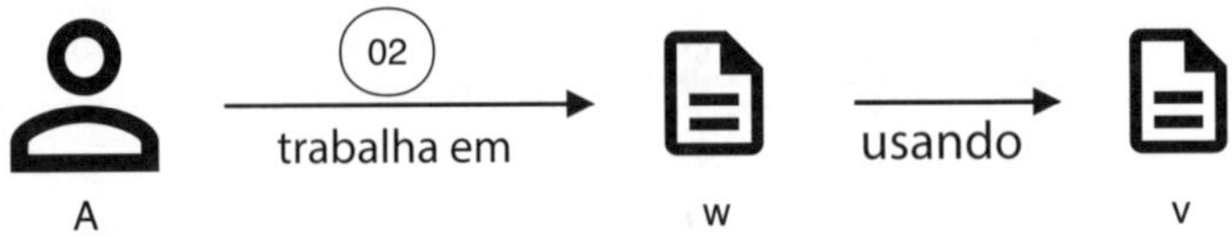

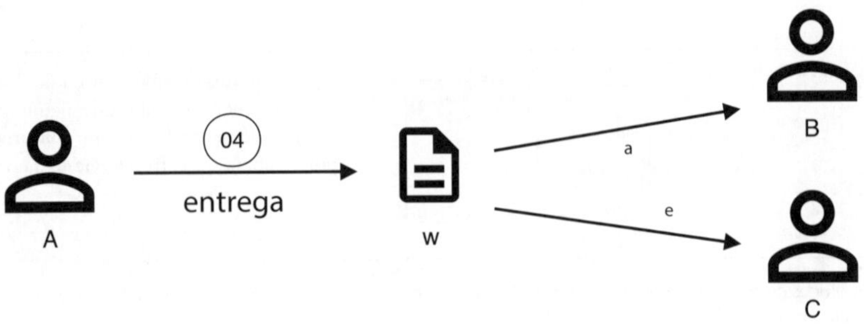

Storytelling de Domínio

Storytelling de Domínio

Um Modo Ágil, Visual e Colaborativo de Criar Softwares Baseados em Domínio

Stefan Hofer

Henning Schwentner

ALTA BOOKS
GRUPO EDITORIAL
Rio de Janeiro, 2024

Storytelling de Domínio

ISBN: 978-85-508-2119-1

Impresso no Brasil — 1ª Edição, 2024 — Edição revisada conforme o Acordo Ortográfico da Língua Portuguesa de 2009.

Dados Internacionais de Catalogação na Publicação (CIP)
(Câmara Brasileira do Livro, SP, Brasil)

Hofer, Stefan
Storytelling de domínio : um modo ágil, visual e colaborativo de criar softwares baseados em domínio / Stefan Hofer, Henning Schwentner. -- Rio de Janeiro : Alta Books, 2024.

Bibliografia.
ISBN 978-85-508-2119-1

1. Modelagem 2. Software - Desenvolvimento 3. Software - Manuais I. Schwentner, Henning. II. Título.

24-198448 CDD-005.1068

Índices para catálogo sistemático:

1. Software : Desenvolvimento : Projetos : Ciência da computação 005.1068

Produção Editorial: Grupo Editorial Alta Books
Diretor Editorial: Anderson Vieira
Vendas Governamentais: Cristiane Mutüs
Gerência Comercial: Claudio Lima
Gerência Marketing: Andréa Guatiello

Assistente Editorial: Isabella Gibara
Tradução: Eveline Machado
Copidesque: Leandro Menegaz
Revisão: Carlos Bacci; Hellen Suzuki
Diagramação: Junior Santos
Revisão Técnica: Jorge André
(Analista de Sistemas
Mestre em Ciências Computacionais)

ALTA BOOKS
GRUPO EDITORIAL

Rua Viúva Cláudio, 291 — Bairro Industrial do Jacaré
CEP: 20.970-031 — Rio de Janeiro (RJ)
Tels.: (21) 3278-8069 / 3278-8419
www.altabooks.com.br — altabooks@altabooks.com.br
Ouvidoria: ouvidoria@altabooks.com.br

Editora **afiliada à:**

Para nossas famílias.

Sumário

Histórias de Domínio

Apresentação pelo Editor da Série

Minha série autoral enfatiza o crescimento orgânico e o aprimoramento, que descrevo com mais detalhes a seguir. Primeiro, há uma história de crescimento orgânico ligada a este livro em particular.

Meu livro, *Implementando Domain-Driven Design* [Alta Books], conhecido como "o livro vermelho", chegou a um ponto importante no tempo. Antes do meu livro vermelho, existiam apenas algumas pessoas com uma compreensão precisa e completa dessa abordagem avançada no desenvolvimento de software — pessoas que poderiam ser descritas como líderes. Quanto a isso, na época existiam alguns encontros e ferramentas de Domain-Driven Design (DDD) para ajudar os profissionais. Eu cofundei o encontro DDD Denver em 2011, bem antes do meu livro vermelho ser publicado nos EUA em 2013, talvez um dos cinco ou mais encontrados por aí. Em 2021, podia-se contar 142 grupos de encontro DDD no planeta, com 93.171 membros, e eles ainda estão aumentando. Quando esse número chegou a 10, depois a 20 e 25, quem imaginaria que finalmente chegariam a quase 150? Como resultado desse crescimento orgânico, o número de líderes e ferramentas de suporte fornecidas para DDD também cresceu. O *timing* é tudo e eu estou muito feliz por ter contribuído com vários catalisadores nos momentos em que eles eram mais necessários, levando à expansão do DDD. Antes de explicar como este livro e seus autores se envolveram nesse crescimento orgânico, primeiro considere a série que o organiza.

Minha série autoral é projetada e selecionada para orientar os leitores nos avanços na maturidade do desenvolvimento de software e ter maior sucesso com as práticas centradas no negócio. A série enfatiza *o crescimento orgânico e o aprimoramento* com várias abordagens — reativas, objetivas, assim como uma arquitetura e programação funcionais; modelagem de domínio; serviços com o tamanho certo; padrões, e APIs — e cobre os melhores usos das tecnologias associadas subjacentes.

A partir deste ponto, foco apenas duas palavras: *aprimoramento orgânico.*

A primeira palavra, *orgânico,* chamou minha atenção recentemente quando um amigo e colega a usou para descrever a arquitetura de software. Ouvi e usei a palavra *orgânico* ligada ao desenvolvimento de software, mas não pensei nela com tanto cuidado como fiz quando consumi pessoalmente as duas usadas junto: *arquitetura orgânica.*

Pense na palavra *orgânico* e até na palavra *organismo.* Em grande parte elas são usadas para se referir a coisas vivas, mas também para descrever coisas inanimadas que apresentam algumas características que lembram as formas de vida. *Orgânico* vem do grego. Sua etimologia se refere a um órgão funcional do corpo. Se você consultar a etimologia de *órgão,* verá que essa palavra tem um uso mais amplo e, de fato, orgânico pode significar aquilo que descreve uma ferramenta para criar, ou construir, um instrumento musical.

Podemos facilmente pensar em vários objetos orgânicos — organismos vivos —, desde os muito grandes até as formas de vida microscópicas de uma célula. Mas no segundo uso de organismo, os exemplos podem não vir tão facilmente à mente. Um exemplo é uma organização, que inclui o prefixo de *orgânico* e *organismo.* Nesse uso de *organismo,* descrevo algo que é estruturado com dependências bidirecionais. Uma organização é um organismo porque tem partes organizadas. Esse tipo de organismo não pode sobreviver sem as partes e as partes não podem sobreviver sem o organismo.

A partir dessa perspectiva, podemos continuar aplicando esse raciocínio a coisas inanimadas porque elas mostram características de organismos vivos. Considere o átomo. Todo átomo é um sistema em si e todas as coisas vivas são compostas de átomos. Contudo, os átomos são inorgânicos e não se reproduzem. Mesmo assim, não é difícil pensar nos átomos como coisas vivas no sentido de que se movem infinitamente, funcionando. Os átomos inclusive se ligam a outros átomos. Quando isso ocorre, cada átomo não é apenas um sistema em si, mas se torna um subsistema junto com outros átomos como subsistemas, com seus comportamentos combinados produzindo um sistema completo maior.

Assim, todos os conceitos relacionados a software são bem orgânicos, no sentido de que as coisas inanimadas ainda são "caracterizadas" por aspectos de organismos vivos. Quando discutimos sobre conceitos do modelo de software usando cenários concretos ou desenhamos um diagrama de arquitetura, ou escrevemos um teste de unidade e sua unidade do modelo de domínio correspondente, o software começa a ganhar vida. Não é algo estático, pois continuamos a discutir como melhorá-lo, sujeitando-o ao aprimoramento, com um cenário levando a outro, tendo impacto na arquitetura e no modelo do domínio. Conforme continuamos a iterar, o valor crescente nos aprimoramentos leva a um crescimento incremental do organismo. À medida que o tempo avança, o software acompanha. Debatemos e lidamos com a complexidade por meio de abstrações úteis, e o software cresce e muda de forma, tudo com a finalidade explícita de melhorar o trabalho para organismos vivos reais em escalas globais.

Infelizmente, os softwares orgânicos tendem a ter um crescimento ruim com mais frequência do que crescer bem. Mesmo que eles comecem sua vida saudáveis, tendem a adoecer, ficar deformados, desenvolver membros anormais, atrofiar e deteriorar. Pior ainda, esses sintomas são causados pelos esforços de aprimorar o software que deu errado, em vez de melhorar as coisas. A pior parte é que com cada aprimoramento que falhou, tudo que dá errado nesses corpos doentes e complexos não causa sua morte. (Ah, se eles pudessem simplesmente morrer!) Ao contrário, temos que matá-los, e fazer isso requer coragem, habilidades e a força interna de um matador de dragões. Não, não um, mas dezenas de vigorosos matadores de dragão. Na verdade, criar dezenas de matadores com grande inteligência.

É onde entra esta série. Estou selecionando uma série designada a ajudá-lo a amadurecer e atingir um maior sucesso com diversas abordagens — arquitetura e programação reativa, de objeto e funcional; modelagem de domínio; serviços com o tamanho certo; padrões, e APIs. E, junto com isso, a série cobre os melhores usos das tecnologias associadas subjacentes. Isso não é feito de uma só vez. Requer aprimoramento orgânico com propósito e habilidade. Eu e outros autores estamos aqui para ajudar. Para tanto, demos nosso melhor para atingir esse objetivo.

Por isso escolhi este livro, *Storytelling de Domínio*, para estar entre os meus e outros na minha série. A expansão orgânica do DDD mencionada anteriormente resultou em novos profissionais e líderes, assim como uma inovação das ferramentas que lhe dão suporte. A modelagem, em colaboração com essa brilhante ferramenta, permite uma exploração visual, capturando simultaneamente as descobertas do domínio e os cenários de uso do modelo com uma clareza essencial que leva a um maior sucesso. O Storytelling de Domínio não deve ser visto como um substituto das ferramentas anteriores, mas como uma oportunidade de se ter uma maior variedade de instrumentos para a aquisição de conhecimento. Situações de modelagem novas e mais desafiadoras exigem um conjunto de ferramentas úteis que possam ser utilizadas juntas.

Com este novo livro, Stefan Hofer e Henning Schwentner estabelecem-se como dois dos novos líderes. Eles nos trouxeram uma ferramenta adicional no Storytelling de Domínio, para ser usada para lidar com as maiores complexidades que enfrentamos hoje e continuaremos a enfrentar nos próximos anos. Isso é orgânico.

— *Vaughn Vernon, editor da série*

Prefácio

Em 2004, Eric Evans publicou o *Domain-Driven Design* [publicado no Brasil pela Alta Books com o mesmo título], um livro atemporal que se tornou um clássico na literatura da engenharia de software. Evans projetou sua visão dos desenvolvedores de software como pessoas que colaboravam de perto com especialistas para resolver de modo iterativo problemas relacionados ao domínio para os usuários. Na época, era uma heresia contra as práticas convencionais orientadas em torno dos modelos de dados, do grande planejamento inicial e dos programadores como meros cumpridores de ordem.

O texto de Evans foi uma obra-prima, mas ainda faltava algo. Por uma década, o DDD foi percebido pela corrente aceita como alguns padrões de programação e se tornou sinônimo de excesso de engenharia. O livro de Evans falava com frequência sobre especialistas de domínio e especialistas técnicos processando juntos o conhecimento de domínio, mas não dava aos leitores uma orientação prática suficiente do mesmo modo como fazia para os padrões DDD técnicos.

A metade dos anos 2010 viu o renascimento do DDD, que continua até hoje. O livro de Vaughn Vernon, *Domain-Driven Design* [publicado no Brasil pela Alta Books com o título "Implementando Domain-Driven Design"], foi essencial ao corrigir muitos equívocos e tornar o DDD mais acessível. E uma nova geração de profissionais liderada por Alberto Brandolini, incluindo Stefan e Henning, adicionaram enfaticamente a peça que faltava ao quebra-cabeça do DDD introduzindo na comunidade novas técnicas de modelagem colaborativa. A percepção tradicional do DDD agora são apenas notas adesivas na parede e padrões de design de programação. A profecia de 2004 de Evans é hoje, de fato, uma realidade.

Storytelling de Domínio se destaca por sua natureza pictográfica, estruturada e baseada em cenários. Mas este livro é muito mais do que um guia para o Storytelling. Stefan e Henning são modeladores de domínio colaborativos apaixonados, inteligentes e experientes. Este livro leva você até seus cérebros por meio de seus padrões de pensamento e aprofunda os princípios da modelagem de domínio colaborativo e facilitação de workshops. Esse trabalho fornece insights que serão úteis, não importa a técnica que você decida usar e o quanto sabe sobre DDD. Pode até inspirá-lo a inventar a próxima geração de técnicas de modelagem colaborativa.

Tive a oportunidade de encontrar Stefan e Henning em várias conferências. Mas uma ficou em minha memória: a Explore DDD 2018 em Denver. Seu entusiasmo pelo Storytelling de Domínio cativou o público (inclusive eu) quando apresentaram um estudo de caso do uso do Storytelling para criar sistemas que evitam a retenção de navios no porto de Hamburgo. Suas encenações com adereços foi a cereja do bolo. Também participei de um workshop prático sobre Storytelling de Domínio em que o amor sincero deles pela dinâmica brilhou e os participantes (inclusive eu) modelaram com entusiasmo a experiência no cinema.

Também tenho ótimas lembranças da noite anterior à conferência principal. Eric Evans fez uma palestra para lançar oficialmente a Explore DDD, e estive com Stefan e Henning no evento social que aconteceu depois. Eles se esforçaram para ajudar os participantes a se sentirem incluídos convidando-os para debates e iniciando conversas, e fizeram todos morrerem de rir com seu humor inteligente.

Espero que este livro lhe dê a inspiração, entusiasmo e sorrisos que Stefan e Henning proporcionaram a mim e muitas outras pessoas.

—Nick Tune

Prólogo

Desentendimentos entre desenvolvedores de software e pessoas dos departamentos da empresa são um problema comum. A má comunicação é uma praga que faz os projetos fracassarem. O Storytelling de Domínio é um remédio, pois essa técnica transforma o conhecimento do domínio em um software comercial eficiente. O Storytelling de Domínio deixa especialistas, desenvolvedores de software, designers UX, proprietários do produto, gerentes do produto e analistas comerciais alinhados. Eles aprendem uns com os outros contando histórias e desenhando-as como imagens fáceis de entender.

Quem Deve Ler Este Livro

O livro é para todos os envolvidos ou interessados em desenvolvimento de software, inclusive leitores não técnicos. Há apenas alguns exemplos de código e, no geral, não é preciso nenhum conhecimento prévio. No que faz sentido, indicamos uma leitura recomendada.

Além dos profissionais de desenvolvimento de software, o livro também é relevante para CxOs, executivos, diretores, chefes de equipe dos departamentos comerciais e especialistas. Eles podem usar o livro para melhorar a compreensão dos processos comerciais e aprimorar a comunicação com seus colegas de TI.

Este Livro no Cenário do Desenvolvimento de Software

Este livro pretende ser um guia prático. Queríamos que ele fosse conciso, embora estivéssemos tentados a escrever um livro sobre DDD, modelagem de domínio, requisitos, metodologia ágil, desenvolvimento de software em geral. Todos esses tópicos são relevantes para o Storytelling de Domínio e referenciados neste livro, mas tentamos não nos aprofundar nos tópicos que outros autores já abordaram com brilhantismo. Se você está curioso, aqui está uma lista (incompleta) dos autores que nos influenciaram:

- **Heinz Züllighoven et alii:** O livro *Tools and Material Approach* [Züllighoven 2004, sem publicação no Brasil] é importante para como vemos o desenvolvimento de software. Ele promove um desenvolvimento de software centrado no usuário e é criado em torno das poderosas metáforas *ferramenta* e *material*. O livro foi publicado pela primeira vez no final dos anos 1990 e cobre tópicos como desenvolvimento incremental iterativo, modelagem, cenários e padrões para a construção de softwares.

- **Eric Evans:** *Domain-Driven Design* (*DDD*) compartilha muitas características com o livro *Tools and Material Approach*, embora os dois tenham sido desenvolvidos de forma independente. Os conceitos de *contexto limitado* e *linguagem ubíqua* ressoaram de imediato em nós. O DDD abriu uma nova área de aplicação do Storytelling de Domínio, influenciando a direção para qual estávamos conduzindo o método nos últimos anos.
- **Kent Beck et alii:** *The Agile Manifest* [Beck *et alii* 2001] coloca "indivíduos e interações acima de processos e ferramentas" e o "software funcional acima da documentação completa". O Storytelling de Domínio trata de indivíduos e suas interações em dois níveis: (1) as histórias de domínio mostram pessoas e sua colaboração, e (2) o workshop no qual as histórias são contadas reúne pessoas que interagem entre si. A *Programação Extrema* (XP) trouxe o conceito de histórias para o desenvolvimento de software e introduziu as *histórias do usuário* no mundo ágil [Beck 1999, Beck/Andres 2004 e Cohn 2004].
- **Alistair Cockburn:** O livro *Writing Effective Use Cases* [Cockburn 2001] [publicado no Brasil com o título de "*Escrevendo Casos de Uso Eficazes: Um Guia Prático para Desenvolvedores de Software*; Bookman 2004] é um dos nossos livros favoritos sobre requisitos. Mesmo que você não aplique os casos de uso, vale a pena ler o livro. Ele mostra como seguir um caminho ágil do domínio até o software. Pegamos emprestada a ideia de *níveis de meta* e a aplicamos no Storytelling de Domínio.
- **Gojko Adzic:** O livro *Specification by Example* [Adzic 2011, sem publicação no Brasil] destaca a importância das conversas no desenvolvimento de software. Começamos a ver o desenvolvimento de software como uma série de conversas sobre domínio e requisitos, com suporte de vários "métodos de conversação" como o Storytelling de Domínio. Compartilhamos a visão de Adzid sobre requisitos e os benefícios de usar exemplos.
- **Christiane Floyd:** Tivemos o prazer de ter a professora Floyd na Universidade de Hamburgo. Ela pesquisava e ensinava (entre outras coisas) teoria da modelagem, limites da modelagem, aspectos sociotécnicos da modelagem, desenvolvimento de software e design participativo. Ela publicou textos em alemão e inglês. Se você está curioso, veja, por exemplo, "Software Development as Reality Construction" [Floyd 1992, em inglês] e pesquise documentos sobre sua abordagem *STEPS*, um primeiro exemplo do que mais tarde ficou conhecido como desenvolvimento de software ágil.

O que Este Livro Cobre

Este livro está dividido em duas partes: a Parte I explica o método e a Parte II descreve como usá-lo e adaptá-lo a propósitos específicos.

Parte I, "Storytelling de Domínio Explicado": Esta parte do livro contém tudo que você precisa saber para usar o Storytelling de Domínio para aprender sobre um domínio.

Capítulo 1, "Introdução": Este capítulo explica o que realmente é Storytelling de Domínio. Além disso, apresentamos um estudo de caso que lhe dará uma primeira impressão do método, mostrando por que é útil.

Capítulo 2, "A Linguagem Pictográfica": Este capítulo descreve a notação gráfica. Para registrar visualmente as histórias do domínio, você precisa de um conjunto de símbolos e regras para combiná-los. Esse capítulo também mostrará o que consideramos um bom estilo de linguagem e quais armadilhas evitar. Se você nunca experimentou o Storytelling de Domínio, deve fazer isso depois de terminar o Capítulo 2. Pegue um pedaço de papel e caneta, e modele um fluxo de trabalho com o qual esteja familiarizado. Contudo, antes de experimentar o Storytelling em uma situação de workshop, você deve continuar lendo o restante da Parte I.

Capítulo 3, "Modelagem Baseada em Cenários": Este capítulo apresenta uma das maiores diferenças entre as histórias de domínio e as outras linguagens de modelagem de processos de negócio: toda história de domínio trata de um caso. Você aprenderá quais casos deve modelar e como manter uma visão geral.

Capítulo 4, "Escopo": Este capítulo trata do nível de detalhe que as histórias têm, se são descritivas ou exploratórias, e a quantidade de informação técnica que contêm. Você precisará considerar todos esses fatores sempre que iniciar uma nova história de domínio. Esse capítulo o ajudará a escolher o escopo certo.

Capítulo 5, "Ferramentas de Modelagem": Resume nossa experiência com as diferentes ferramentas de modelagem. Recomendamos quais ferramentas são úteis em quais situações, descrevemos seus pontos fortes e fracos, e damos dicas práticas que o ajudarão a modelar com menos esforço.

Capítulo 6, "O Formato do Workshop": Este capítulo mostra que o Storytelling de Domínio funciona melhor quando usado para a modelagem colaborativa. Você aprenderá como preparar, conduzir e acompanhar um workshop. Esse capítulo o ajudará a se tornar um bom moderador.

Capítulo 7, "Relação com Outros Métodos de Modelagem": Este capítulo discute outros métodos de modelagem e formatos de workshop, e como combinar o Storytelling de Domínio com eles. O capítulo o ajudará a escolher a ferramenta certa para o trabalho certo.

Parte II, "Usando e Adaptando o Storytelling de Domínio para Diferentes Propósitos": Esta parte do livro lida com os diferentes problemas e propósitos para os quais o Storytelling de Domínio pode ser usado. Ainda que usemos o mesmo exemplo em todos os capítulos da Parte II, você não precisa lê-los em ordem. Basta escolher os propósitos nos quais esteja interessado.

Capítulo 8, "Estudo de Caso —Alphorn Auto Leasing Inc.": Este capítulo apresenta um segundo estudo de caso, mais abrangente.

Capítulo 9, "Aprendendo a Linguagem de Domínio": Falar a linguagem dos especialistas é o segredo para ter conversas eficientes sobre processos de negócio e requisitos de software. Este capítulo é para você, caso seja novo em um domínio, caso o software no qual trabalha não use termos reais do domínio e você deseja mudar isso, ou se você trabalha em uma organização na qual não existe nenhuma linguagem de domínio real e você deseja ter uma.

Capítulo 10, "Descobrindo os Limites": Muitos domínios são grandes demais para ser entendidos e modelados por inteiro. Você precisa dividir um domínio em unidades gerenciáveis. Leia este capítulo se você estiver lutando com um bloco monolítico e deseja reorganizá-lo ou dividi-lo em partes mais gerenciáveis, se quiser projetar microsserviços ou aplicar o DDD e tiver dificuldades para identificar os contextos limitados. O capítulo também o ajudará se sua equipe de desenvolvimento ficou muito grande para trabalhar com eficiência ou se você já tem mais de uma equipe de desenvolvimento e deseja descobrir como organizar o trabalho delas.

Capítulo 11, "Trabalhando com Requisitos": Como você fecha a lacuna entre conhecimento do domínio e requisitos? Mostramos como extrair os requisitos das histórias de domínio para que possa discutir as prioridades e os produtos viáveis. Este capítulo é para você caso se considere o proprietário do produto, o gerente do produto, o analista comercial, o engenheiro de requisitos ou o desenvolvedor em uma equipe multifuncional que faz sua própria análise dos requisitos.

Capítulo 12, "Modelando em Código": Caso seu objetivo final seja desenvolver software, então em algum momento você precisará ir da modelagem com diagramas e notas adesivas para a modelagem em linguagens de programação. O capítulo mostrará como fazer a transição da modelagem visual para o código.

Capítulo 13, "Apoiando Mudanças Organizacionais": O objetivo de um novo sistema de software costuma ser tornar o trabalho mais fácil, rápido e eficiente (resumindo: melhor). Esse objetivo não será alcançado digitalizando processos manuais ruins. Nem uma pilha de requisitos se tornará por mágica um fluxo de trabalho de negócios perfeito. Para criar um bom software comercial, você precisa ir além de apenas modelar a situação atual. Precisará planejar o futuro modo de trabalhar. As histórias de domínio ajudam a fazer isso e visualizar como o novo software mudará o modo das pessoas trabalharem. Leia este capítulo se você deseja otimizar os processos do negócio, implantar um novo software ou discutir e promover uma mudança nos processos do negócio.

Capítulo 14, "Decidindo Criar ou Comprar, e Escolhendo um Software de Prateleira": Nem todo software é personalizado. Muitos domínios têm o suporte de um software de prateleira. As histórias de domínio podem ajudar a decidir se um novo sistema de software deve ser desenvolvido ou comprado. Se a decisão é comprar uma solução existente, em geral vários revendedores oferecerão produtos. Também aqui as histórias de domínio podem ser úteis para tomar uma decisão.

Capítulo 15, "Encontrando a TI Invisível": Quando você tenta consolidar cenários de aplicação do software ou promover a digitalização, a TI invisível cruza seu caminho. Toda empresa além de um determinado tamanho usa um software que o departamento central de TI não conhece. Todas essas pequenas soluções que rodam nos departamentos comerciais e dificilmente alguém conhece são muitas vezes críticas para o negócio. Os especialistas usam a TI invisível de forma inconsciente, portanto, ela é fácil de ser negligenciada. Histórias de domínio podem ajudar a TI e a gerência a encontrar essa TI invisível e a ver o cenário de TI completo.

Capítulo 16, "*Conclusão*": Damos uma espiada no futuro do Storytelling de Domínio e resumimos sua essência.

Convenções

Quando definimos um novo termo, o colocamos em negrito; por exemplo, **ator**. Os termos definidos por outros autores são colocados em itálico quando usados pela primeira vez; por exemplo, *contexto limitado*. Os escopos aparecem em letras maiúsculas; por exemplo, BAIXA GRANULARIDADE. Palavras dos estudos de caso ficam entre aspas, como "espectador". O código fica com fonte monoespaçada, como a classe `MovieTicket`.

As notas importantes são marcadas com um ícone de lâmpada: . Quando damos um conselho concreto, nossas dicas são marcadas com um ícone de verificação: .

Damos exemplos na forma de estudos de caso e "histórias das trincheiras". Os estudos de caso Alphorn Auto Leasing Inc. são indicados com um ícone de carro: . As histórias das trincheiras são marcadas com um ícone de girassol: .

Legenda para "Histórias de Abertura"

Como modeladores, não conseguimos resistir à tentação de descrever o Storytelling de Domínio em si com histórias de domínio. Por isso, vários capítulos deste livro começam com uma "história de abertura" — uma pequena história de domínio que explica o conteúdo do capítulo. A legenda na Tabela P.1 o ajudará a interpretar os ícones que usamos nessas histórias.

Tabela P.1 *Ícones usados nas "Histórias de Abertura"*

Ícone	Significado
	Uma história de domínio como diagrama
	Qualquer outro tipo de diagrama
	Blocos de construção de um diagrama da história de domínio
	Atividades de um diagrama da história de domín
	Um texto, como uma história do usuário ou um arquivo do código-fonte etc.

Materiais Complementares

O livro possui material extra e para ter acesso, basta acessar o site do Grupo Editorial Alta Books. Acesse: www.altabooks.com.br e procure pelo nome do livro ou ISBN.

Sobre a Capa

As capas dos livros na Série Autoral de Vaughn Vernon usam imagens com um tema orgânico. Ficamos contentes com isso porque as histórias de domínio se desenvolvem também de uma forma orgânica. Como os girassóis vistos na capa, uma história de domínio começa a partir de uma pequena semente, cresce e se tudo correr bem, se abre em uma bela floração. A relação entre o domínio e a história de domínio é parecida com a relação entre o sol e o girassol:

- Um girassol não pode existir sem o sol. Do mesmo modo, uma história de domínio secará sem o contato com o domínio.
- O girassol se parece com o sol. Igualmente a história de domínio é formada para lembrar o domínio.
- Durante o dia, o girassol gira sua flor para seguir o sol. Da mesma forma a história de domínio segue o domínio.
- Um girassol costuma viver em um campo junto com muitos outros girassóis. Do mesmo modo, uma história de domínio em geral não está sozinha, mas junto com outras histórias.

Todas essas propriedades tornam o girassol não apenas uma esplêndida imagem de capa, mas também um símbolo de aparência amigável para o Storytelling de Domínio.

Com isso resolvido, bem-vindo ao Livro do Girassol. Desejamos a você uma feliz leitura e uma feliz modelagem!

Registre sua cópia do livro *Storytelling de Domínio* no site InformIT para ter acesso a atualizações e/ou correções quando forem disponibilizadas. Para iniciar o processo de registro, vá para informit.com/register [conteúdo em inglês] ou crie uma conta. Insira o ISBN do produto e clique em Submit. Procure a guia Registered Products para acessar o link Access Bonus Content ao lado do produto e siga esse link para acessar qualquer material de bônus disponível. Se você quiser ser notificado sobre as ofertas exclusivas nas novas edições e atualizações, marque a caixa para receber e-mails.

Agradecimentos

Muitas pessoas nos encorajaram a escrever este livro e ajudaram a melhorá-lo com feedbacks valiosos. Gostaríamos de agradecer a todas elas!

Agradecemos a nossos amigos e colegas por compartilharem sua experiência e histórias conosco, em especial (e em ordem alfabética) Jörn Koch, Dorota Kochanowska, Carola Lilienthal, Carsten Lill, Kai Rüstmann, Martin Schimak e Heinz Züllighoven. Heinz merece um *agradecimento* especialmente grande por seu apoio infinito. Isabella Tran e Samaneh Javanbakht nos ajudaram com suas competências linguísticas.

Carola Lilienthal e Guido Gryczan, CEOs da WPS – Workplace Solutions GmbH, têm sido até hoje nossos gerentes por mais de uma década e meia. Seu apoio contínuo tornou possível o Storytelling de Domínio em primeiro lugar.

Apesar de inventar o nome e escrever o primeiro livro, não inventamos o Storytelling de Domínio. Ao contrário, ele surgiu organicamente de outro método de modelagem. A semente foi plantada nos anos 1990 na Universidade de Hamburgo e muitas pessoas ajudaram a cultivá-la. Elas merecem o crédito e nossa gratidão. Por isso dedicamos a elas o apêndice "A História do Storytelling de Domínio".

Uma versão anterior deste livro foi publicada pela primeira vez como um e-book na Leanpub, uma plataforma de publicação independente. Agradecemos a todos que fizeram o download do nosso livro. Cada download aumentou nossa confiança e nos motivou a tornar nosso livreto original de 40 páginas em um livro adequado. Agradecemos as dicas úteis que Cyrille Martraire nos deu quando fomos para a Pearson.

Este livro não teria sido escrito sem o poder do software de fonte aberta. Pandoc e Perl nos permitiram escrever o código-fonte em Markdown. Usamos Inkscape e Draw.io para muitas ilustrações. Um caloroso obrigado aos autores dessas ótimas ferramentas.

Agradecemos a Altuğ Bilgin Altıntaş, Jim Banister, Mike Cohn, Oliver Drotbohm, Zsófia Herendi, Mufrid Krilic, Julie Lerman, Paul Rayner, Mathias Verraes e Xin Yao pela colaboração com os endossos para nosso livro.

Eles representam várias comunidades de software com as quais estamos profundamente comprometidos. A comunidade dos profissionais DDD foi essencial para o sucesso do Storytelling de Domínio. Queremos agradecer a todos os gentis e acolhedores organizadores de conferências e encontros por nos darem uma plataforma para debater nossas ideias — em especial a Mathias Verraes por nos dar o primeiro palco internacional na DDD Europe e por produzir conosco um livreto impresso do Storytelling de Domínio.

Somos gratos pela confiança de Vaughn Vernon em nós. Fazer parte de sua *Série Autoral Addison-Wesley* é uma honra. Nick Tune escreveu um prefácio incrível, inspirador e pessoal. Esperamos que nossos caminhos se cruzem muitas vezes no futuro, como aconteceu em Denver em 2018.

Escrever um texto é uma coisa, mas criar um livro a partir dele é outra. Por isso gostaríamos de agradecer às pessoas na Pearson com quem tivemos o prazer de trabalhar. Nossa editora executiva, Haze Humbert, e a produtora de conteúdo Julie Nahil nos guiaram com competência no desenvolvimento e no processo de produção. A editora de desenvolvimento, Adriana Cloud, melhorou o fluxo e a clareza do texto, preservando nossa voz. Matt Takane fez uma revisão muito útil. A revisora Kim Wimpsett suportou nossa teimosia e aprimorou o texto. O livro foi composto por Aswini Kumar e sua equipe.

Escrever este livro levou muito tempo — incontáveis noites e finais de semana que nossos entes queridos tiveram que passar sem nós. Stefan sente gratidão e amor por sua esposa, Samaneh. Henning sente gratidão e amor por seus filhos, Lennart, Joris, Friedo, Tara e Aurelia, além de sua parceira, Julia. Queridas famílias, obrigado por sua paciência, compreensão e apoio!

Sobre os Autores

Stefan Hofer não desenha bem. Contudo, ele acha que pode desenvolver um conhecimento de domínio desenhando histórias de domínio. Stefan estudou engenharia de software na Áustria e tem doutorado em Ciência da Computação. Desde 2005, vem trabalhando na WPS – Workplace Solutions em Hamburgo, Alemanha. Seu trabalho lá é ajudar as equipes a desenvolverem um software que faça o trabalho certo do jeito certo. Ele mantém o site domainstorytelling.org [conteúdo em inglês]. Você pode entrar em contato com ele no Twitter (@hofstef) ou por e-mail: stefan@domainstorytelling.org.

Henning Schwentner é um programador que está envolvido com computadores desde que teve uma máquina Amiga 500 no início dos anos 1990. Teve muita sorte ao transformar essa paixão em profissão e trabalha como codificador, coach e consultor na WPS – Workplace Solutions. Ele ajuda as equipes a darem estrutura a seu software existente ou criar novos sistemas com uma arquitetura sustentável a partir do zero. Henning é autor do LeasingNinja.io, o tradutor alemão do *Domain-Driven Design Distilled* e é coorganizador do CoMoCamp. Seu Twitter é @hschwentner e seu e-mail é henning@domainstorytelling.org. Henning é o orgulhoso pai de cinco crianças em uma combinação estilo colcha de retalhos muito especial.

Parte I

Storytelling de Domínio Explicado

Esta parte cobre tudo que você precisa saber para começar. Você aprenderá o seguinte:

- Por que o Storytelling de Domínio é útil para organizações, especialistas e equipes de desenvolvimento
- Como preparar e realizar workshops nos quais as histórias de domínio são discutidas e modeladas visualmente
- Como escolher quais exemplos usar para as histórias de domínio (e como lidar com tudo o mais que pode acontecer)
- Como decidir sobre o nível de detalhe e outras propriedades de uma história de domínio
- Quais opções você tem nas ferramentas de modelagem
- Como combinar o Storytelling de Domínio com outros métodos e quando escolher um ou outro

Após ler esta parte e praticar, você estará preparado para moderar workshops de Storytelling de Domínio.

Capítulo 1

Introdução

A linguagem falada é profundamente, profundamente humana. Algumas coisas que precisam ser ditas não podem ser escritas.

—Avraham Poupko [Poupko 2018]

O que é Storytelling de Domínio?

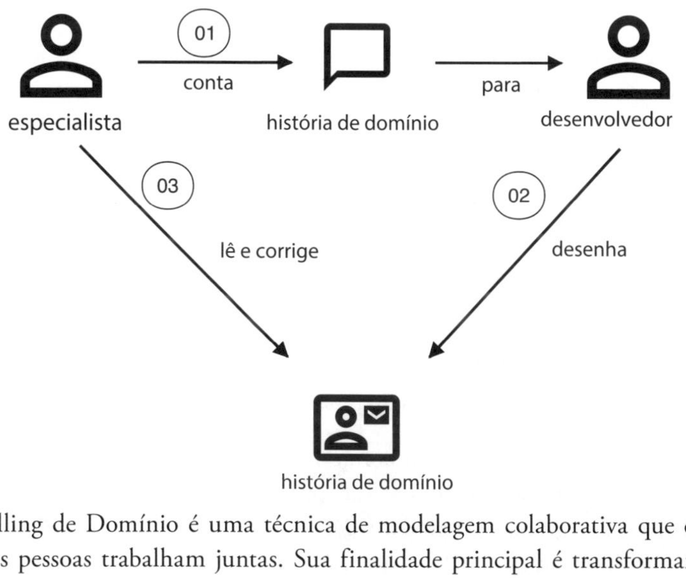

Storytelling de Domínio é uma técnica de modelagem colaborativa que destaca como as pessoas trabalham juntas. Sua finalidade principal é transformar o conhecimento de domínio em um software comercial. Essa finalidade é conseguida reunindo pessoas com diferentes formações e permitindo que elas aprendam umas com as outras contando e visualizando histórias.

Contar histórias é uma forma básica de comunicação humana. Está profundamente enraizada em todos nós desde os tempos em que nossos ancestrais viviam em cavernas.[1] Em nosso mundo moderno, contar uma história pode parecer arcaico ou infantil. Como uma atividade tão informal pode nos ajudar a criar um software comercial crítico para domínios como logística, fabricação de carros, e-commerce e banco?

Acreditamos que as conversas não podem ser substituídas de maneira adequada por especificações formais escritas. As tentativas de fazer isso até aumentaram a lacuna entre negócio e desenvolvimento de software. Mas isso não é apenas nossa opinião pessoal. Considere as abordagens de desenvolvimento de software do tipo *ágil*, *Domain-Driven Domain* [*DDD*] ou *Behaviour-Driven Development* [*BDD*]. Essas filosofias estão focadas no feedback e no envolvimento das partes interessadas. Contudo, criar um ótimo software comercial é difícil, mas raramente por causa de problemas técnicos. Por que, então? Os desenvolvedores de software precisam entender como o negócio opera no dia a dia. Eles precisam se tornar especialistas, não no domínio inteiro, mas ao menos na parte para a qual criam o software. Como disse Alberto Brandolini:

> É a (in)compreensão do desenvolvedor, não o conhecimento do especialista, que é liberada na produção. [Brandolini 2016]

Contar histórias ainda funciona na era do software. Segundo nossa experiência, contar e ouvir histórias ajuda no seguinte:

- Entender um domínio
- Estabelecer uma linguagem compartilhada entre os especialistas de domínio e de TI
- Resolver os mal-entendidos
- Esclarecer os requisitos do software
- Implementar o software certo
- Estruturar esse software
- Projetar processos de negócios viáveis suportados por software

Contar histórias é um meio de transportar o conhecimento de domínio das cabeças dos especialistas em domínio para as cabeças dos desenvolvedores, dos testadores, dos proprietários e gerentes do produto, dos analistas comerciais — qualquer pessoa envolvida no desenvolvimento do software. Claro, não nos sentamos mais em volta de fogueiras no escuro nem em cavernas úmidas. Compartilhamos nossas histórias enquanto nos reunimos diante de um quadro branco em um workshop. Os especialistas em domínio são os nossos contadores de história. Queremos que eles nos contem histórias reais das trincheiras — não "hipóteses" abstratas, não "possibilidades" con-

1 [N. do A.] Veja *The Desirability of Storytellers* [Yong 2017].

tingentes. Queremos exemplos concretos e reais do que de fato acontece no domínio. Queremos *histórias de domínio.*

Você pode aprender mais com um bom exemplo do que com uma abstração ruim.

Antigamente, a narrativa era uma atividade oral. O Storytelling de Domínio é uma atividade oral *e* visual, uma forma de *modelagem*: enquanto os especialistas contam sua história na linguagem falada, um dos participantes do workshop — o moderador — registra a história em um diagrama feito de ícones, setas e texto simples. Assim, os participantes têm outra representação da história, que ajuda a revelar os equívocos, as contradições e os furos na trama. Todos os participantes veem o registro visual se desenvolver junto com a história. Isso facilita dar feedback e colaborar.

E isso é Storytelling de Domínio.

Sua Primeira História de Domínio

Matthew tem um pequeno cinema para filmes independentes — chamado Metropolis — com uma excelente reputação entre os cineastas. A cerveja artesanal local e os lanches orgânicos completam a experiência do cinema. Certo dia, Matthew encontra sua amiga de escola Anna. Quando descobre que Anna desenvolve apps há quase 10 anos, ele tem uma ideia.

Gerente do cinema Matthew: — Meus clientes gostam do charme antigo do meu cinema. Mas não gostam da bilheteria antiquada. Os espectadores de hoje não estão mais acostumados a comprar ingresso pessoalmente na bilheteria. Os clientes estão pedindo que eu os venda online. Você pode desenvolver um app para mim?

Desenvolvedora de apps Anna: — Você tem apenas um cinema e há poucos filmes por semana, duas ou três sessões por dia. Parece fácil.

Matthew: — Ótimo! Mais uma coisinha: também exibimos filmes estrangeiros em diferentes idiomas em nossa programação. E mais, além das vendas online pelo app, ainda preciso da bilheteria para os espectadores menos tecnológicos. E gostaria que os usuários do app pudessem fazer uma assinatura anual.

Anna: — Assinaturas? Vendas online e offline? Sessões em diferentes idiomas? É mais complicado do que pensei...

O Workshop Começa

No dia seguinte eles se encontram de novo no escritório de Matthew. Ficam diante de um quadro branco e Anna tem um marcador na mão.

Desenvolvedora de apps Anna: — Ontem você disse que o app basicamente tem três casos de uso. Um: vender ingressos padrão; dois: vender ingressos especiais para filmes em outros idiomas, e três: fazer uma assinatura anual.

Gerente do cinema Matthew: — Certo, sim, é isso.

Anna: — Gostaria de entender como o Metropolis funciona hoje. Isso me ajudará a desenvolver um app que atenda seus requisitos. Você poderia me explicar como os ingressos são vendidos na bilheteria?

Matthew: — Claro. O ingresso é vendido, o assento é marcado no plano de assentos e...

Anna: — Espere um pouco. Quem vende os ingressos?

Matthew: — Tenho dois alunos trabalhando para mim. Mas às vezes eu mesmo vendo.

Anna: — Tudo bem, mas qual função você ou os alunos desempenham?

Matthew: — Caixa.

Anna desenha uma figura no quadro branco e escreve "caixa" embaixo (Figura 1.1).

Figura 1.1 *O primeiro ator*

Anna: — Quem compra os ingressos?

Matthew: — Um espectador. Alguém sem assinatura.

Anna desenha uma segunda figura e a chama de "espectador". Ao lado, ela escreve que o espectador não tem assinatura (Figura 1.2).

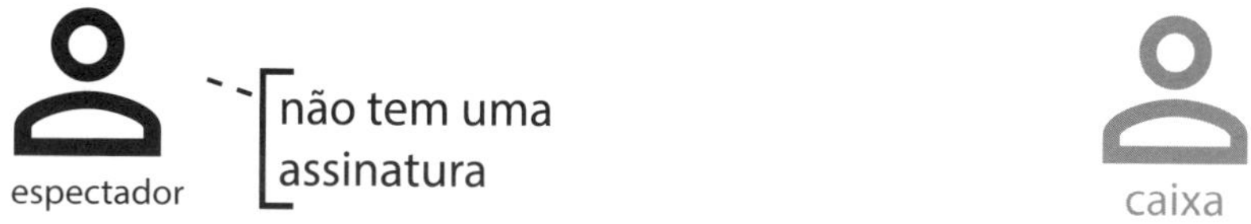

Figura 1.2 *O segundo ator e a primeira anotação*

Anna: — O que o espectador tem que fazer para comprar um ingresso?

Matthew: — Ele informa ao caixa qual sessão deseja ver.

Anna: — Desenharei um balão de fala como um ícone para a sessão aqui, pois os dois estão conversando.

Anna continua desenhando e numera a seta (Figura 1.3).

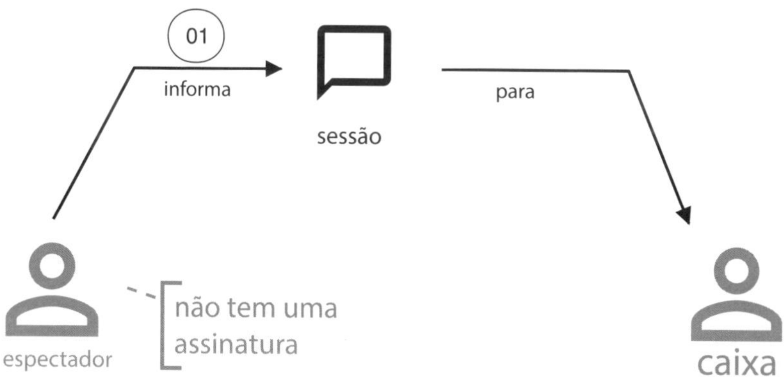

Figura 1.3 *A primeira atividade*

Anna: — E depois?

Matthew: — Geralmente o caixa sugere o melhor assento disponível.

Anna: — Ah, então o espectador escolhe um assento com antecedência! Como o caixa sugere o assento?

Matthew: — Eu pego o plano de assentos da sessão e busco os assentos disponíveis. No plano, posso ver quais assentos já foram vendidos e quais ainda estão disponíveis.

Anna desenha e explica os ícones.

Anna: — Aqui estou usando um ícone de filme no lugar do balão de fala para simbolizar a sessão.

Matthew: — O plano de assentos é uma grade. Você pode desenhar uma grade? (Figura 1.4.)

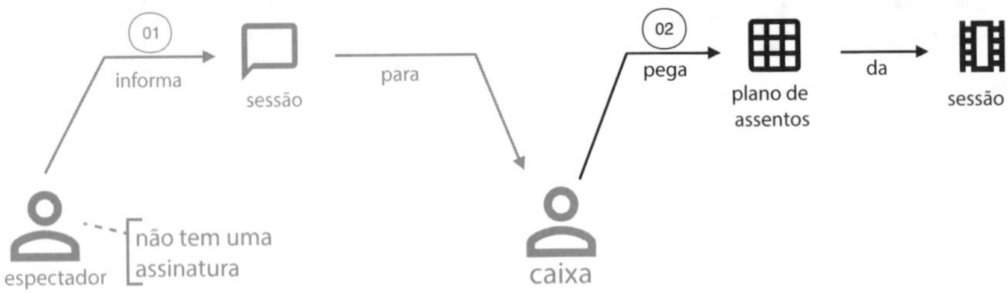

Figura 1.4 *A segunda atividade*

Então Anna lê de novo o que ela entendeu.

Anna: — Segundo, o caixa pega o plano de assentos da sessão. Terceiro, ele pesquisa os assentos disponíveis. Está certo? (Figura 1.5)

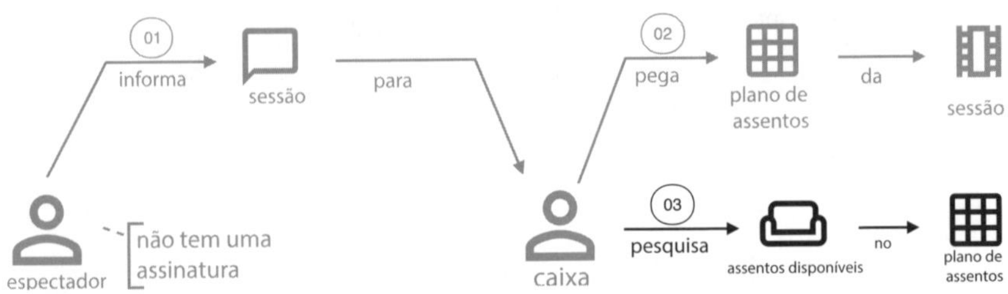

Figura 1.5 *A terceira atividade*

Matthew balança a cabeça, concordando.

Anna: — E agora o caixa sugere os assentos disponíveis para o espectador?

Matthew: — Exatamente.

Anna: — Moverei a anotação "não tem uma assinatura" um pouco para cima para ter espaço suficiente para esta quarta frase. (Figura 1.6)

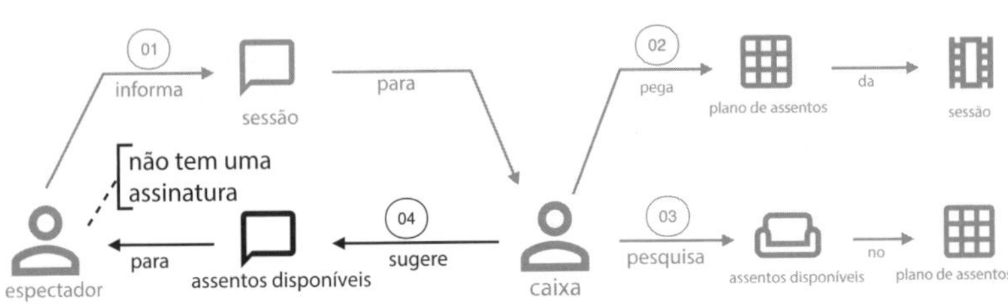

Figura 1.6 *A quarta atividade*

A conversa continua…

Recontando a História

Dentro de poucos minutos o quadro branco está preenchido com uma história sobre um espectador que compra ingressos com um caixa na bilheteria. Os ícones e as setas são reorganizados durante a sessão. Por fim, Anna reconta a história desde o começo (Figura 1.7).

Matthew: — Sim, está certo. Mas esqueci dos filmes estrangeiros.

Anna: — Você quer dizer as sessões em outro idioma? Achei que você vendesse ingressos especiais para elas.

Matthew: — Não, não! Em geral exibimos os filmes em português. Quando é um filme estrangeiro, também exibimos em seu idioma original. Não vendemos ingressos extras; você só tem que mostrar para os espectadores em qual idioma será a sessão.

Anna: — Quando o caixa faz isso?

Matthew: — Aqui.

Matthew aponta para a seta com o número 4. Anna corrige a frase "Caixa sugere assentos disponíveis ao espectador" com um comentário "e menciona o idioma" (Figura 1.8).

Anna: — Parece que terminamos nossa pequena história "Ir ao cinema". Claro, vimos apenas o melhor resultado possível; chamo isso de "caminho feliz". Perguntarei a você sobre outros casos depois.

Matthew: — Tudo bem.

Como Matthew não tem mais observações, Anna captura a imagem do quadro branco com seu smartphone e prossegue.

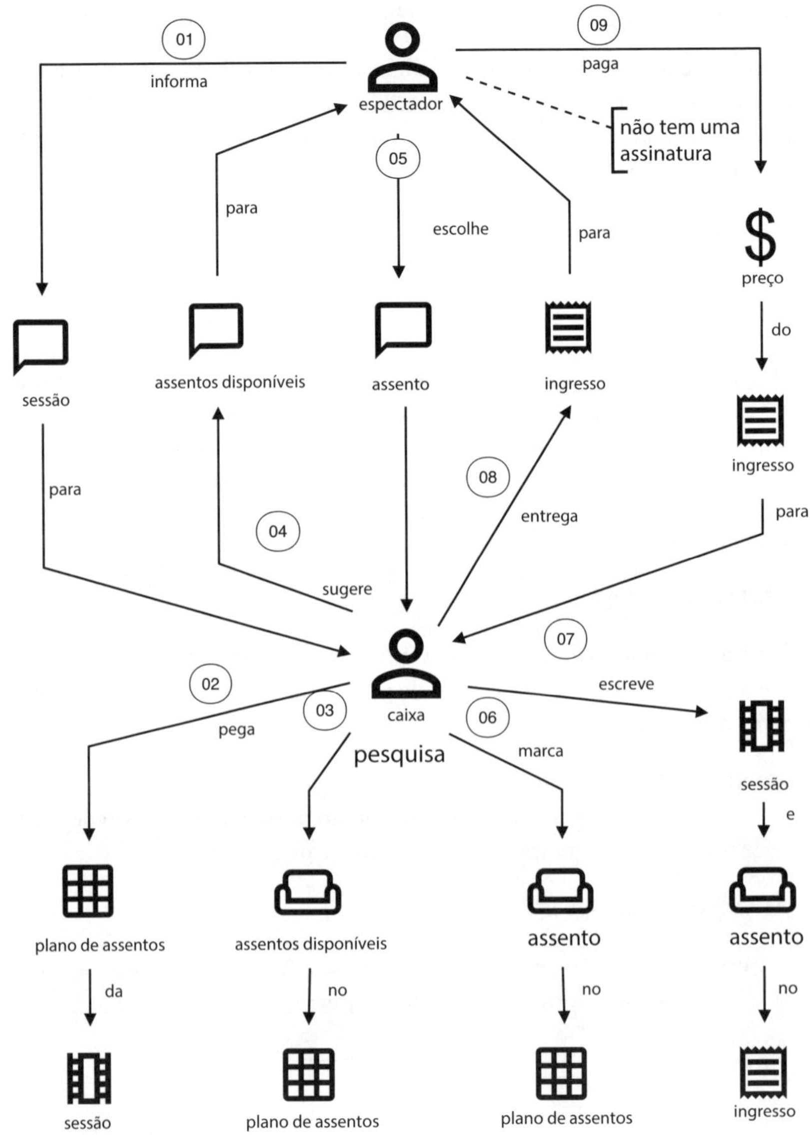

Figura 1.7 *A história completa*

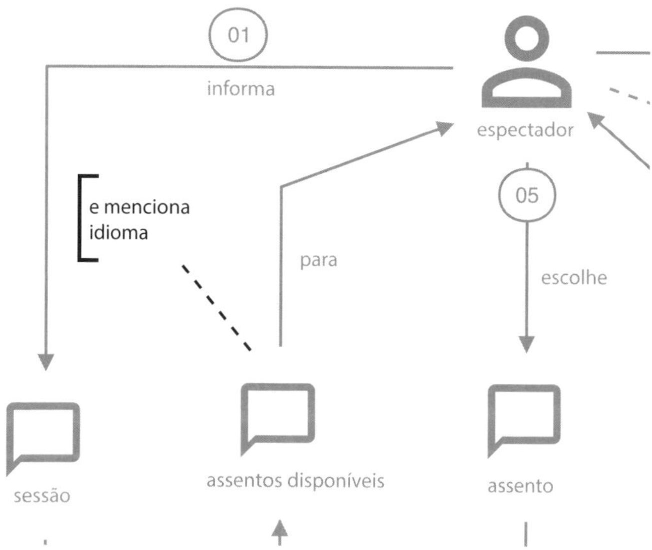

Figura 1.8 *Adicionando outra anotação*

Explorando Mais

Anna: — Assim que um espectador compra o ingresso, o que ele faz?

Matthew: — Ele vai para a entrada do cinema onde o recepcionista está esperando e..."

Anna vira o quadro branco e Matthew conta como o recepcionista verifica os ingressos.

Após algumas histórias de domínio Metropolis de GRANULARIDADE FINA, Anna teve uma boa ideia do domínio do cinema. Ela conhece alguns termos como "plano de assentos", "sessão", "caixa", "buscar assentos disponíveis" e "marcar assentos". Ela tem uma compreensão inicial dos processos mais importantes.

Anna percebe que seria útil ter uma visão geral dos processos — um "panorama" com todas as histórias juntas. Anna e Matthew decidem modelar uma história "Ir ao cinema" de GRANULARIDADE GROSSA (Figura 1.9).

Com conhecimento sobre a finalidade do app e seu conteúdo, ela pode pensar em como o app funcionará e como os processos mudarão.

Resumo e Panorama

Esta seção se chama "Sua Primeira História de Domínio"; é provável que você tenha notado que também foi seu primeiro workshop de Storytelling de Domínio.

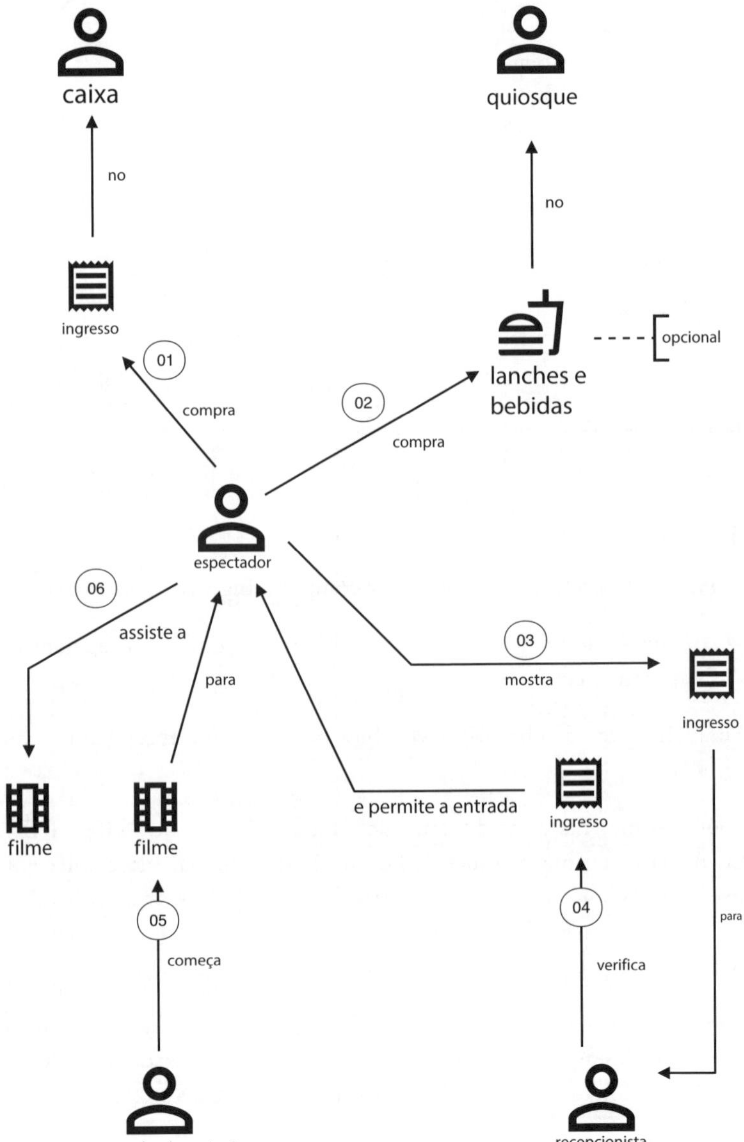

Figura 1.9 *Metropolis 1: Ir ao cinema — GRANULARIDADE GROSSA*

Para Anna, esta certamente não foi a primeira vez que ela aplicou o Storytelling de Domínio. Por que essa técnica foi útil para ela nessa situação? Primeiro, Matthew não conseguia explicar o que ele queria. Ele tinha uma ideia na cabeça, mas não havia realmente pensado em como colocá-la em ação. Para iniciar uma conversa sobre a ideia de Matthew, primeiro Anna teve que estabelecer um denominador comum: quais termos Matthew usa quando fala sobre seu negócio e o que eles significam? Quais processos do negócio são relevantes e quais são as etapas importantes nos processos? Quem está envolvido nos processos?

Desse ponto de partida, eles poderão discutir o que está ou não no escopo do processo. Sem o Storytelling de Domínio, provavelmente eles não teriam se entendido. Por exemplo, no início Anna achava que vender ingressos para filmes estrangeiros era um processo separado.

Como iremos nos referir ao exemplo Metropolis nos próximos capítulos, nomearemos as histórias de domínio como "Metropolis 1" (Figura 1.9) e "Metropolis 2" (Figura 1.10) para facilitar a referência.

Queremos destacar alguns pontos que apareceram nesse primeiro exemplo:

- Mesmo com apenas algumas histórias de domínio, é possível aprender muito sobre um domínio, sua linguagem e processos de negócio.
- As histórias de domínio usam uma linguagem pictográfica simples para mostrar pessoas, suas atividades e interações. Isso ajuda a revelar suposições ocultas e equívocos.
- Enquanto uma história de domínio é contada, sua imagem se desenvolverá e mudará de acordo.
- Não se trata apenas de desenhar uma bela imagem; trata-se de reunir pessoas.
- As histórias de domínio podem variar quanto à granularidade.
- Em geral, você modelará mais de uma história em um workshop.
- Uma história de domínio não tem "se" nem "ou". Ao contrário, você modela apenas as alternativas mais importantes — cada uma como uma história de domínio separada.
- Um simples quadro branco é uma ferramenta boa o bastante para desenhar histórias de domínio.

Cobriremos todos esses pontos em detalhes nos próximos capítulos. O primeiro ponto que discutiremos é a linguagem pictográfica.

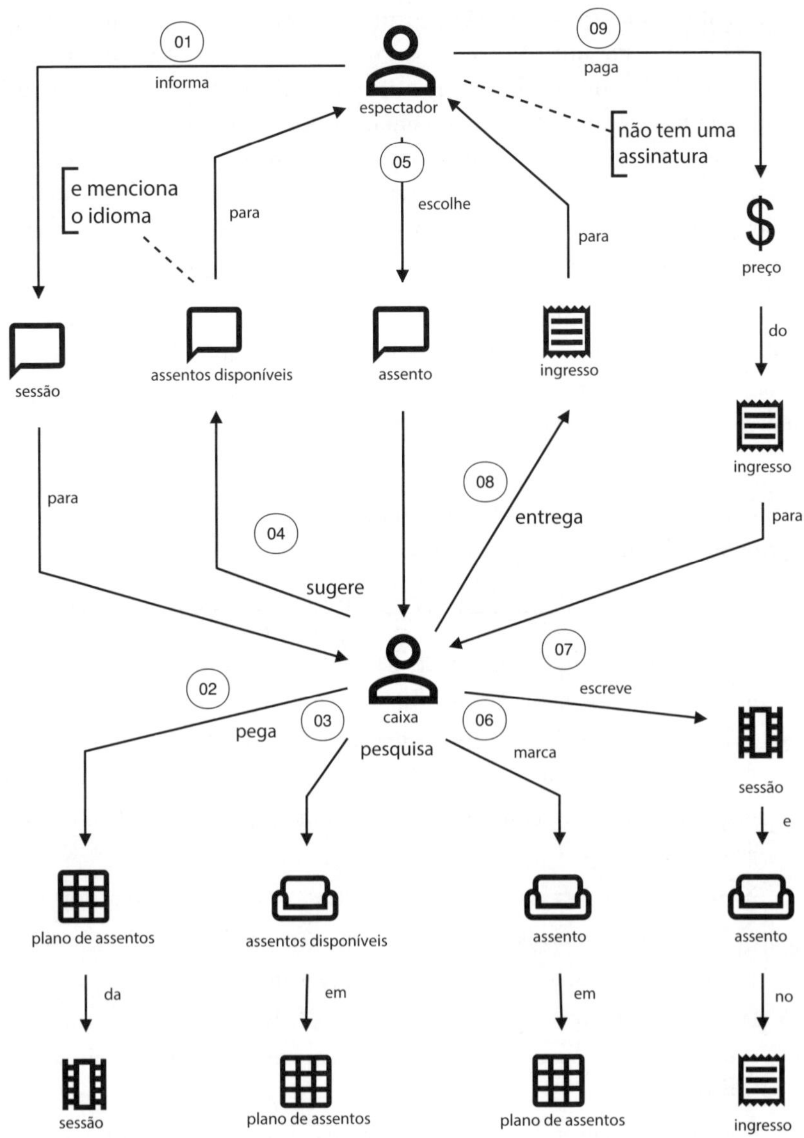

Figura 1.10 *Metropolis 2: Venda de ingressos, caminho feliz — GRANULARIDADE FINA*

Capítulo 2

A Linguagem Pictográfica

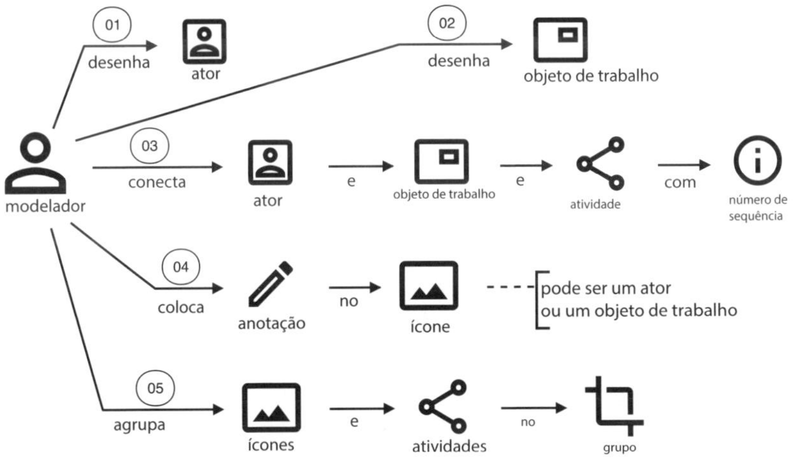

O Storytelling de Domínio combina linguagem pictográfica com um formato de workshop. Embora cada um tenha seu próprio valor, é sua combinação que faz o Storytelling funcionar tão bem. Começaremos com a notação gráfica aqui. Para registrar visualmente as histórias de domínio, você precisa de um conjunto de **blocos de construção** (ou seja, símbolos)[1] e regras para combiná-los. Os símbolos consistem em ícones, setas e texto.

1 [N. do A.] Usamos o termo *símbolo* aqui com seu significado linguístico — uma linguagem é escrita com símbolos. O termo *ícone* será usado com o significado de pictograma ou imagem.

Atores

Figura 2.1 *Atores típicos*

As histórias de domínio são contadas a partir da perspectiva de um ator. O ator pode ser uma *pessoa* (na Figura 2.1, por exemplo, o "caixa"), um grupo de *pessoas* ("espectadores") ou um *software* ("sistema de reserva de ingressos"). Usamos diferentes ícones para representar os diferentes atores. O que os atores têm em comum é que eles desempenham um papel ativo na história de domínio.

Todos os ícones são rotulados com um termo da linguagem do domínio. Observe que, normalmente, rotulamos os atores com seu papel ou função (por exemplo, "caixa"), não com o nome da pessoa (por exemplo, não "Matthew"). Contudo, em algumas situações você pode achar útil fazer uma exceção à regra e usar pessoas concretas ou *personas* [Cooper 1999] como atores. (Veja também o Capítulo 6, "O Formato do Workshop".)

Objetos de Trabalho

Figura 2.2 *Objetos de trabalho típicos. Nota: "ingresso do cinema" e "preço" aparecem duas vezes com ícones diferentes*

Os atores criam, trabalham e trocam **objetos de trabalho** (Figura 2.2), como *documentos*, *coisas físicas* e *objetos digitais*. Eles também trocam *informações sobre* os objetos de trabalho. A linguagem pictográfica não diferencia objetos de trabalho e informação. Assim, um ícone pode representar o seguinte:

- O próprio objeto de trabalho real, por exemplo, um ingresso de cinema impresso em um pedaço de papel
- Uma representação virtual do objeto de trabalho, por exemplo, um ingresso de cinema digital criado por um software
- O meio pelo qual a informação sobre o objeto de trabalho é trocada, por exemplo, um telefonema para comprar um ingresso

Como os atores, os objetos de trabalho são rotulados com um termo da linguagem de domínio (como "horários de exibição", "ingresso de cinema" etc, na Figura 2.2). Observe que um objeto de trabalho pode ter diferentes ícones *dentro* da mesma história de domínio se o meio muda. Por exemplo, um espectador poderia receber o ingresso via e-mail e imprimi-lo em casa — o mesmo ingresso é representado com dois ícones diferentes.

Ícones para Atores e Objetos de Trabalho

Para os exemplos neste livro, usamos conjuntos dos ícones Material do Google [https://fonts.google.com/icons]. Um conjunto de ícones deve ser adaptado ao domínio que você quer modelar. Por exemplo, se você trabalha com logística, cujos contêineres de transporte são um objeto de trabalho importante, deve usar um ícone de contêiner em suas histórias de domínio. Com os atores, o procedimento é o mesmo — navios, carros, smartphones etc, podem ser atores, dependendo do domínio. A Figura 2.3 mostra o conjunto de ícones para o Metropolis.

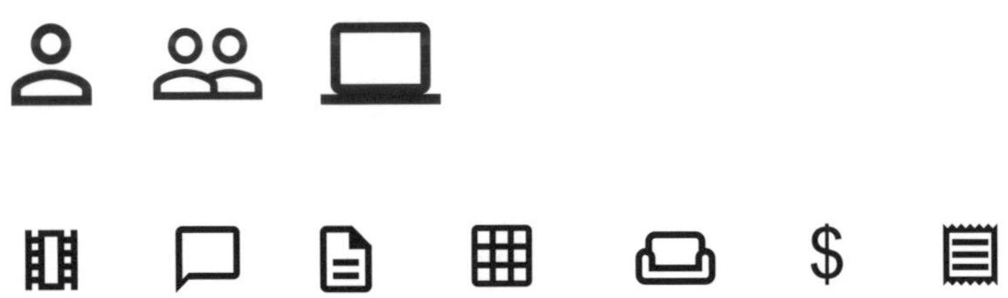

Figura 2.3 *Ícones do domínio do cinema*

Você verá outro exemplo para um conjunto de ícones quando introduzirmos um segundo estudo de caso de um domínio diferente na Parte II (Capítulo 8, "Estudo de Caso — Alphorn Auto Leasing Inc.").

Os ícones devem ajudar a criar um visual claro. Quando você montar seu próprio conjunto de ícones, tenha em mente o seguinte:

- Certifique-se de os ícones sejam distintos e simples.
- Usar muitos ícones diferentes enfraquecerá sua linguagem pictográfica.
- Os ícones devem transmitir significado e tornar mais tangível a história de domínio.
- Dependendo do contexto, os conceitos de um domínio podem ser modelados como atores *ou* objetos de trabalho. Em Metropolis, por exemplo, o smartphone de um espectador pode servir como uma carteira para ingressos digitais. O smartphone, então, é modelado como um objeto de trabalho. Além disso, o novo app Metropolis no smartphone de um usuário poderia notificar os espectadores sobre cancelamentos. Nessa história, o smartphone é modelado como um ator.

Atividades

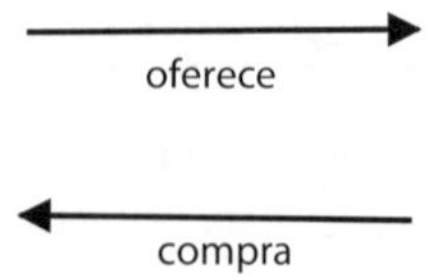

Figura 2.4 *Atividades típicas*

As **atividades** dos atores (Figura 2.4) são mostradas como *setas* e rotuladas com verbos da linguagem de domínio (por exemplo, “oferece”, “compra”, “recomenda”). Nota: Os atores e os objetos de trabalho são substantivos, as atividades são verbos.

Números de Sequência

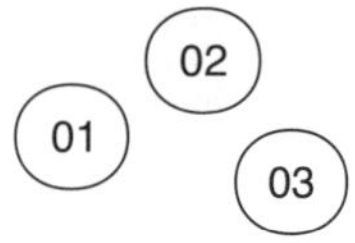

Figure 2.5 *Números de sequência típicos*

Para contar uma história, você precisa de mais de uma frase. Como as histórias são contadas com uma frase após a outra, elas podem ser colocadas em ordem numerando-as. Em geral, numeramos as frases adicionando um **núme-**

ro de sequência (Figura 2.5) à origem da seta que representa uma atividade (o predicado da frase).

Os números de sequência expressam o *tempo* dentro das histórias de domínio.

Na maioria dos casos, numeramos as atividades consecutivamente, ou seja, usamos cada número exatamente uma vez. Por vezes, faz sentido expressar que as atividades ocorrem simultaneamente. Se for esse o caso, rotulamos as atividades paralelas com o mesmo número. Recomendamos usar esse caso especial com moderação porque torna as frases mais difíceis de ler e enfraquece a história. Se possível, concorde com uma ordem de exemplo e use atividades paralelas apenas se isso for realmente importante para a história.

Uma exceção a essa regra é quando as pessoas trabalham juntas em um único objeto de trabalho. Então as duas setas têm o mesmo número.

Numeramos uma frase quando a modelamos (em oposição a numerar todas as frases ao final da modelagem). Isso faz com que seja mais fácil controlar a história. Contudo, nem sempre os especialistas conseguem a frase certa de cara. Às vezes, as frases precisam ser inseridas mais tarde ou a sequência precisa ser mudada. Então, as frases precisam ser renumeradas.

Anotações

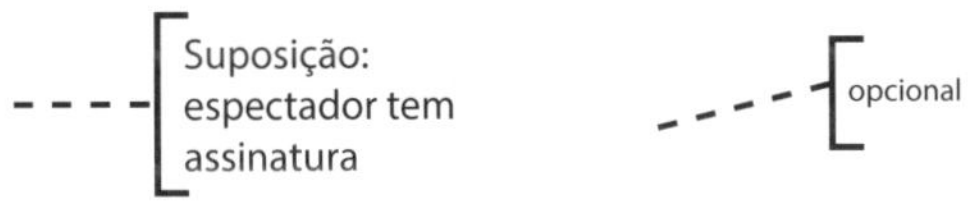

Figura 2.6 *Anotações típicas*

As frases pictográficas são complementadas com **anotações** textuais (Figura 2.6). Quando necessário, anotamos informações sobre variações (outros casos, atividades opcionais, possíveis erros). Além disso, pode ser útil anotar o objetivo de uma atividade (veja também o Capítulo 6, "O Formato do Workshop"). Usamos anotações para explicar termos da linguagem de domínio e documentar suposições ou qualquer outra coisa que valha a pena. Em geral as anotações se referem ao seguinte:

- Ator, objeto de trabalho ou atividade
- Uma frase inteira ou várias frases
- A história de domínio como um todo

As anotações relacionadas à história de domínio como um todo são particularmente importantes para trabalhar com cenários (veja o Capítulo 3, "Modelagem Baseada em Cenários"). Elas ajudarão a definir a cena: sobre o que é a história? Por que ela é relevante? Quais eventos iniciam a história? Quais limites determinam o enredo da história? O que diferencia essa história específica das outras possíveis histórias?

Se você vir de novo o exemplo Metropolis 2 (Figura 1.10), reconhecerá que a desenvolvedora de app Anna e o gerente de cinema Matthew fizeram as seguintes suposições sobre a história:

- O espectador compra um ingresso na bilheteria.
- O espectador não tem uma assinatura.
- A história trata do "caminho feliz", ou seja, o caixa sugere assentos aceitáveis e o espectador compra e recebe seu ingresso.

Ademais, a frase 4 em Metropolis 2 (Figura 1.10) — "O caixa sugere assentosdisponíveis para o espectador" — foi anotada com "e menciona o idioma". É um exemplo de anotação que se refere a uma atividade específica.

As anotações sobre a história de domínio como um todo costumam ser colocadas nas margens ou abaixo da história. As anotações sobre um detalhe da história são colocadas ao lado desse elemento em particular. Quando fica muito confuso (normalmente acontece em uma situação analógica), essas anotações detalhadas também são colocadas ao lado ou abaixo da história, usando o número da sequência acordada para se ter uma referência. A próxima seção mostra um exemplo de anotações nas margens (Figura 2.8).

Tela de Modelagem

Para desenhar uma história de domínio, você precisará de algum tipo de **tela de modelagem** (Figuras 2.7 e 2.8) na qual desenhar. Não precisa ser uma tela real, mas pode ser um pedaço de papel, um quadro branco etc. E mais, pode ser analógica ou digital (vamos nos aprofundar nisso no Capítulo 5, "Ferramentas de Modelagem").

Uma primeira etapa típica é **nomear** a história de domínio e colocá-la na tela.[2] Isso definirá a estrutura da história contada. O nome pode ser revisto e aprimorado conforme a história se desenvolve.

2 [N. do A.] Como se pode ver nas histórias de domínio Metropolis 1 (Figura 1.9) e 2 (Figura 1.10), neste livro escrevemos o nome abaixo da história como um título para a respectiva figura. Em um workshop de modelagem, é mais comum escrever no topo da história.

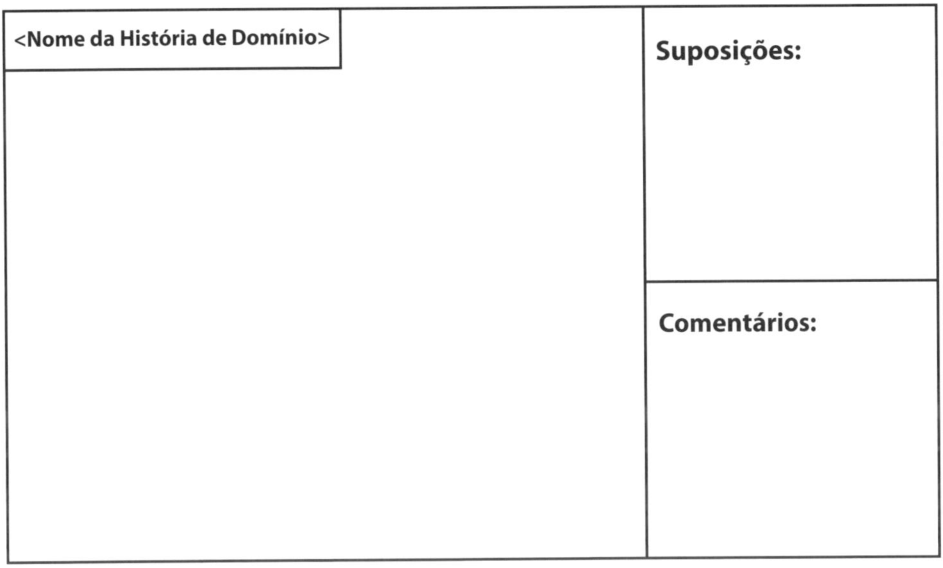

Figura 2.7 *Um layout típico da tela de modelagem*

Um bom nome inicial expressa o que está acontecendo, usando palavras da linguagem de domínio. As partes que podem ser adicionadas mais tarde são a empresa, um número, o caso, o escopo (mais sobre isso nos próximos capítulos).

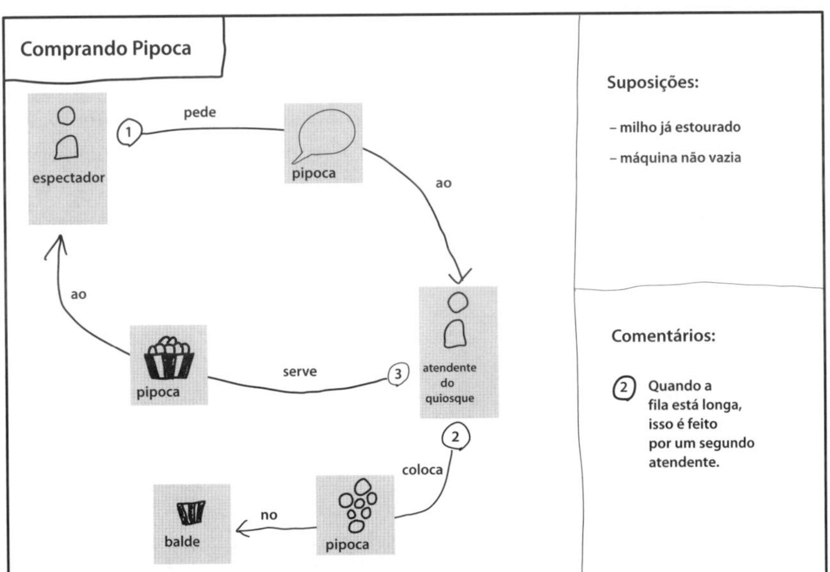

Figura 2.8 *Exemplo de um layout da tela de modelagem em um quadro branco*

Grupos

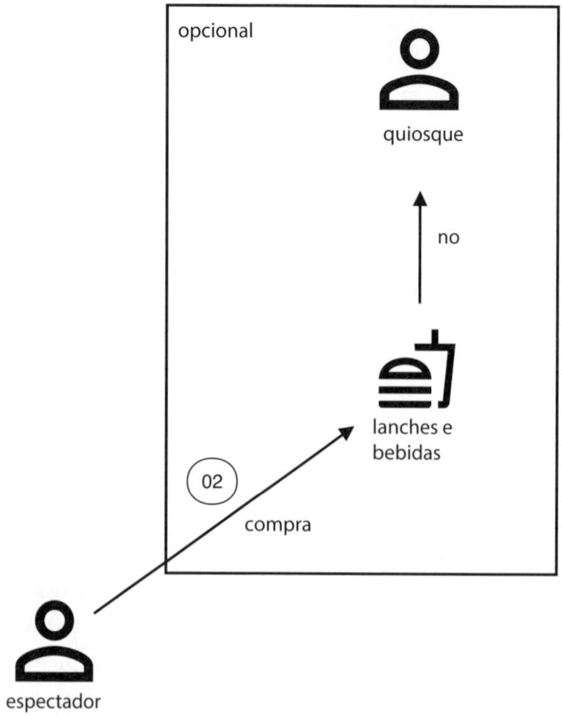

Figura 2.9 *Um grupo típico*

Um **grupo** (Figura 2.9) é representado como um esboço que reúne partes de uma história associadas de algum modo. O grupo pode ter qualquer forma, por exemplo, um retângulo, um círculo ou uma forma livre. Para descrever o significado de um grupo, rotule-o de acordo. Veja alguns exemplos do que pode ser expresso pelos grupos:

- Atividades que são repetidas
- Atividades que são opcionais
- Partes da história que acontecem em diferentes locais
- Limites organizacionais
- Subdomínios

Para ter um exemplo com grupos, veja a Figura 2.10. Ela mostra uma versão aprimorada da visão de alto nível da experiência de cinema do espectador. Agora ela contém quatro grupos que são usados aqui para representar os diferentes subdomínios do domínio do cinema. Como é um desenvolvimento adicional de Metropolis 1 (Figura 1.9), nos referimos a essa história de domínio como "Metropolis 1a" no restante do livro.

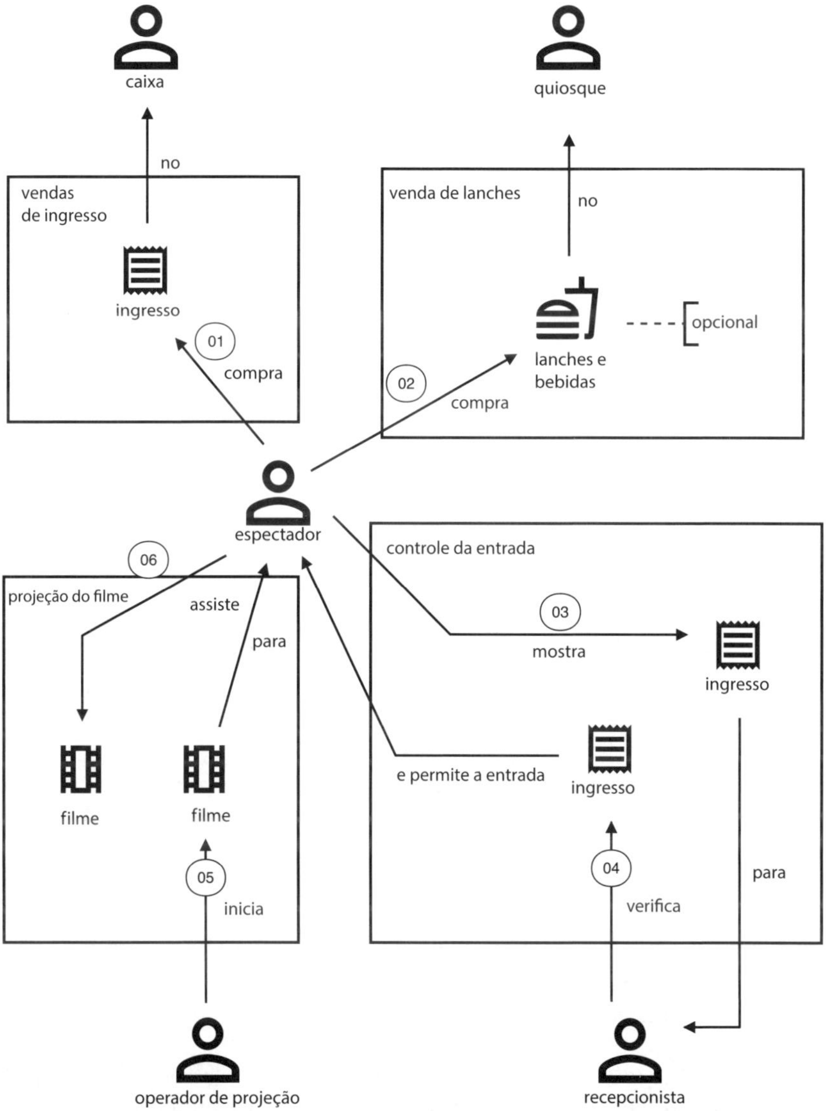

Figura 2.10 *Metropolis 1a: Ir ao cinema — GRANULARIDADE GROSSA — agrupado por subdomínio*

Cores

Figura 2.11 *Uso típico de cor*

Muitas histórias de domínio são em preto e branco apenas. Por vezes, faz sentido adicionar um pouco mais de **cor** (Figura 2.11). A cor pode ser usada das seguintes maneiras:

- Para enfatizar alguns elementos
- Para visualizar diferenças
- Como uma alternativa aos grupos

Você viu o uso de cinza e preto como cores no Capítulo 1 quando desenvolvemos passo a passo o Metropolis 1 (Figuras 1.1 – 1.9). Lá, usamos para enfatizar o que mudou entre as duas histórias de domínio.

Agora, a desenvolvedora de app Anna quer saber do gerente de cinema Matthew como os requisitos legais se aplicam ao cinema. Eles usam um destaque[3] visual para indicar quais partes de uma história de domínio devem seguir quais regulações. O resultado é Metropolis 1b (Figura 2.12), que mostra os requisitos para segurança sanitária e proteção contra incêndio.

Posteriormente neste livro, usaremos cores para visualizar as diferenças entre as versões do mesmo processo de negócio (veja o Capítulo 13, "Apoiando Mudanças Organizacionais", e o Capítulo 14, "Decidindo Criar ou Comprar, e Escolhendo um Software de Prateleira").

A escolha da ferramenta de modelagem determina quais cores estão disponíveis. Em preto e branco (como em um livro impresso), usar tons de cinza pode ser a escolha certa.

Ao usar cores diferentes em uma história de domínio, adicionar uma **legenda** indicando o significado de cada cor pode ajudar. A Figura 2.12 mostra um exemplo de legenda à esquerda.

3 [N. do A.] Por motivos de produção, a edição de e-book deste livro tem cores, já a edição impressa usa escala de cinza.

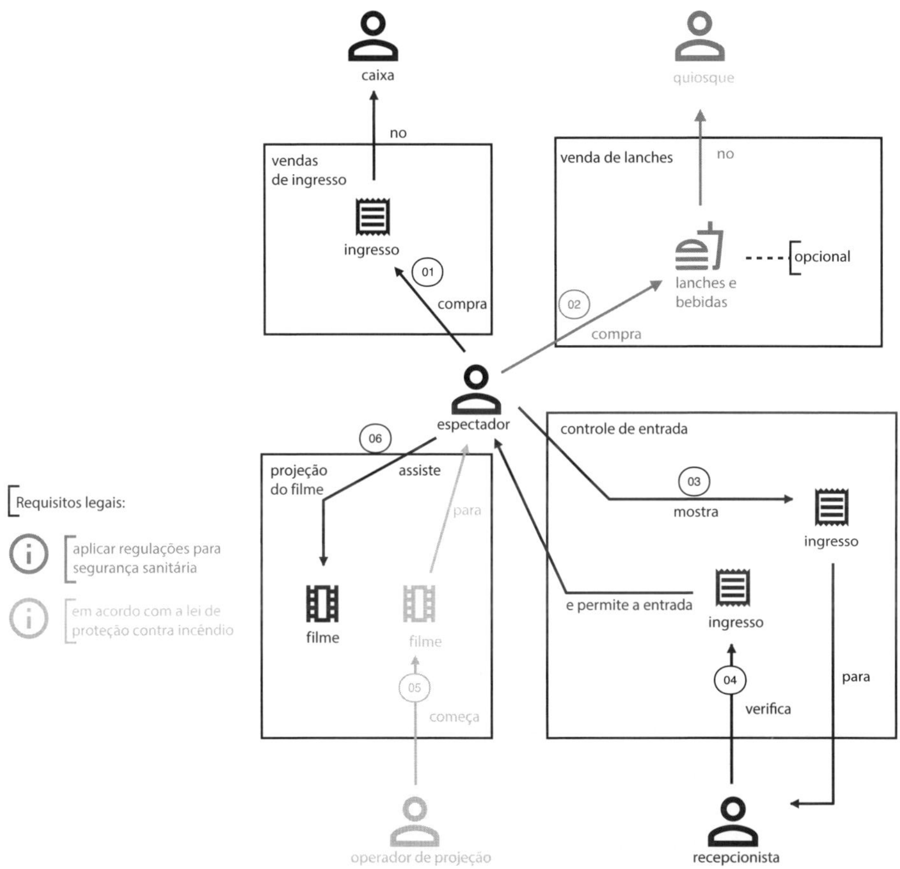

Figura 2.12 *Metropolis 1b: Ir ao cinema — GRANULARIDADE GROSSA — a cor mostra os requisitos legais*

Sem Condicionais

Além de mostrar os elementos da linguagem pictográfica, também queremos destacar o que *não* faz parte dessa linguagem. Não há símbolos para condicionais, variações ou alternativas. Elas são omitidas de propósito. É uma grande diferença em comparação com muitas outras linguagens de modelagem para os processos comerciais. Por exemplo, a BPMN (Modelagem e Notação de Processos Comerciais) tem *gateways* [decisores] ou portas de acesso (Figura 2.13).

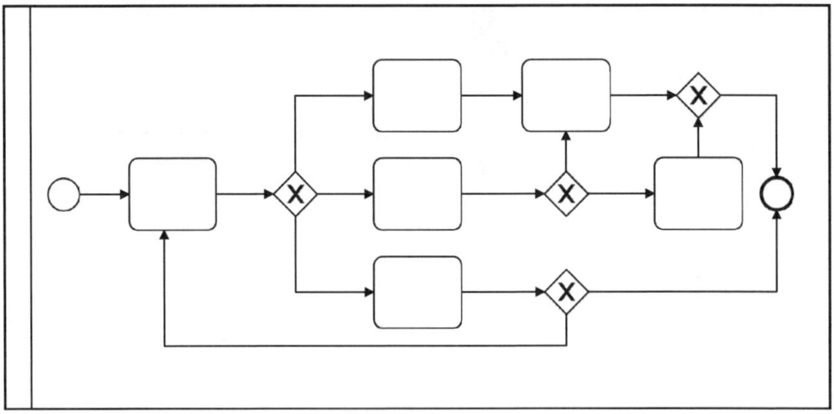

Figura 2.13 *Abordagem clássica (sem Storytelling de Domínio): modelando diferentes casos em um diagrama. (Aqui: um fluxo de controle com quatro decisores, modelado em BPMN)*

Observamos que se uma notação oferece condicionais para modelar alternativas, é bem provável que as pessoas as usarão.[4] No Storytelling de Domínio, você modela apenas as alternativas mais importantes — cada uma como uma história de domínio individual, contada do início ao fim. Vamos elaborar isso no Capítulo 3, "Modelagem Baseada em Cenários".

Juntando Tudo

> As histórias de domínio visualizam *quem* (ator) faz *o que* (atividade) com *o que* (objetos de trabalho) e com *quem* (outros atores).

Os atores são os sujeitos das frases. Em um workshop de Storytelling de Domínio, estarão presentes os representantes dos atores e eles serão identificados com figuras na história de domínio. Assim, os atores devem ser fáceis de identificar. Recomendamos desenhá-los maiores que os objetos de trabalho.

> As histórias de domínio se desenvolvem em torno dos atores.

Cada ator aparece apenas uma vez na história de domínio. Mas para cada atividade, desenhamos um objeto de trabalho separado (ainda que o mesmo objeto de trabalho já exista em uma frase anterior). Por exemplo, veja de novo a história de domínio Metropolis 1a (Figura 2.10). O espectador aparece apenas

4 [N. do A.] Para ser justo, BPMN e métodos parecidos não o forçam a usar decisores. Na verdade, alguns autores consideram uma prática recomendada que a primeira versão de um modelo deve focar um caso apenas. Veja, por exemplo, o livro *Real-Life BPMN* [Freund/Rücker 2019].

uma vez, embora esse ator inicie várias atividades. Já o ingresso aparece diversas vezes: é comprado, mostrado ao recepcionista e verificado.

Os atores aparecem uma vez por história de domínio; os objetos de trabalho podem aparecer várias vezes.

Se você seguir essa regra, organizar os objetos de trabalho e as setas ficará muito mais fácil. Existe um outro bom motivo para isso. Conforme a história se desenvolve, um objeto de trabalho pode mudar seu status ou representação. Para ilustrar, vejamos um corte de Metropolis 2 (Figura 1.10) na Figura 2.14.

Aqui, os "assentos disponíveis" são modelados como um ícone de assento na frase 3, quando o caixa faz uma pesquisa. Na frase 4, onde o caixa sugere assentos para o espectador, eles são modelos como um balão de fala.

Uma Gramática para as Histórias de Domínio

As atividades conectam os atores e os objetos de trabalho para formar **frases**. Toda frase começa com um ator que inicia uma atividade: *quem* (ator) faz *o que* (atividade) com *o que* (objetos de trabalho) e com *quem* (outros atores). A sintaxe básica é: *sujeito – predicado – objeto.*[5] Também é permitida uma sintaxe mais complexa. A Figura 2-15 mostra uma lista de frases gramaticalmente corretas para uma história de domínio.

5 [N. do A.] A sintaxe se encaixa bem na gramática do português. Claro, há idiomas que usam frases com uma estrutura diferente (por exemplo, *sujeito – objeto – predicado* em persa). Se você contar uma história de domínio em tal idioma, haverá uma diferença entre a linguagem falada e sua representação na linguagem pictográfica. Veja o Capítulo 9, "Aprendendo Linguagem do Domínio", para ter exemplos.

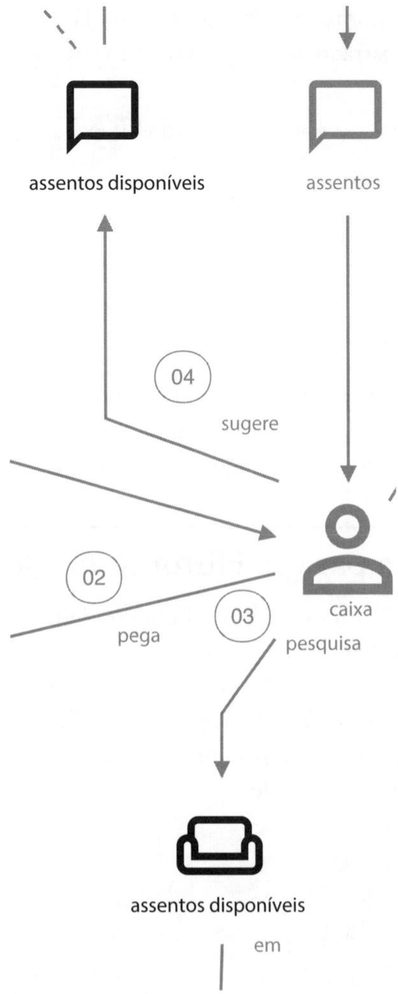

Figura 2.14 *Um objeto de trabalho muda sua representação*

As frases na Figura 2.15 podem ser lidas assim:

1. O Ator *A* trabalha no objeto de trabalho *w* (cria, compra, processa, pesquisa algo nele...).
2. O Ator *A* trabalha no objeto de trabalho *w* para editar o objeto de trabalho *v*.
3. O Ator *A* entrega o objeto de trabalho *w* para o ator *B*, ou *A* troca informações sobre *w* com *B*. Muitas vezes, uma preposição (por exemplo, *para*, *com*, *em*) é um bom rótulo para a segunda seta.
4. É igual à frase 3, mas com vários recipientes.
5. Os dois atores *A* e *B* colaboram em *w* (assinam, concordam...).

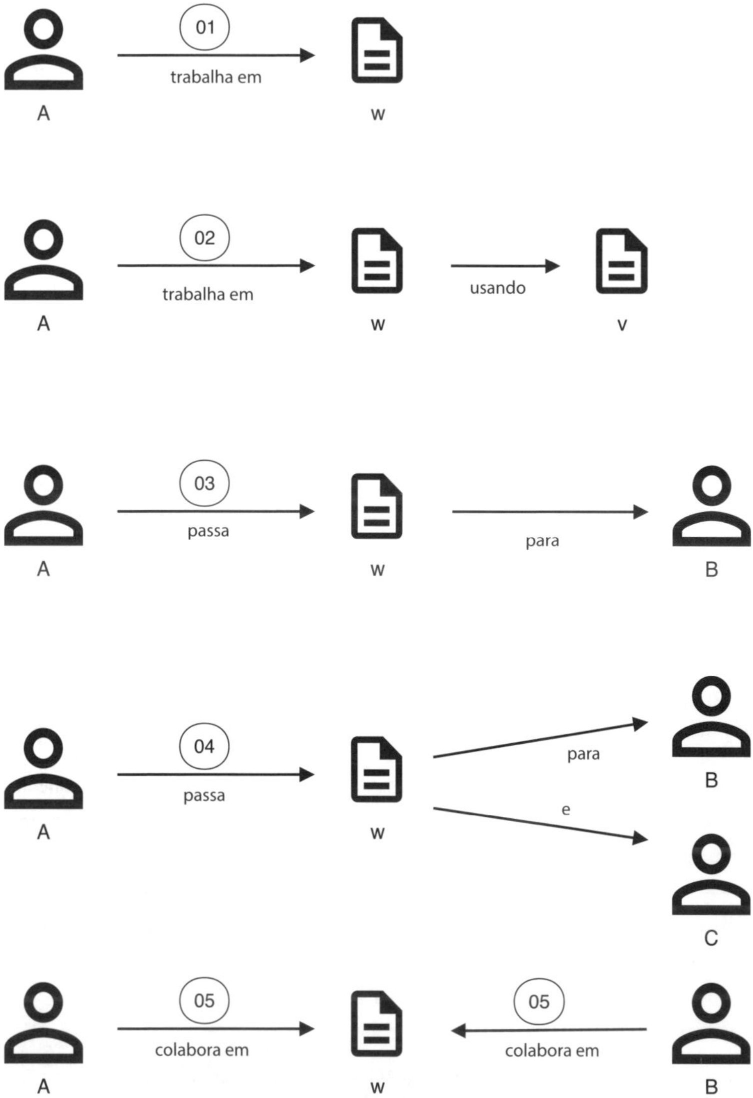

Figura 2.15 *Possíveis estruturas de frases*

Diferentes Estilos de Desenho

Nas frases 2 a 5 na Figura 2.15, usamos duas setas mesmo que o ator desempenhe apenas uma atividade. Essa pequena discrepância se deve ao uso de uma ferramenta de modelagem. Se você registra sua história de domínio à mão, pode desenhar uma seta entre os atores e, depois, colocar o objeto de trabalho na seta (Figura 2.16).

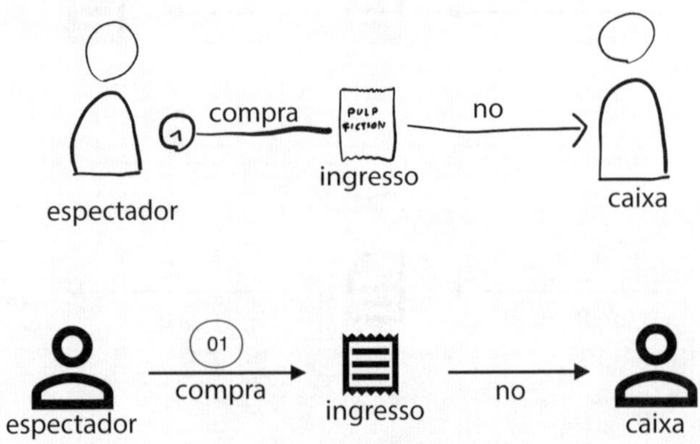

Figura 2.16 *Estilo diferente, significado igual: desenhado à mão versus com ferramenta*

Outra diferença que você pode identificar é a colocação do número de sequência. Na versão à mão, ele é posicionado no início da seta da atividade. Na versão desenhada com ferramenta, é colocado no topo do rótulo da atividade.

A gramática deve ajudar a traduzir o conhecimento do domínio na linguagem pictográfica. Mas a expressividade de uma história de domínio é mais importante do que a correção da gramática.

Tenha em mente que cada frase deve fazer sentido se você a lê em voz alta.

Consideramos uma boa prática falar durante a modelagem, isto é, "modelar em voz alta", como chama o inventor do DDD, Eric Evans:

> A separação da fala em relação a outras formas de comunicação é uma ótima perda em particular porque os seres humanos têm a genialidade da linguagem falada. [. . .] Um das melhores maneiras de aprimorar um modelo é explorar com a fala, experimentando várias construções em voz alta a partir das possíveis variações de modelo. Fica fácil ouvir as irregularidades. [Evans 2004]

Resumindo, as histórias de domínio devem ser modeladas na linguagem falada (com os limites dados anteriormente em relação às diferenças gramaticais entre as linguagens naturais e a linguagem pictográfica).

Um Bom Estilo de Linguagem

Segundo nossa experiência, a linguagem pictográfica tem mais a ver com expressão e menos com seguir regras rígidas. Contudo, achamos útil mostrar exemplos do que consideramos um bom estilo ou não. Temos outros motivos para você considerar nossas sugestões — pelo menos até ter experiência suficiente para fazer suas próprias escolhas conscientes.

Dê a Cada Frase Seus Próprios Objetos de Trabalho

Se você observar de novo as histórias de domínio Metropolis 1 (Figura 1.9) e 2 (Figura 1.10), verá que objetos de trabalho como "ingresso" e "plano de assentos" aparecem várias vezes. Toda atividade relacionada a um ingresso tem seu próprio objeto de trabalho, representando um ingresso (em vez de ser apenas um objeto de trabalho "ingresso" para a história de domínio inteira). Há bons motivos para isso:

- Primeiro, você pode querer representar um objeto de trabalho com ícones diferentes (exemplo, o ingresso poderia ser emitido na forma de QR code e impresso depois).
- Segundo, ter várias setas entrando e saindo dos objetos de trabalho reduz a legibilidade da história.
- Terceiro, quando cada frase tem seus próprios objetos de trabalho, elas podem ser agrupadas sem sobreposição.

Assim, preferimos dar a cada frase seus próprios objetos de trabalho, em vez de reutilizá-los.

Torne Explícitos os Objetos de Trabalho

Dissemos que as atividades representam os verbos na linguagem pictográfica e que os objetos de trabalho são, ora, os objetos. As frases podem ter mais de um objeto nas linguagens naturais e também é assim na linguagem pictográfica (por exemplo, veja a segunda frase na Figura 2.15).

Notamos, porém, que os novatos em Storytelling de Domínio tendem a seguir a estrutura básica da frase *ator – atividade – objeto de trabalho*. Se há um segundo objeto envolvido, muitas vezes eles o tornam uma parte implícita da atividade. Veja o exemplo na Figura 2.17.

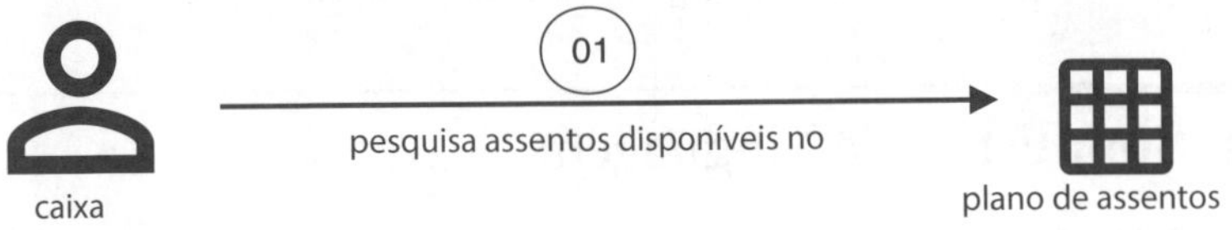

Figura 2.17 *Não faça: modelar o objeto de trabalho como parte da atividade*

A atividade "pesquisa assentos disponíveis em" contém a palavra "assentos". Para um cinema, "assento" é uma parte importante da linguagem de domínio. Os assentos são pesquisados, reservados, vendidos, e assim por diante. Assim, faz sentido tornar isso explícito modelando-o como um objeto de trabalho, mostrado na Figura 2.18.

Figura 2.18 *Faça: modelar o objeto de trabalho separado da atividade*

Por vezes, os objetos de trabalho não ficam ocultos nas atividades, mas em outros objetos de trabalho, como na Figura 2.19. Isso também deve ser evitado.

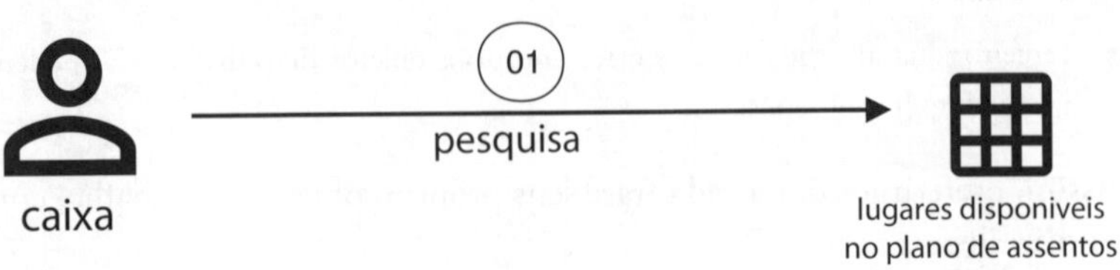

Figura 2.19 *Não faça: modelar o objeto de trabalho como parte de outro objeto de trabalho*

Na Parte II deste livro, você aprenderá a usar o Storytelling de Domínio para finalidades específicas, como encontrar os limites em um domínio ou derivar um modelo implementado a partir das histórias de domínio. Essas práticas contam com o devido mapeamento dos conceitos do domínio para a linguagem pictográfica.

Dê um Rótulo a Cada Bloco de Construção

Recomendamos que você rotule todos os atores, as atividades, os objetos de trabalho e os grupos com termos da linguagem de domínio. É tentador omitir alguns termos óbvios ou pouco importantes para agilizar a modelagem. Mas fique atento, o que é óbvio para você não é necessariamente para outras pessoas. É mais fácil identificar as diferentes interpretações dos termos se você os coloca por escrito. Além disso, o que parece óbvio agora pode ser confuso uma semana ou um mês depois. Se você revisar suas histórias de domínio mais tarde, ficará agradecido se a história toda estiver explícita. Por isso, preferimos a legibilidade acima da concisão.

Use Ícones Diferentes para Atores e Objetos de Trabalho

Mesmo que uma linguagem pictográfica concisa tenha suas vantagens (menos ícones e significados para memorizar), você não deve chegar ao ponto de usar o mesmo ícone para atores *e* objetos de trabalho. Isso seria confuso e afetaria a legibilidade.

Evite os "Retornos"

No que diz respeito a modelar as atividades de um software, os modeladores com conhecimento de programação às vezes aplicarão o padrão mostrado na Figura 2.20.

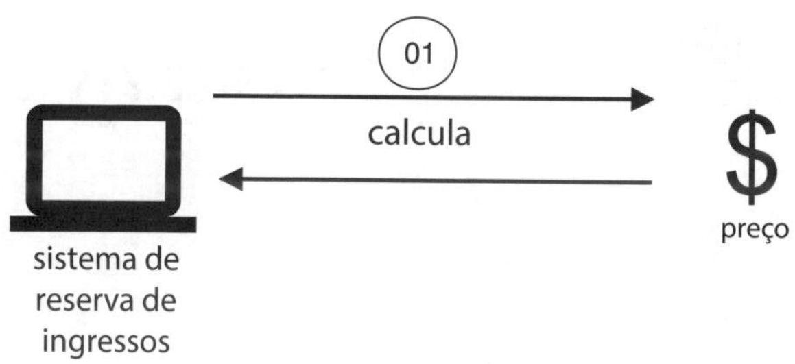

Figura 2.20 *Não faça: modelar a chamada de funções*

Contudo, as setas na linguagem pictográfica não representam uma função, um método ou uma chamada de procedimento. Assim, não há necessidade desse padrão de "retorno". Um sistema que calcula o preço pode simplesmente ser modelado como na Figura 2.21.

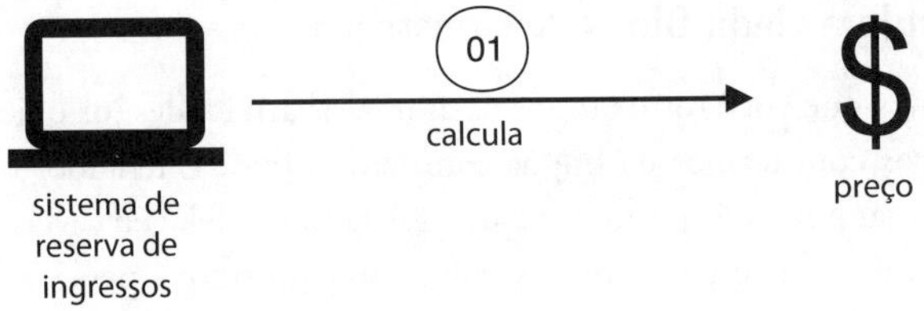

Figura 2.21 *Faça: modelar a atividade*

Evite o Padrão “Solicitação e Resposta”

Os desenvolvedores de software parecem ter a tendência de modelar a interação entre um sistema de software e um usuário como algo técnico — uma solicitação que é atendida pela resposta do sistema. Por exemplo, um app da web para comprar ingressos de cinema modelado com esse estilo ficaria como a Figura 2.22.

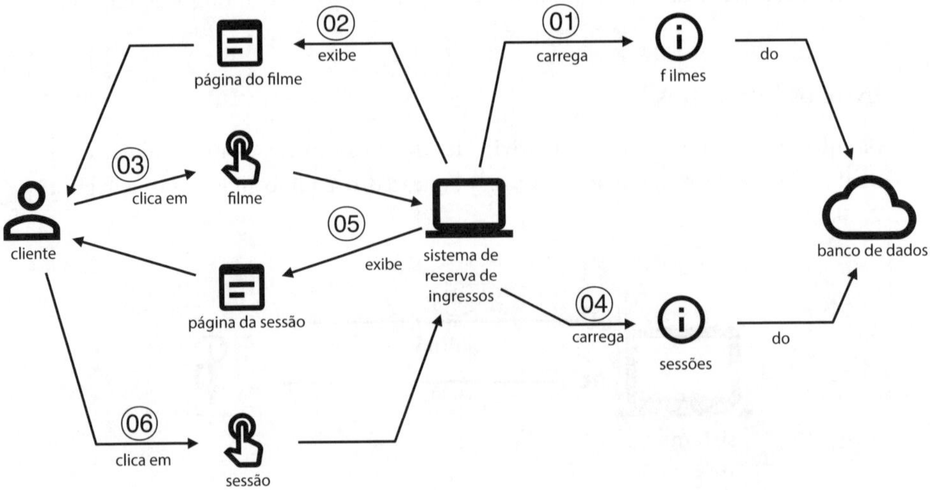

Figura 2.22 *Não faça: modelar os detalhes técnicos de como um usuário interage com o sistema*

Existem muitos motivos para não gostarmos muito desse estilo:

- Não conta uma história convincente. Tem pouco potencial de provocar conversas interessantes e insights sobre o domínio.
- Se o objetivo do modelo é documentar a implementação do sistema, então há maneiras melhores de conseguir isso, por exemplo, um diagrama de sequência de UML (Linguagem de Modelagem Unificada).
- Se o objetivo do modelo é projetar a IU, então há meios melhores de fazer isso (por exemplo, modelos e protótipos).

- Como o modelo é específico para a implementação técnica do software, ele ficará desatualizado se a implementação mudar.

Em vez disso, use o Storytelling de Domínio para modelar a intenção: qual é o objetivo do usuário? Como o software o ajuda a atingir esse objetivo? Toda atividade deve levar a história adiante (Figura 2.23).

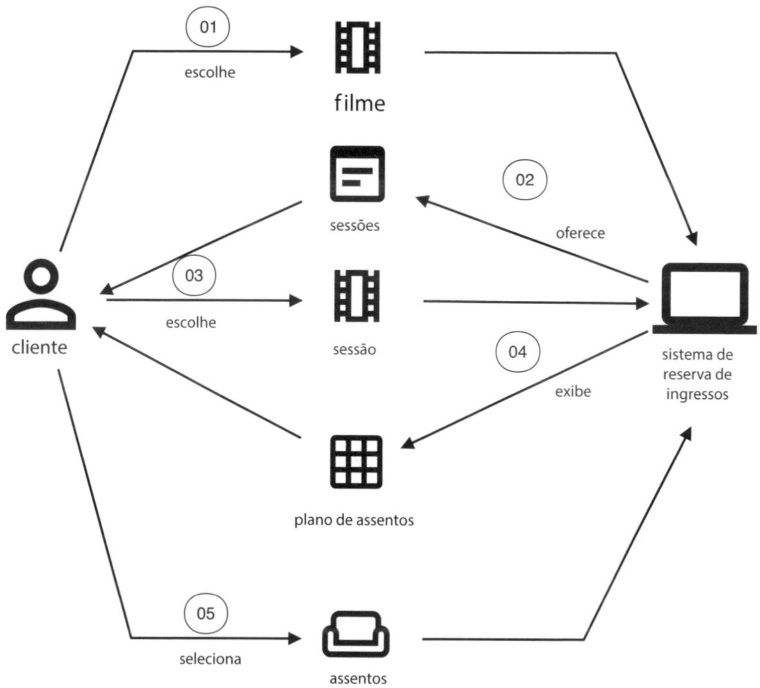

Figura 2.23 *Faça: modelar o que o usuário deseja conseguir*

Agora que você conhece os blocos de construção da linguagem pictográfica, veremos o modo especial do Storytelling de Domínio de modelar os diferentes casos.

Capítulo 3

Modelagem Baseada em Cenários

Como explicamos no capítulo anterior, a linguagem pictográfica sobrevive sem símbolos para condicionais, variações ou alternativas. No Storytelling de Domínio, você modela apenas as alternativas mais importantes — cada uma como uma história de domínio individual. Como disse Cyrille Martraire em *Living Documentation* — sem publicação no Brasil —, "Um diagrama, uma história" [Martraire 2019]. Se você está acostumado com *fluxogramas*, *BPMN* ou *diagramas de atividade UML*, um diagrama que mostra apenas um caminho possível pode parecer estranho à primeira vista. No entanto, um diagrama de sequência UML faz exatamente isso — mostra um único caminho de execução Na verdade, a modelagem baseada em cenários tem uma longa tradição no desenvolvimento de software. Os casos de uso, por exemplo, também são baseados em cenários.

O que São Cenários?

John Carroll descreve **cenários** assim [Carroll 2000]:

- Cenários são histórias sobre pessoas e suas atividades.
- Os cenários ocorrem em um contexto fixo.
- Os cenários contêm atores que normalmente têm objetivos.
- Os cenários têm um enredo. Eles consistem em uma sequência de atividades e eventos.

As histórias de domínio são cenários nesse sentido. Usamos os termos *história* e *cenário* de maneira intercambiável neste livro. São exemplos concretos e significativos de um processo de negócio (Figura 3.1).

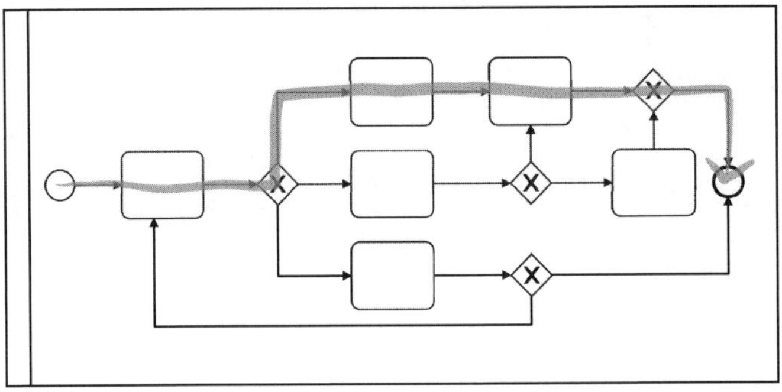

Figura 3.1 *Cenário é um exemplo de processo de negócio*

Explorando um Domínio com Cenários

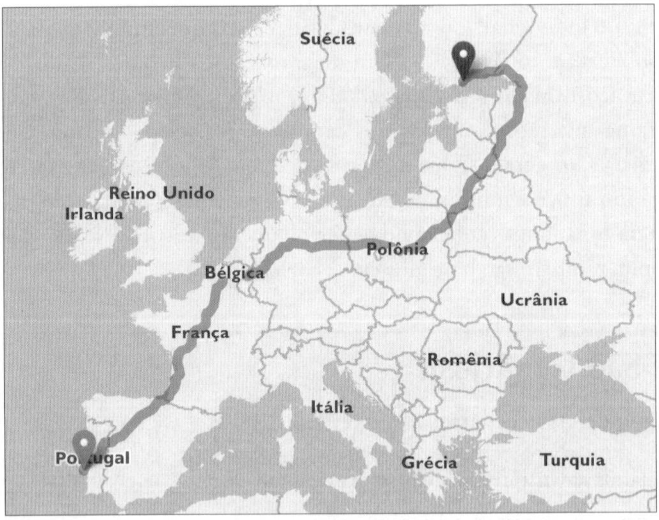

Figura 3.2 *Uma jornada pela Europa como exemplo de cenário. Foto tirada do OpenStreetMap.org*

Pense em uma viagem pela Europa[1] como analogia: a Europa é o domínio que você deseja explorar. Se você pegar a rota marcada no mapa na Figura 3.2, de Lisboa até Helsinque, passará por muitos países e paisagens (os subdomínios), cruzando muitas fronteiras. E mais, não verá muitos países, os Alpes, o Mar Mediterrâneo, e muito mais. Para ter uma boa compreensão das fronteiras da Europa, precisará fazer várias jornadas completas — ou, em outras palavras, modelar vários cenários.

1= [N. do A.] Agradecemos a Jörn Koch por essa analogia.

Cenários no Storytelling de Domínio

Quando modelamos um processo de negócio, toda possível instância desse processo pode ser descrita na forma de um cenário ou uma história de domínio. Mas o que fazemos se várias alternativas importantes precisam ser cobertas? Como restringimos o grande número de instâncias? Veremos de novo o exemplo do cinema para mostrar nossa abordagem.

O cinema Metropolis vende (a) ingressos para sessões únicas e (b) assinaturas anuais. Isso significa que a desenvolvedora de app Anna não pode simplesmente pedir que o gerente do cinema Matthew conte uma história sobre um espectador que acessa o caixa. Em vez disso, ela lhe pergunta qual caso é mais comum e ele informa que vender ingressos para sessões únicas representa 75% de sua renda. Assim, Anna pede a Matthew para contar sobre esse caso e anota "vendas de ingresso" no quadro branco — o nome da história de domínio.

Enquanto ela registra a história, outras suposições são feitas para evitar que se desvie por linhas diferentes. Por exemplo, eles pressupõem que há assentos suficientes, que o espectador gosta dos assentos que o caixa oferece, e assim por diante: "Pressupondo que ainda há assentos disponíveis, o que você faz em seguida?" Anna escreve todas essas suposições como anotações.

Recomendamos iniciar modelando o caso padrão — o "caso dos 80%" — e o "caminho feliz" primeiro.

Isso deve lhe dar uma ideia geral da finalidade do processo. Ajudará a entender *por que* os atores estão fazendo tudo isso. Restrinja o caso — sem exceções, sem erros, com o sol brilhando, com tudo indo bem. Mais tarde, você pode perguntar o que poderia dar errado e modelar as variações importantes e os casos de erro como histórias de domínio separadas. Por exemplo, se as sessões no cinema às vezes ficam lotadas, com certeza você deseja examinar esse caso.

Em geral, algumas histórias de domínio são suficientes para entender um processo comercial. Uma ou mais histórias de domínio de GRANULARIDADE GROSSA ajudarão a descobrir em que se aprofundar e quais outros recursos serão necessários. Muitas vezes, você só precisa adicionar algumas histórias de GRANULARIDADE FINA para começar a criar protótipos.

Pequenas variações em um processo de negócio, como atividades opcionais, simplesmente não valem o esforço de modelar de forma separada. Ao contrário, você deve usar anotações.

No Metropolis, Anna e Matthew modelam a variação da suposição anterior — o caso "não há mais assentos disponíveis" — como uma história de domínio por si só. Isso resulta no Metropolis 3 (Figura 3.3).

Se ajuda os participantes a se comprometerem com uma narrativa, você pode fazer suposições sobre a história inteira *e* anotar a frase na qual uma suposição entra em cena. Por exemplo, Metropolis 3 é sobre um caso em que não há assentos disponíveis (uma suposição sobre a história inteira). E mais, a terceira frase ("O caixa pesquisa assentos disponíveis no plano de assentos.") é anotada com "Suposição: nenhum assento disponível".

Como se pode ver, começou como uma cópia do caminho feliz Metropolis 2 (Figura 1.10). As três primeiras frases são iguais. Na etapa 3, Anna adiciona uma anotação informando que nenhum assento está disponível. Desse ponto em diante, a narrativa fica diferente. Para deixar isso claro, colocaremos Metropolis 2 (Figura 1.10) e 3 (Figura 3.3) lado a lado na Figura 3.4.

Se as partes grandes das duas histórias se sobrepuserem, talvez seja melhor não duplicar todas as etapas na nova história. Iniciar a história a partir da primeira etapa que difere também é uma possibilidade, em especial se você trabalha com uma ferramenta de modelagem analógica que torna a cópia uma tarefa complicada.

Claro, há também valor nas descrições "algorítmicas" dos processos de negócio e uma pessoa não pode desenvolver um software sem pensar sobre condicionais. Mas abstrações prematuras muitas vezes estão erradas e não são úteis para entender um domínio. Abstrações ruins confundem o domínio; abstrações boas adicionam precisão à linguagem de domínio.

Primeiro estabeleça uma boa compreensão dos casos *típicos* — conte histórias. Só então discuta sobre *o que mais* poderia acontecer — reúna as regras.

Um método que pode ajudar a descobrir tais regras é o *Mapeamento de Exemplo* (veja o Capítulo 7, "Relação com Outros Métodos de Modelagem", para obter mais detalhes).

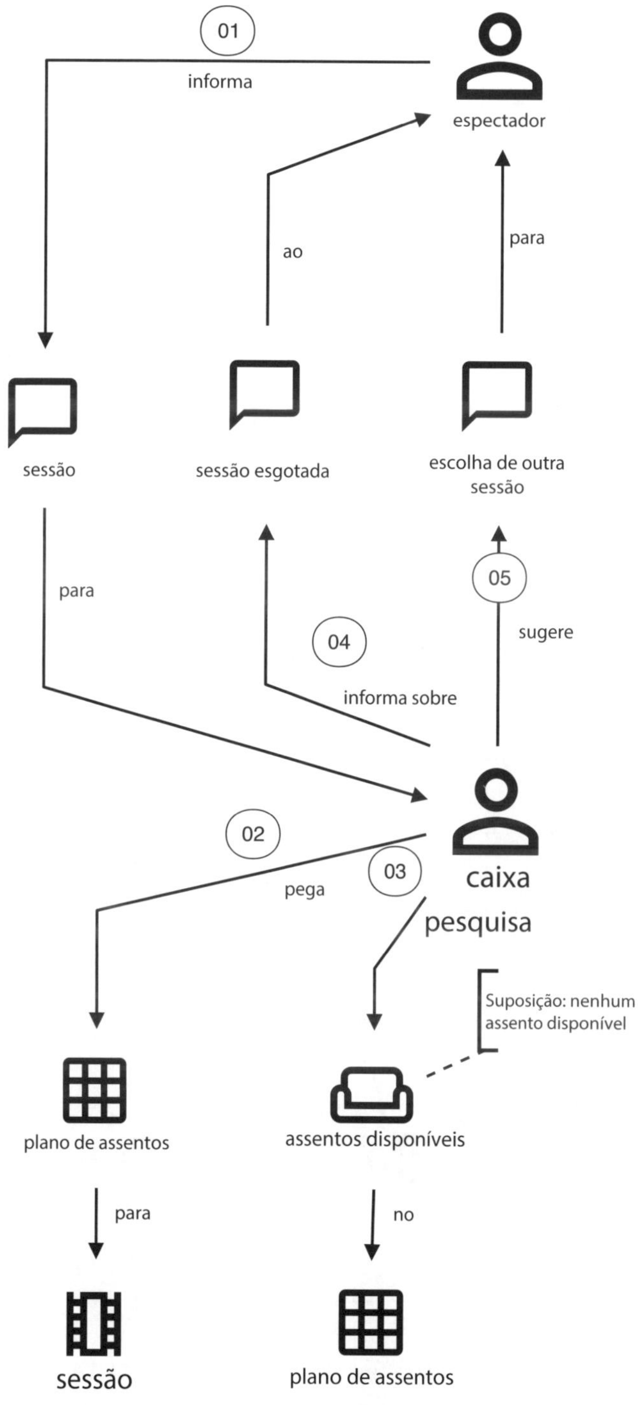

Figura 3.3 *Metropolis 3: Vendas de ingresso, sessão esgotada — GRANULARIDADE FINA*

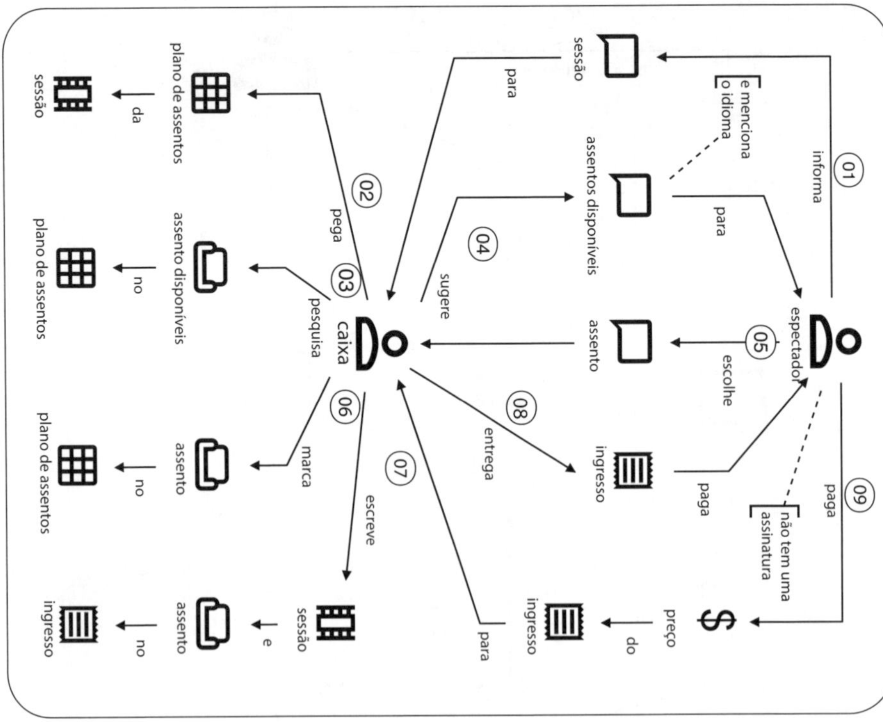

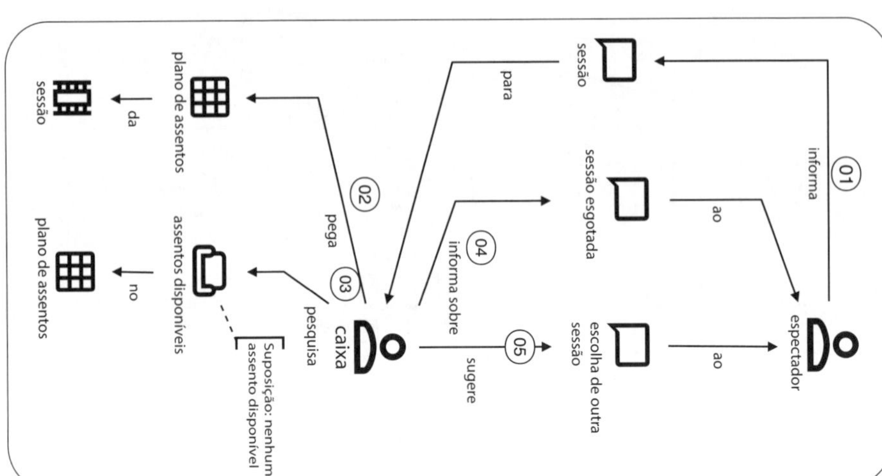

Figura 3.4 *Abordagem do Storytelling de Domínio: modelando diferentes casos em diferentes histórias: Metropolis 2 e 3*

Exemplos Concretos como Cenários

Em alguns domínios, pode ser difícil identificar cenários como um "caso típico" e um "caminho feliz". Em tais situações, recomendamos uma abordagem diferente. Experimente modelar vários casos anteriores com uma complexidade crescente: um caso simples, um caso moderadamente difícil e um caso difícil.

Certa vez, quando estávamos desenvolvendo um software para uma força-tarefa de emergência em um porto, por ingenuidade pedimos aos especialistas os casos comuns e os caminhos felizes. Eles encolheram os ombros e disseram:

— Lidamos exclusivamente com o inesperado e exceções às regras.

Então pedimos que nos dessem três exemplos de emergências com as quais tinham lidado no último ano, das simples às complexas:

- Um contêiner solto à deriva no porto
- Um apagão que afeta o sistema ferroviário durante uma forte tempestade; um trem preso em uma área com o risco de inundação
- Um cargueiro encalhado com o risco de explodir e com potencial de poluir o porto

Para cada cenário eles nos contaram uma história de domínio rica com uma complexidade crescente.

Mantendo uma Visão Geral

Para não modelar um número enorme de cenários, é importante se limitar a modelar apenas as variações mais importantes de um processo de negócio.

Almeje um exemplo representativo, não a perfeição!

Quando você precisar modelar vários negócios complexos, com cada um tendo variações importantes, acabará com dezenas de histórias de domínio. É útil organizá-las de um modo que ajude a manter uma visão geral. Veja algumas estratégias que funcionaram conosco:

- Como você já viu, uma história de domínio de GRANULARIDADE GROSSA como Metropolis 1 (Figura 1.9) pode servir como âncora para histórias de domínio mais detalhadas (como Metropolis 2, mostrada na Figura 1.10, e Metropolis 3, na Figura 3.3).
- Muitas empresas usam wikis para organizar e documentar o conhecimento. Uma wiki facilita a construção de estruturas hierárquicas e a navegação dentro delas usan-

do hiperlinks. As histórias de domínio também podem ser organizadas com uma wiki. Tire fotos dos diagramas desenhados ou use os arquivos criados diretamente com uma ferramenta digital.

- Se muitos atores diferentes estão envolvidos, pode ser útil dar uma rápida olhada em quem está envolvido em quais cenários. Os *diagramas de casos de uso* da UML podem fornecer essa visão geral [Rumbaugh *et alii* 2005]. Em um diagrama de casos de uso, é possível reunir todos os atores que têm um papel em suas histórias de domínio. A Figura 3.5 mostra um exemplo do cinema Metropolis.[2] Ela contém dois casos de uso, representados como elipses — "vendas de ingresso" e "vendas por assinatura". Ambos os casos de uso envolvem um caixa e um espectador, representados como figuras. O caso de uso "vendas de ingresso" foi coberto com dois cenários ("caminho feliz" e "sessão esgotada"). Assim, a elipse contém não apenas o nome do caso de uso, mas também o nome das histórias de domínio nas quais os cenários foram modelados (Metropolis 2 e 3). Dessa forma, os dois diagramas estão vinculados e o diagrama de casos de uso fornece uma visão geral que informa quais atores estão envolvidos em quais histórias de domínio.

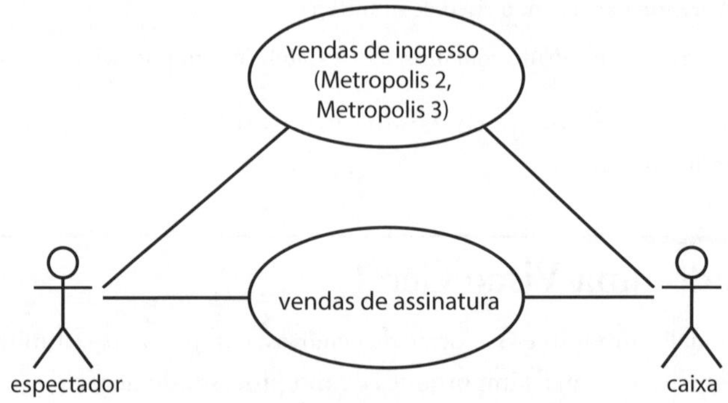

Figura 3.5 *Diagrama de casos de uso para Metropolis*

Agora você sabe como ter uma visão geral das histórias de domínio de ALTA GRANULARIDADE. Vejamos melhor essa granularidade e outras propriedades das histórias de domínio.

2 [N. do A.] Não modelaríamos necessariamente um diagrama de casos de uso na vida real se houvesse apenas algumas histórias de domínio e dois atores.

Capítulo 4

Escopo

Storytelling de Domínio não é uma abordagem "universal". Neste capítulo, veremos o nível de detalhe que as histórias têm, se são descritivas ou exploratórias, e a quantidade de informação técnica que contêm. Chamaremos todos esses fatores de **escopo** de uma história de domínio. O escopo ou as partes do escopo muitas vezes se refletem no nome de uma história de domínio. Vejamos os fatores que determinam o escopo.

Granularidade

Até então, você viu diversas histórias de domínio a partir de um domínio do cinema. Metropolis 1 modela uma visão de alto nível, em que comprar um ingresso é apenas uma atividade. (Aqui, vimos sua variante com subdomínios, Metropolis 1a; Figura 2.10). Metropolis 2 (Figura 1.10) elabora essa atividade em uma história de domínio completa: mostra em detalhes como um espectador compra ingresso na bilheteria. A Figura 4.1 visualiza esse aprimoramento.

Como você se pode ver, o nível de detalhe varia de história para história. Ele é expresso no escopo **granularidade**. Histórias de domínio podem ser de GRANULARIDADE GROSSA [GG], de GRANULARIDADE FINA [GF] e o que estiver entre elas, por exemplo, de GRANULARIDADE MÉDIA. O espectro é contínuo. Mas você modelar interações detalhadas entre usuários e sistemas (por exemplo, "cliente clica no botão") ou interações entre objetos (como em um diagrama de sequência UML) provavelmente é ir longe demais.

Sempre procure um nível consistente de detalhe em uma história. Misturar atividades de GG e de GF pode ser confuso e indicativo de um problema maior — por exemplo, as partes de GG podem indicar que alguns detentores de conhecimento não estavam presentes no workshop. Se for esse o caso, anote a história e preencha a lacuna em outra sessão com as pessoas que têm o conhecimento necessário.

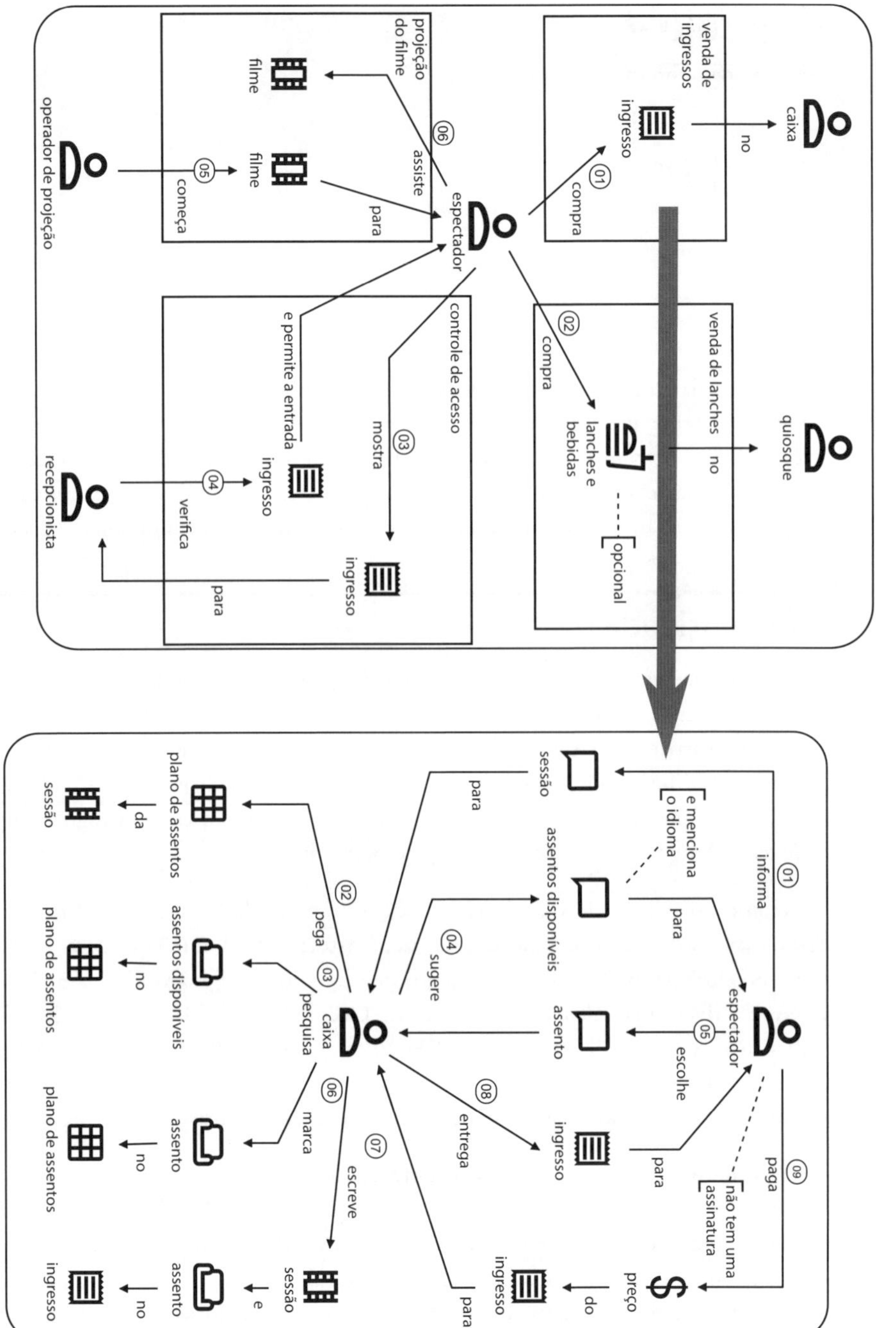

Figura 4.1 *De Metropolis 1a até Metropolis 2: A atividade de uma história de GRANULARIDADE GROSSA é aprofundada em uma história de GRANULARIDADE FINA*

Uma Metáfora Útil para Granularidade

Distinguir os diferentes níveis de granularidade com termos como GRANULARIDADE GROSSA e GRANULARIDADE FINA tem seus limites. No livro *Writing Effective Use Cases* — sem publicação no Brasil —, Alistair apresenta uma metáfora para granularidade que também pode ajudar nas histórias de domínio [Cockburn 2001]. Cockburn define os *níveis de meta* usando o oceano como metáfora (Figura 4.2.). Você começa no *nível do mar*. Uma meta no nível do mar descreve algo que um usuário deseja realizar. Quando você fica mais na GRANULARIDADE GROSSA, sobe para o *nível da pipa* e *da nuvem*, que são resumos das metas no nível do mar. Ficando mais na GRANULARIDADE FINA, você desce abaixo do nível do mar até o *nível dos peixes*. Por fim, no fundo do oceano está o *nível do molusco* (que Cockburn também chama de "baixo demais").

Figura 4.2 *Diferentes níveis de meta*[1]

Claro, essas metáforas não são uma medida exata de granularidade. Mas para você ter uma ideia:

- Para Cockburn, o caso de uso no nível do mar é algo que pode ser alcançado pelo usuário de uma só vez. Um caso no nível da pipa faz o usuário se sentar mais vezes com o software.
- Para nós, o exemplo Metropolis 1 fica no nível da pipa e o exemplo Metropolis 2 flutua no nível do mar (Figura 4.1).
- No nível da nuvem, você pode modelar a organização Metropolis inteira como um ator (sem diferenciar departamentos, funções e sistemas de softwares).

Como moderador, você pode colocar essas metáforas em cena sempre que o escopo parecer obscuro. Desenhe os ícones da Figura 4.2 em notas adesivas e coloque-as em uma parede na sala de reunião. Os ícones servem como um lembrete constante: "Em qual nível de detalhe precisamos discutir isso?" Assim que essas metáforas são estabelecidas, você pode ouvir as pessoas dizendo coisas como "Vamos trazer a pipa para o nível do mar!" ou "Não é hora de entrar no nível do peixe!" Pode fazer sentido adicionar a metáfora do nível de meta a uma história de domínio como um ícone ou uma parte do nome da história.[2]

1 [N. do A.] Os ícones são tirados da Wikipédia [Wikipédia no Estilo Cockburn] e foram criados por Menner sob a licença Creative Commons CC0.

2 [N. do A.] No Unicode moderno, existem até emojis para isso. Provavelmente é bom ter cuidado e não usá-los nos nomes de arquivo.

Como as histórias de GRANULARIDADE GROSSA cobrem muita coisa, contadores de história de diferentes departamentos ou até diferentes organizações devem participar do workshop. Até quinze contadores são comuns em tais casos. O número de contadores em um workshop para as histórias de GRANULARIDADE FINA costuma ser menor, ou seja, em torno de duas a sete pessoas. Muitas vezes os contadores de histórias são apenas de um departamento da empresa (ou alguns). Mas mesmo que foquemos apenas em um departamento, pode haver diferentes papéis que precisam ser representados.

Ponto no Tempo (Como Está *versus* Como Será)

Tanto Metropolis 1 quanto Metropolis 2 (Figura 4.1) descrevem um processo como está atualmente. As histórias de domínio também podem descrever como será (possivelmente) no futuro. Esse **ponto no tempo** é outro escopo de uma história de domínio (Figura 4.3).

Figura 4.3 *Escopo do ponto no tempo*

A situação atual costuma ser chamada de *espaço do problema* porque a intenção de modelar é melhorar algo que está ruim ou resolver um problema. As histórias de domínio que modelam o espaço do problema são chamadas de histórias **COMO ESTÃO**. Possíveis situações melhoradas também podem ser exploradas com a ajuda das histórias de domínio. Assim, os processos **COMO SERÃO** descrevem o *espaço da solução.*

Escolhemos as palavras COMO ESTÁ/COMO SERÁ e *espaço do problema/solução* porque são consagradas na comunidade de modelagem do processo de negócio e na comunidade DDD (veja, por exemplo, o livro *Implementing Domain-Driven Design* [Vernon 2013]). Você pode ter visto outros pares de palavras com a mesma intenção: *descritivo* x *exploratório* ou *informacional* x *aspiracional.*

Geralmente, COMO ESTÁ significa a situação no momento da modelagem — em certo ponto no tempo. Já COMO SERÁ é pensar no futuro. Pode haver diferentes pontos no futuro que talvez sejam interessantes de modelar como histórias de domínio COMO SERÁ separadas (Figura 4.4). E mais, você pode ver modelos alternativos que exploram o mesmo ponto no tempo. É útil para comparar as diferentes soluções possíveis e encontrar a melhor delas.

Muitas vezes os diferentes pontos no tempo são escolhidos porque algo será realizado ou alterado até lá; por exemplo, um novo sistema de softwares estará operando. Por vezes o ponto no tempo é adicionado ao nome de uma história de domínio.

Figura 4.4 *Exemplo de pontos no tempo de uma história de domínio*

Os workshops nos quais as histórias COMO SERÃO são contadas devem envolver os futuros atores — por exemplo, os (futuros) usuários do software que está sendo desenvolvido. Outros interessados, como os proprietários do produto, também são valiosos.

Pureza do Domínio (Puro *versus* Digitalizado)

Olhando novamente para o exemplo Metropolis, vimos que a desenvolvedora de app Anna e o gerente do cinema Matthew modelaram duas histórias COMO ESTÃO no primeiro workshop: Metropolis 1 de GRANULARIDADE GROSSA (no nível da pipa) e Metropolis 2 de GRANULARIDADE FINA (no nível do mar) (Figura 4.1). Você percebeu que Anna não modelou nenhum software que Matthew usava? Com certeza até um pequeno cinema como o Metropolis deve ter algum tipo de TI, mesmo que seja apenas uma planilha. Mas Anna não esqueceu de perguntar a Matthew sobre o software usado. Na verdade, Anna fez uma escolha deliberada. Ao modelar histórias de domínio, você inclui ou omite o software (que existe ou que será criado). Esse escopo se chama **pureza do domínio**. Chamamos de PURAS as histórias de domínio sem sistemas de software e DIGITALIZADAS as histórias com tais sistemas de softwares.

Histórias de domínio PURAS são bem úteis para criar novos sistemas de softwares, pois permitem entender um domínio sem internalizar a complexidade acidental vinda do software existente. Para erguer o véu do software do domínio, os especialistas devem conversar sobre como as coisas *seriam* feitas se todas as atividades fossem motivadas apenas pelo domínio (e não pelos sistemas de softwares existentes).

Para domínios que existiam antes dos softwares serem onipresentes, faça um experimento mental: pergunte sobre histórias que contam como as coisas eram feitas só com lápis e papel. O foco é provocar reflexões, não a precisão histórica.

Nas histórias de domínio DIGITALIZADAS, os atores podem ser pessoas ou softwares. Isso significa que a funcionalidade do software e suas deficiências fazem parte da história. Na Figura 4.5, por exemplo, o sistema de TI "site do cinema" é modelado como um ator.

Em muitas organizações, o modelo de domínio está oculto em décadas de softwares mal modelados. Você pode usar histórias de domínio COMO ESTÃO e DIGITALIZADAS, para visualizar e falar sobre tal confusão. Descubra quais atividades não são motivadas pelo domínio, mas requeridas para trabalhar com os softwares presentes. Identifique a linguagem introduzida pelos desenvolvedores de software e que não está enraizada no domínio. É aí que entram as anotações, porque ajudam a explicar *por que* as pessoas fazem o que fazem.

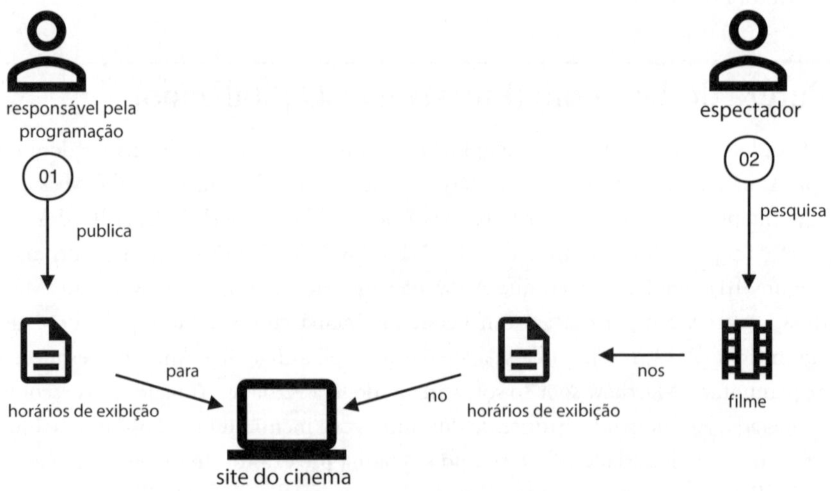

Figura 4.5 *Histórias de domínio com sistemas de software como atores se chamam DIGITALIZADAS*

Quando você deseja explorar ou mostrar como um novo software mudaria o trabalho, as histórias de domínio COMO SERÃO e DIGITALIZADAS o ajudarão. Elas costumam ser um desenvolvimento adicional de uma história COMO ESTÁ e PURA — uma à qual o sistema é adicionado.

Combinando os Fatores de Escopo: Uma Jornada Típica

Os fatores que determinam o escopo podem ser combinados de muitos modos. Matematicamente falando, o escopo é um produto cruzado:

Escopo = Granularidade × Pureza do Domínio × Ponto no Tempo

Descreveremos os escopos típicos das histórias de domínio e como você pode ir de um escopo para o próximo:

- GRANULARIDADE GROSSA, PURO, COMO ESTÁ
- GRANULARIDADE FINA, PURO, COMO ESTÁ
- GRANULARIDADE FINA, DIGITALIZADO, COMO SERÁ

Estes são apenas exemplos dos diferentes tipos de histórias de domínio, sem definições restritas. Assim, essa não é a única jornada possível. E mais, você pode não ter que usar o Storytelling de Domínio em sequência, de GRANULARIDADE GROSSA até GRANULARIDADE FINA. A modelagem costuma ser um processo iterativo e você pode mudar o escopo quando precisar. Mostraremos outro exemplo de jornada por diferentes escopos na Parte II: "Usando e Adaptando o Storytelling de Domínio para Diferentes Finalidades".

Explore um Novo Domínio (GRANULARIDADE GROSSA, PURO, COMO ESTÁ)

O primeiro workshop de Storytelling de Domínio em uma empresa, um departamento ou um projeto de desenvolvimento normalmente tem uma visão de GRANULARIDADE GROSSA do espaço do problema. Histórias assim ajudam você a se familiarizar. Em geral, é útil omitir os sistemas de software para ver o domínio puro em si.

Como as organizações têm uma finalidade, é uma boa ideia ver a finalidade primária do ponto de vista dos clientes da organização. Assim, muitas vezes as histórias de domínio de GRANULARIDADE GROSSA ilustram um processo de negócio de ponta a ponta. É por isso que Metropolis 1 (Figura 1.9) conta uma história desde comprar ingresso para um filme até assisti-lo. Se você não tem certeza do que realmente significa "de ponta a ponta", pode continuar conversando, adicionando explicitamente algumas frases extras no começo e no fim.

As histórias de GRANULARIDADE GROSSA, PURAS, COMO ESTÃO têm muitas finalidades:

- Elas são um ponto de partida para explorar o domínio (*processamento de conhecimento*).
- Fornecem uma visão geral de várias histórias de domínio de GRANULARIDADE FINA (veja o Capítulo 3, "Modelagem Baseada em Cenários").
- Podem ser analisadas para encontrar os limites (Capítulo 10) no domínio. Você viu um rápido exemplo disso em Metropolis 1a (Figura 2.10), que mostra subdomínios do domínio do cinema. Os subdomínios podem ser usados como limites nas equipes e no software — por exemplo, projetar um novo sistema de modo modular, dividir uma *grande bola de lama* [Foote/Yoder 1997] em módulos ou dividir um bloco monolítico em microsserviços.

Detalhe em Subdomínios (GRANULARIDADE FINA, PURO, COMO ESTÁ)

Após mais ou menos encontrar seu caminho em um domínio e ter estabelecido uma compreensão comum quanto à extensão do projeto, é possível partir para os detalhes. Em vez de ver o domínio inteiro, você deve focar um subdomínio selecionado. Por exemplo, Anna e Matthew detalharam o subdomínio da venda de ingressos quando modelaram Metropolis 2 (Figura 1.10) e Metropolis 3 (Figura 3.3).

Muitas empresas são organizadas por subdomínios, significando que as histórias de GRANULARIDADE GROSSA e COMO ESTÃO muitas vezes ocorrem em um departamento. Contudo, pode ser interessante adicionar uma frase extra no começo e no fim da história. Fazendo isso, você pode ver a interação entre subdomínios ou departamentos. Isso o ajudará a entender como as pessoas trabalham juntas nos limites dos departamentos.

As histórias de GRANULARIDADE FINA, PURAS e COMO ESTÃO mostram *como* as pessoas trabalham juntas *hoje* (ou seja, no espaço do problema). Tais histórias são úteis de vários modos:

- Você pode descobrir quais processos do negócio poderiam se beneficiar com o suporte do software melhorado. Muitas vezes é um ponto de partida para conversas sobre requisitos de software (Capítulo 11).
- Você pode extrair um modelo de domínio intocado tecnologicamente a partir delas e implementar o modelo no código (Capítulo 12).
- Comparando as histórias de domínio COMO ESTÃO e COMO SERÃO, você pode visualizar como o trabalho mudará (veja a próxima seção).

Introduza o Novo Software (GRANULARIDADE FINA, DIGITALIZADO, COMO SERÁ)

Uma maneira comum de usar histórias de domínio é contar como as coisas devem mudar. As histórias podem ser sobre processos melhorados, novas funções ou um novo software.

Por exemplo, Metropolis deseja introduzir um app para os espectadores. É óbvio que Anna e Matthew desejarão modelar como os espectadores usariam o app como uma história de domínio de GRANULARIDADE FINA, DIGITALIZADA e COMO SERÁ. Porém, o app também impactará a bilheteria. Afinal, os ingressos para as mesmas sessões serão vendidos por dois canais de vendas — o app do espectador e a bilheteria. Isso dará certo apenas se os caixas usarem um app de bilheteria que funciona junto com o app do espectador. Assim, Anna e Matthew examinam de novo o processo de vendas na bilheteria modelado como uma história de domínio PURA e COMO ESTÁ — Metropolis 2 (Figura 1.10). A partir disso, eles derivam uma versão DIGITALIZADA e COMO SERÁ do processo de vendas da bilheteria — Metropolis 4 (Figura 4.6).

Como você pode ver, as frases 2, 3 e 6 devem ter suporte do app da bilheteria. Estes são os primeiros requisitos do app.

As histórias de GRANULARIDADE FINA, DIGITALIZADAS e COMO SERÃO mostram como as pessoas e os softwares devem trabalhar juntos *no futuro*. Isso é útil para diversas finalidades:

- Visualizar como o trabalho mudará assim que as melhorias forem implementadas. Muitas vezes as histórias de GRANULARIDADE FINA, DIGITALIZADAS e COMO SERÃO complementam as histórias de GRANULARIDADE GROSSA, PURAS e COMO ESTÃO — elas estão no mesmo nível de detalhe (nível do mar), mas com sistemas e no espaço da solução (leia o Capítulo 13, "Apoiando Mudanças Organizacionais").
- Trabalhar com requisitos (Capítulo 11).
- Modelar o domínio no código (Capítulo 12).
- Decidir criar ou comprar, e escolher um software de prateleira (Capítulo 14).

Resumindo a Jornada

Agora você leu sobre três escopos diferentes, cada um ilustrado por uma história de domínio sobre Metropolis. A Tabela 4.1 mostra uma visão geral da jornada.

Tabela 4.1 *Visão geral das Histórias de Domínio de Metropolis*

Objetivo	Histórias de domínio	Granularidade	Ponto no Tempo	Pureza do Domínio
Explorar um novo domínio	Metropolis 1 (Figura 1.9) e 1a (Figura 2.10)	GRANULARIDADE GROSSA	COMO ESTÁ	PURA
Detalhar em subdomínios	Metropolis 2 (Figura 1.10) e 3 (Figura 3.3)	GRANULARIDADE FINA	COMO ESTÁ	PURA
Introduzir um novo software	Metropolis 4 (Figura 4.6)	GRANULARIDADE FINA	COMO SERÁ	DIGITALIZADA

Esperamos que este capítulo o oriente para encontrar um escopo que o ajude em seu problema de modelagem.

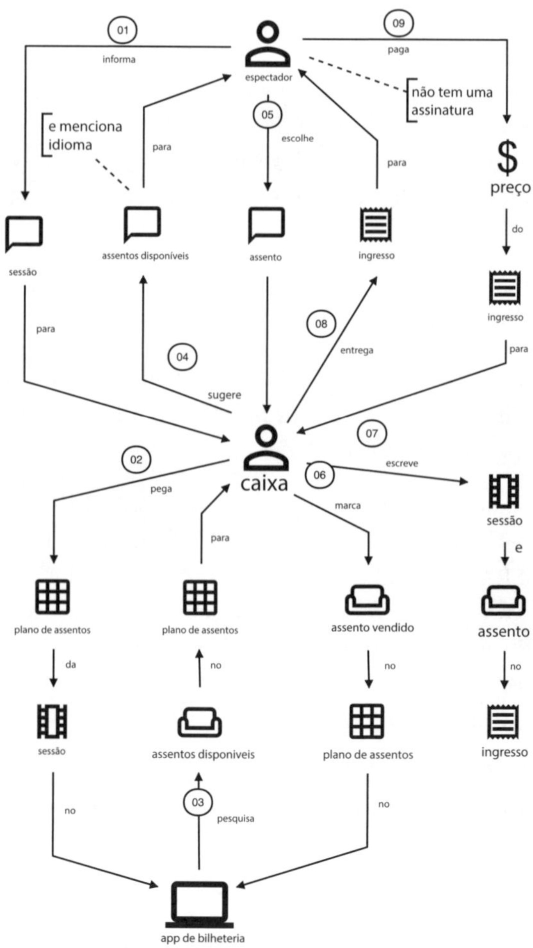

Figura 4.6 *Metropolis 4: Vendas de ingresso, caminho feliz — GRANULARIDADE FINA, DIGITALIZADA, COMO SERÁ*

Capítulo 5

Ferramentas de Modelagem

Até agora assumimos que as histórias de domínio são documentadas em uma tela de modelagem, por exemplo, em um quadro branco ou com software. Ao longo dos anos, experimentamos muitas **ferramentas** diferentes. Agora veremos com mais atenção as opções disponíveis, suas vantagens e desvantagens. Primeiro, discutiremos as ferramentas analógicas. Em seguida, apresentaremos algumas ferramentas de software. O capítulo termina com algumas dicas para escolher uma ferramenta.

Modelando no Papel ou em Quadros

Papel, quadro de folhas, painéis etc. são ferramentas de modelagem baratas e comuns (Figura 5.1). Funcionam bem para sessões de modelagem espontâneas com um pequeno grupo de pessoas. Como também existem limites, gostaríamos de dar a você nossas recomendações para modelar com o seguinte:

- Caneta e papel
- Notas adesivas em um quadro de folhas ou rolo de papel
- Apenas um quadro branco
- Notas adesivas no quadro branco
- "Kit do quadro branco"

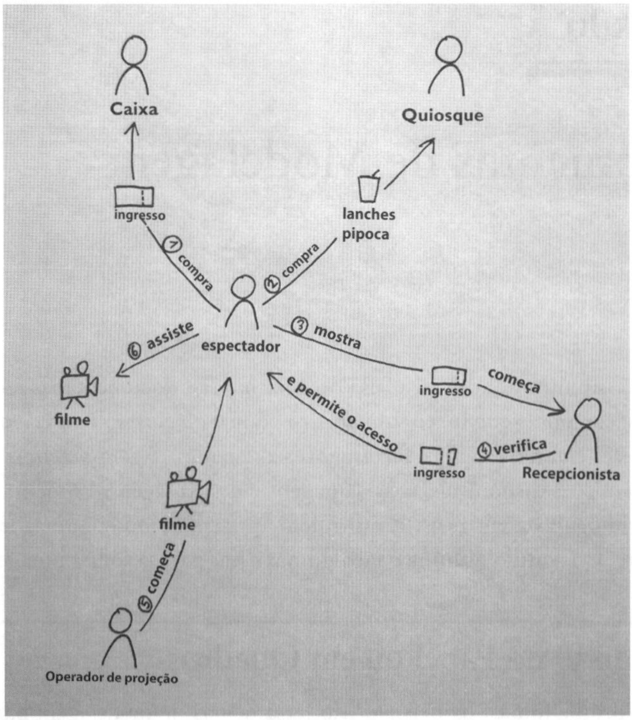

Figura 5.1 *Modelando no papel*

Se você modela sozinho e deseja usar o Storytelling de Domínio como uma ferramenta de raciocínio, caneta e papel são tudo o que precisa. Mesmo que modele com outra pessoa, um pedaço de papel será suficiente. Mas assim que há três ou mais pessoas envolvidas, será preciso uma tela de modelagem maior para permitir que todos vejam a história de domínio. É quando você deseja trocar para o quadro de folhas ou um rolo de papel.

Uma desvantagem óbvia de toda modelagem feita em papel é a dificuldade de modificar as imagens. E você precisará modificá-las com bastante frequência, não apenas porque os especialistas corrigem a história conforme avançam, mas também porque até os modeladores habilidosos cometem erros. O moderador também deve considerar o layout da imagem com antecedência. Por exemplo, os atores centrais na história devem ser colocados no meio para que haja espaço suficiente para desenhar muitas setas entrando e saindo.

Usar notas adesivas para atores e objetos de trabalho facilita muito a vida, especialmente se você as utiliza em um quadro branco, não em papel (Figura 5.2).

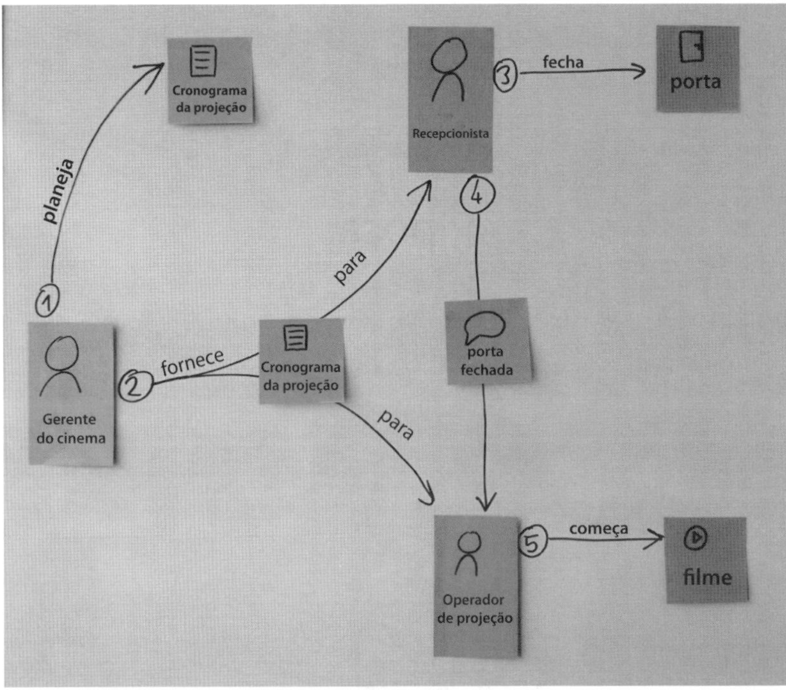

Figura 5.2 *Notas adesivas em um quadro branco*

Experimentamos diferentes modos de usar as notas adesivas para o Storytelling de Domínio em quadros brancos. Aqui destacamos o que funcionou melhor para nós.

Desenhamos os atores e os objetos de trabalho em notas adesivas. As atividades (setas e rótulos) e os números da sequência vão diretamente no quadro branco. Para nós, essa é a melhor solução entre facilidade de reorganização e uma aparência clara e consistente. Recomendamos usar notas quadradas para os objetos de trabalho (Figura 5.3) e notas maiores e retangulares para os atores (Figura 5.4). Isso faz com que os atores sejam fáceis de reconhecer. Alguns profissionais preferem usar cores diferentes para distinguir atores e objetos de trabalho.

Outra recomendação é escrever o número da frase no começo de uma seta, ao lado do ator que inicia a atividade. Desenhe um círculo em torno do número para facilitar a identificação.

Seja qual for o estilo pessoal que você desenvolver, o segredo para ter histórias de domínio compreensíveis é aplicar o estilo de maneira consistente.

Figura 5.3 *Coloque os objetos de trabalho em notas adesivas quadradas*

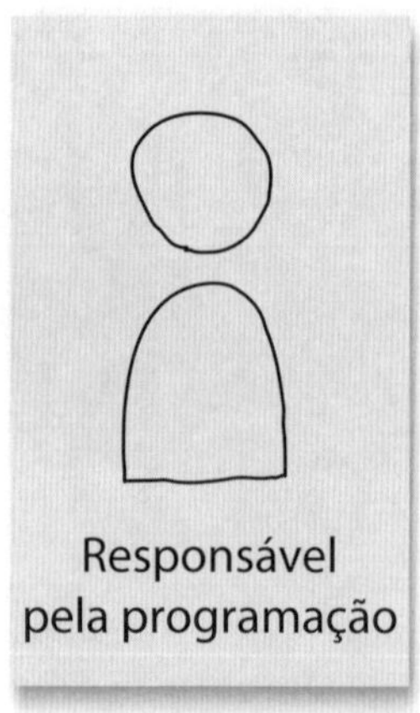

Figura 5.4 *Coloque os atores em notas adesivas retangulares*

Experimentando as Notas Adesivas em Quadros Brancos

Levamos um tempo para descobrir o que funciona ou não. Para poupá-lo, compartilhamos aqui nossas falhas.

- **Notas adesivas para tudo:** Usamos notas adesivas grandes para as atividades (setas e rótulos) e notas adesivas menores para todo o resto. Isso não funcionou porque limita demais o layout das histórias de domínio.
- **Notas adesivas para tudo, menos as setas:** Usamos notas adesivas para atores, objetos de trabalho, números da sequência e rótulos das atividades, mas a seta da atividade era desenhada diretamente no quadro branco. Isso resultou em muita separação visual entre a seta da atividade e o rótulo.
- **Notas adesivas apenas para os objetos de trabalho:** Como as histórias de domínio se desenvolvem em torno de atores, achamos que haveria menos neces-

sidade de mudar a posição deles. Estávamos errados. E mais, a história parece estranha se alguns ícones estão em notas adesivas (aqueles para os objetos de trabalho) e outros estão no quadro branco (aqueles para os atores).

- **Notas adesivas para atores, objetos de trabalho e números da sequência:** Usamos adesivos muito pequenos para os números (em vez de escrever os números ao lado das setas). A ideia era facilitar mais a identificação dos números. Mas descobrimos que lidar com três tipos de notas adesivas é difícil e os adesivos pequenos geram muita confusão.

As notas adesivas facilitam corrigir os erros e mudar o layout, mas você ainda precisa desenhar os ícones à mão. Observamos que muitos moderadores tendem a desenhar apenas alguns ícones e contam com a representação textual dos atores e dos objetos de trabalho. Se funciona para uma certa finalidade, pode ser bom, mas achamos que tais imagens não têm uma riqueza de expressão. Discutir como um objeto de trabalho é representado revela suposições ocultas. Desenhar ícones facilita tais discussões, portanto, isso tem seu valor.

Para superar a desvantagem de desenhar os ícones à mão, Stefan imprimiu ícones e os colou na tela de modelagem. Uma versão mais sofisticada disso ficou conhecida como **kit do quadro branco** (Figura 5.5). Imprimimos ícones em papel um pouco mais grosso, plastificamos e colamos pequenos ímãs atrás. Esses adesivos grudam no quadro branco e se você desenhar neles com um marcador, serão reutilizáveis. Publicamos um modelo de nosso kit no material complementar do livro (www.altabooks.com.br; procure pelo nome do livro ou ISBN). Claro, você pode (e realmente *deveria*) adaptar o conjunto de ícones para se adequar a seu domínio.

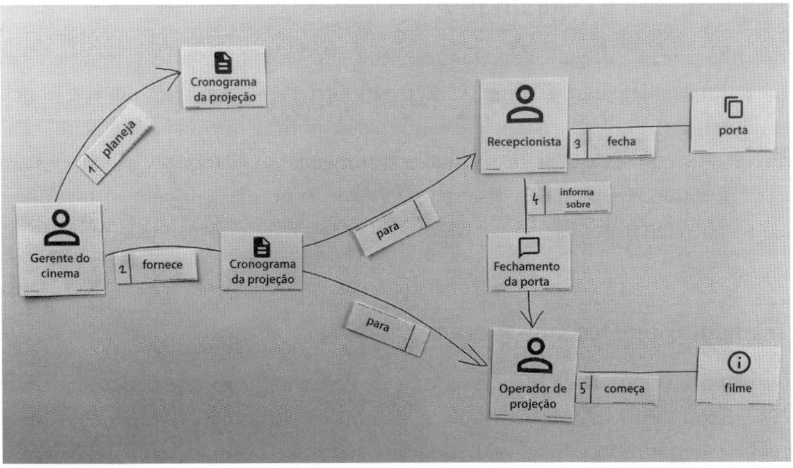

Figura 5.5 *Kit do quadro branco com ímã e plastificado*

Modelar em quadros brancos ou em um papel grande tem uma vantagem em relação às ferramentas digitais: todos os participantes têm o "acesso de escrita" ao modelo. Isso significa que as ferramentas analógicas permitem uma modelagem compartilhada e colaborativa — ao menos para um número limitado de pessoas (Capítulo 6, "Formato do Workshop").

Modelando com Ferramentas de Software

As ferramentas de software se enquadram nestas categorias:

- Desenho à mão e digitalizado (por exemplo, com tablet e caneta digital)
- Ferramentas de desenho gerais
- Quadros brancos virtuais e colaborativos
- Ferramentas de modelagem especiais, como nossa própria Egon.io — The Domain Story Modeler [site Egon.io — conteúdo em inglês]

A maioria das ferramentas de software é projetada para um usuário que usa um dispositivo de entrada (mouse, teclado, caneta, etc). Como a modelagem compartilhada não é possível com tais ferramentas, uma pessoa precisa desempenhar o papel do *modelador* (Capítulo 6, "Formato do Workshop") e fazer o desenho. Como nas ferramentas analógicas, o modelo deve ser visível para todos os participantes. Isso significa que você precisa conectar o computador do modelador a um projetor. As exceções são os quadros brancos virtuais e os quadros negros digitais.

Desenho à Mão e Digitalizado

O desenho à mão e digitalizado (Figura 5.6) pode ser feito com uma grande tela de toque e uma caneta digital, como o Microsoft Surface Hub, ou um tablet e uma caneta digital, como o iPad e o Apple Pencil. Isso combina a liberdade de desenhar tudo que você quer com a capacidade de mudar facilmente (ou seja, mover as partes da história de domínio sem ter que redesenhá-la). Algumas pessoas também gostam do fato de não terem que seguir as regras e os limites de algumas ferramentas de modelagem.

Ferramentas de Desenho Gerais

Há uma grande variedade de ferramentas de desenho gerais que podem ser usadas para registrar graficamente as histórias de domínio. Algumas ferramentas populares nessa categoria são Gliffy, yEd, diagrams.net, Microsoft Visio e até o Microsoft PowerPoint (Figura 5.7).

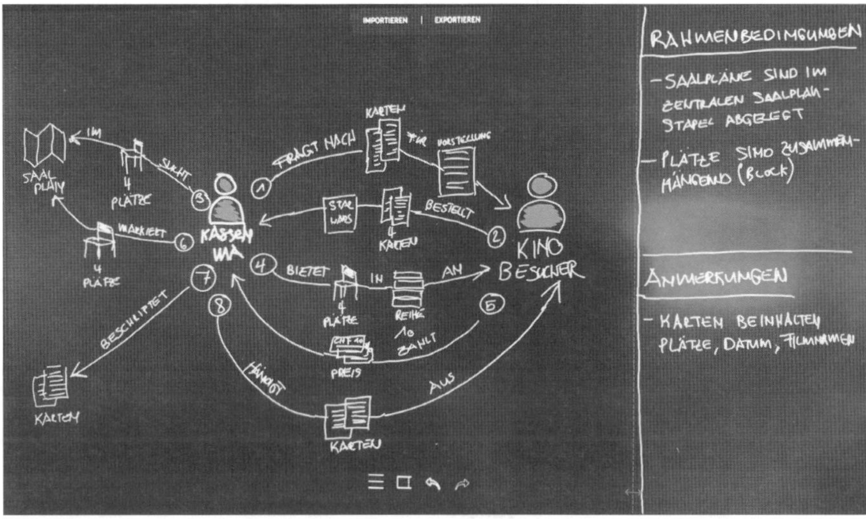

Figura 5.6 *Storytelling de Domínio com um quadro negro digital*

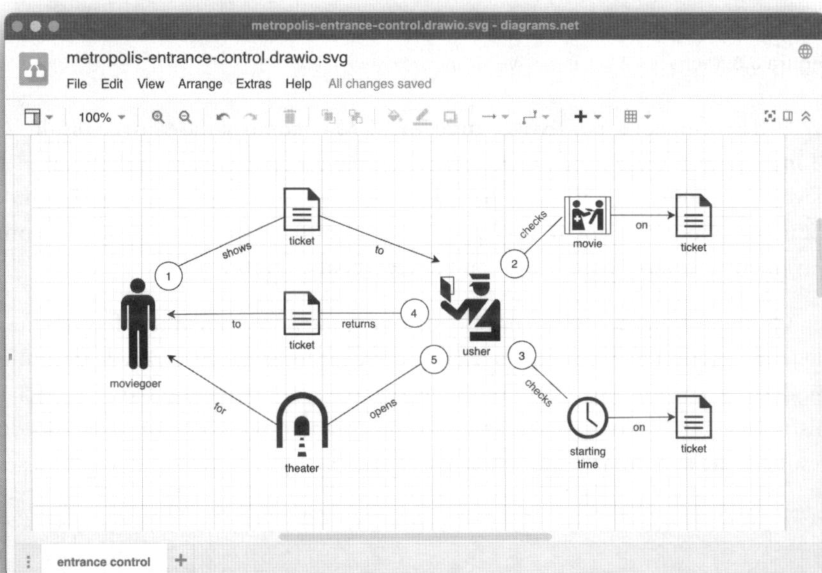

Figura 5.7 *Modelagem com diagrams.net*

Segundo nossa experiência, não há uma ferramenta geral que se destaca ao modelar histórias de domínio. Assim, não temos recomendações a não ser usar um conjunto de ícones adequado a seu domínio.

Quadros Brancos Virtuais

Os quadros brancos virtuais costumam ser ferramentas de desenho gerais com colaboração em tempo real. Já mencionamos duas de suas características: a modelagem fica mais colaborativa, e os quadros brancos (analógicos e digitais) induzem os usuários a omitir os ícones e usar apenas notas adesivas (digitais) com texto (Figura 5.8).

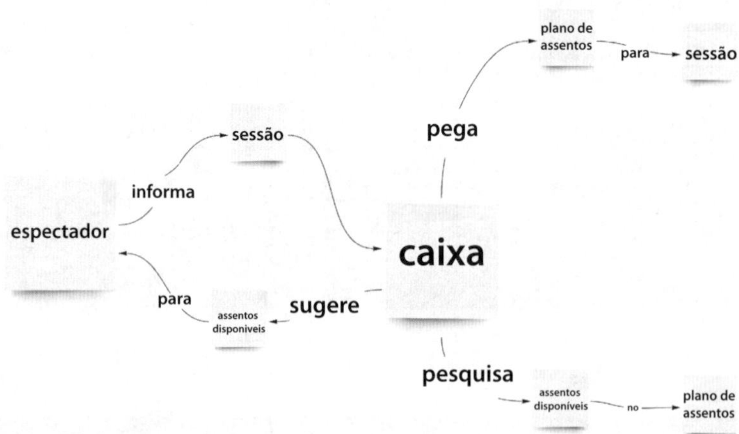

Figura 5.8 *Metropolis 2 sem ícones em um quadro branco digital*

Se isso funciona para você, tudo bem. Mas como vimos no Capítulo 2, "Linguagem Pictográfica", os ícones não estão ali apenas para embelezar; eles devem transmitir significado, permitir debates e ajudar no reconhecimento. Com um pouco de esforço, você pode criar seu próprio conjunto de ícones com ferramentas como Miro, Mural ou Conceptboard (Figura 5.9).

Os quadros brancos virtuais podem ser combinados com outras ferramentas de modelagem. Por exemplo, você pode carregar fotos das histórias de domínio modeladas em um quadro branco analógico. Isso facilita comparar as várias histórias e fazer anotações nelas de forma colaborativa. Veja um exemplo do resultado de combinar ferramentas na Figura 5.10.

Figura 5.9 *Sugestões para como usar ícones no Miro*

Ferramentas de Modelagem Especiais

Em nossa opinião, uma ferramenta que *realmente* dá suporte ao Storytelling de Domínio precisa fazer o seguinte:

- Aplicar as regras sintáticas das histórias de domínio. Queremos uma ferramenta para *modelar*, não para *desenhar*.
- Numerar as frases automaticamente e facilitar mudar a sequência das frases.
- Ajudar na *narrativa* animando a sequência de frases.

Criamos tal ferramenta de modelagem em nossa empresa WPS: Egon.io — the Domain Story Modeler (Figura 5.11). Ela dá suporte com a numeração e a reorganização dos modelos, e ajuda a recontar uma história frase por frase com um modo de reprodução. Se você se perguntou como criamos as figuras neste livro, agora sabe a resposta.

Egon.io é de código aberto. Fique à vontade para usá-lo e adaptá-lo. O código-fonte e uma versão pronta para uso estão disponíveis no GitHub [Egon.io Sources]. Ou você pode experimentá-los online [site Egon.io].

Escolhendo uma Ferramenta

A Tabela 5.1 lista todas as categorias de ferramenta vistas neste capítulo. Para cada uma, recomendamos um número máximo de participantes. Claro, não é uma regra rígida.

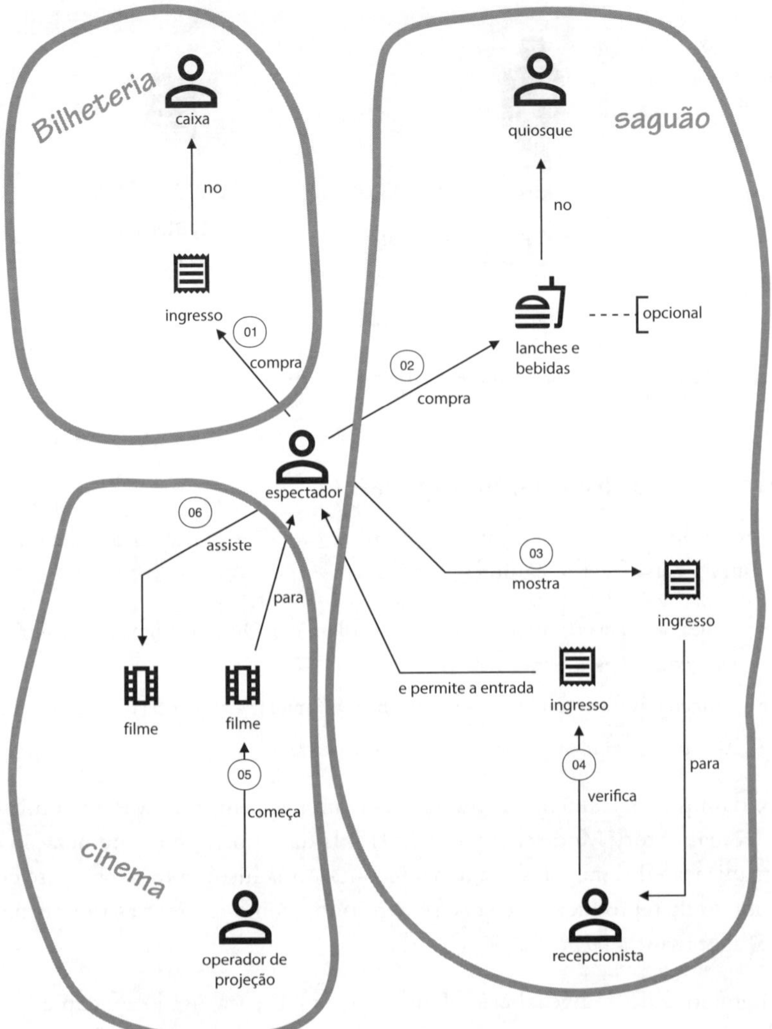

Figura 5.10 *Combinando ferramentas – Uma história de domínio modelada no Egon.io com grupos desenhados no Miro*

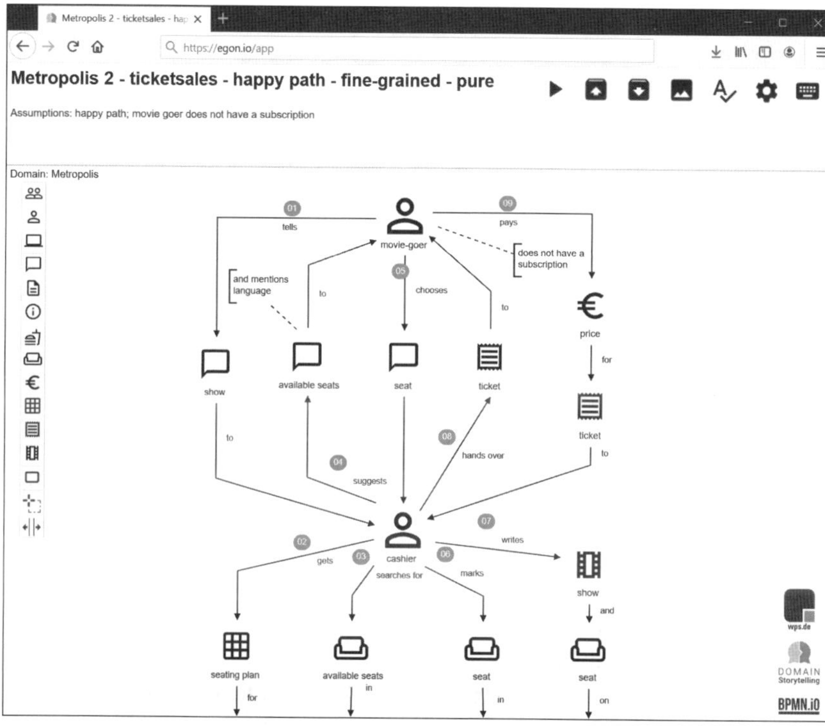

Figura 5.11 *Modelando Metropolis 2 com o Egon.io*

História do Quadro de Folhas de Stefan

Certa vez fiz um Storytelling de Domínio de GRANULARIDADE GROSSA para descobrir os limites (Capítulo 10) com notas adesivas em um quadro de folhas com 25 pessoas. Foi desafiador e definitivamente não recomendo; mas, no final, atingimos nosso objetivo e dividimos em grupos menores com histórias de GRANULARIDADE FINA.

Para ajudá-lo a decidir qual ferramenta usar, classificamos a facilidade de corrigir ou reestruturar uma história de domínio (fácil, OK ou difícil). Também damos recomendações sobre qual ferramenta pode ser mais útil em qual situação: espontâneo (pouca a nenhuma preparação requerida), ocasional (familiaridade com a ferramenta requerida) e frequente ("ambiente corporativo" para quando você precisa criar variações de uma história de domínio, comparar histórias de domínio, etc). Também observamos o grau do suporte de modelagem disponível (imposição de regras sintáticas, numeração das atividades e animação da sequência de atividades).

Tabela 5.1 *Comparação das Ferramentas de Modelagem*

Ferramenta	Tamanho do Grupo	Correções	Uso	Suporte da Modelagem
Folha de papel	3	Difícil	Espontâneo	Nenhum
Quadro de folhas (com adesivos)	5	Difícil	Espontâneo	Nenhum
Quadro branco (com adesivos)	7	OK	Espontâneo	Nenhum
Quadro branco (com kit)	7	OK	Ocasional	Nenhum
Desenho à mão e digitalizado	10+	OK	Ocasional	Nenhum
Ferramenta de desenho	10+	Fácil	Frequente	Nenhum
Quadro branco virtual	10+	Fácil	Frequente	Nenhum
Egon.io	10+	Fácil	Frequente	Bom

A ferramenta que você escolher terá efeito em como a história de domínio é visualizada. A princípio, todas as atividades devem ser numeradas para que o número seja colocado na origem da seta da atividade. Com algumas ferramentas é mais fácil anexar o número ao objeto de trabalho usado na atividade (Você viu um exemplo dessas duas variantes na Figura 2.16.) Não há nenhuma diferença pretendida na semântica.

Outra coisa a considerar é que sua escolha de ferramenta determinará o espaço disponível do modelo. Se você modela em quadros de folhas ou quadros brancos, o espaço é limitado. Isso não é necessariamente uma desvantagem. De fato, um espaço de modelagem limitado pode ser útil para manter as histórias de domínio organizadas e concisas. Geralmente, as ferramentas digitais fornecem um espaço de modelagem virtual e capacidade de zoom ilimitados. Elas requerem um moderador disciplinado. Como regra geral, uma história de domínio deve se limitar ao tamanho da tela (ou quadro de folhas, quadro branco, papel) ou ter até 20 frases aproximadamente. Caso sua história seja muito mais longa do que isso, considere dividi-la em várias histórias e verifique se o nível de detalhe é demasiado para um método "prolixo" visualmente como o Storytelling de Domínio. Fornecemos ajuda na divisão das histórias no Capítulo 6, "Formato do Workshop".

Capítulo 6

Formato do Workshop

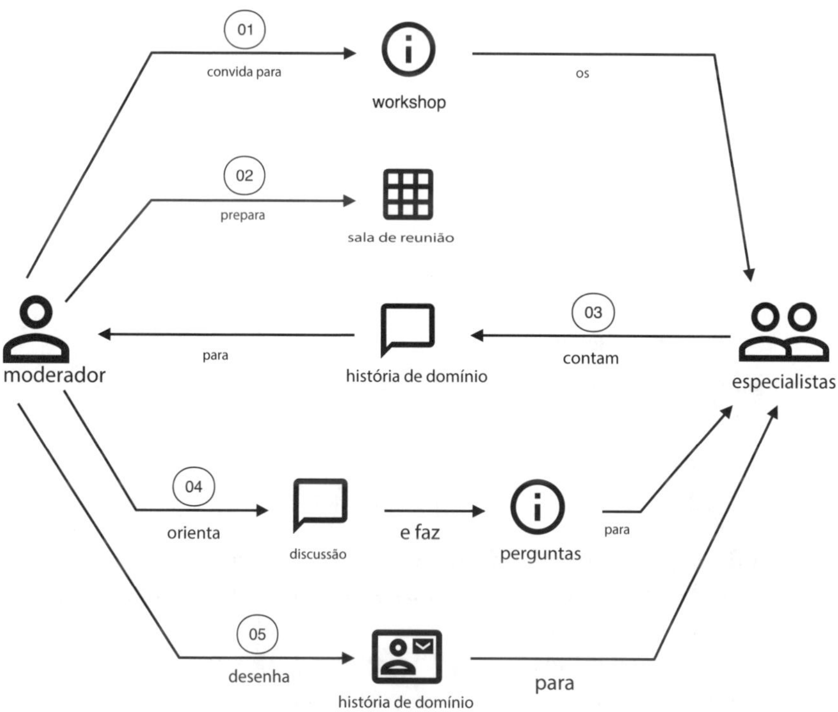

Você pode usar o Storytelling de Domínio como uma notação gráfica. Porém, ele é muito mais que isso. É um método para ter conversas profundas sobre os processos do negócio. Por isso, normalmente você não o faz sozinho. O fator mais importante é ter as pessoas certas na sala. Quando você tem os verdadeiros especialistas de domínio no workshop, usando o Storytelling de Domínio você terá uma visão sobre o conhecimento deles.

> Storytelling de Domínio é uma técnica de conversação.

Antes do Workshop

O tempo que você consegue passar com especialistas normalmente é escasso. Um pouco de planejamento pode ser necessário para tornar o workshop uma experiência empolgante para todos e obter um bom resultado.

O workshop reúne o que deve estar junto: pessoas que querem trocar conhecimento usando o Storytelling de Domínio para uma finalidade específica. A finalidade é tão importante que dedicamos toda a Parte II deste livro a ela. A finalidade também determina a granularidade das histórias (veja o Capítulo 4, "Escopo") e afeta a combinação de participantes.

Quando somos trazidos a uma organização para modelar um workshop de Storytelling de Domínio, em geral é porque uma pessoa (da empresa ou TI) nos convidou. Chamamos essa pessoa de **anfitrião**. É ele quem organiza o encontro e convida os participantes. Não é incomum o anfitrião ter uma ideia do que deve ser modelado. Segundo nossa experiência, certas questões e assuntos sempre serão importantes. Um moderador pode ajudar o anfitrião fazendo estas perguntas:

- Quais perguntas precisam ser respondidas?
- Quais são os maiores problemas?
- Quem está envolvido atualmente para tentar resolver os problemas?
- As perspectivas de quem precisam ser consideradas? Quem deve estar envolvido na opinião do anfitrião?
- Quais atividades-chave são centrais na organização?

O anfitrião e o moderador devem esclarecer as atividades-chave, casos de uso ou processos de negócio que desejam cobrir. Em um workshop, não apenas uma, mas várias histórias de domínio são contadas e discutidas. Decida qual deve ser o escopo (ou escopos; veja o Capítulo 4) das histórias de domínio. As respostas também ajudarão a escolher os participantes certos.

Convidando os Participantes Certos

Ter as pessoas certas presentes é essencial; portanto, é preciso haver uma consideração bem cuidadosa. Isso é algo que o Storytelling de Domínio compartilha com outros métodos de modelagem em colaboração.[1]

---

1 [N. do A.] Se você estiver interessado no que sugerem outros autores na comunidade de modelagem colaborativa, veja o livro *Introducing EventStorming* de Alberto Brandolini [Brandolini 2021, sem publicação no Brasil] e *Visual Collaboration Tools*, selecionado por Kenny Baas-Schwegler e João Rosa [Baas-Schwegler/Rosa 2020, também sem publicação no Brasil].

Quem são as pessoas certas? Em alguns casos, uma única pessoa consegue contar a história de domínio inteira. Mas, em geral, processos de negócio incomuns requerem cooperação. Vários participantes devem contribuir para que a história incorpore a compreensão compartilhada de seus narradores.

Em geral, Storytelling de Domínio é um esforço colaborativo.

Não fique restrito aos limites da organização. Sobretudo para as histórias de domínio que cobrem os processos de negócio do início ao fim em um nível de GRANULARIDADE GROSSA, normalmente não há uma única pessoa que seja especialista no processo inteiro.

Nas organizações cujo conhecimento de domínio é dividido em silos, é necessário convidar especialistas de cada silo e fazer com que todos colaborem. Serão descobertas lacunas e conexões entre os silos.

Além disso, tenha cuidado para convidar especialistas reais — pessoas das trincheiras — e não pessoas que conhecem o domínio de ouvir falar. Em geral entre os participantes do workshop incluem-se:

- **Contadores de história** — pessoas que podem compartilhar conhecimento (muitas vezes especialistas de vários departamentos)
- **Ouvintes** — pessoas que querem aprender (muitas vezes, equipes de desenvolvimento)
- Um moderador e um modelador que facilitam o workshop
- O anfitrião

No final, todos os participantes levarão novos insights do workshop, não importa se foram convidados para compartilhar, aprender ou facilitar.

Fatores "Delicados" e Política

Em geral, é melhor convidar mais pessoas, não menos. Você não quer que um especialista que foi esquecido fale mal de seu workshop, como Malévola em *A Bela Adormecida*. Além disso, as pessoas se sentem melhor quando convidadas, mesmo que precisem recusar o convite, ao contrário de não ser convidadas. O moderador deve discutir com o anfitrião quem pode ficar ofendido se não for convidado.

A presença da gerência nos workshops de modelagem colaborativa tanto pode ser útil quanto problemática, dependendo da cultura da organização e da personalidade dos participantes. Em algumas organizações, os especialistas não falarão abertamente sobre os problemas quando seus superiores estiverem presentes. Tivemos situações em que os especialistas tiveram que corrigir os superiores ou dizer que eles na verdade não estavam seguindo os procedimentos padrão, as regulamentações ou as diretrizes da empresa. Tais interações só podem acontecer em um espaço seguro e requerem segurança psicológica, o que infelizmente nem todo local de trabalho oferece.

Se a própria empresa não promove uma comunicação aberta e o livre compartilhamento de ideias, ao menos você pode fornecer isso no workshop de Storytelling de Domínio.

Se você estivesse criando um produto para muitos clientes, normalmente teria um desafio: seria ótimo ter a visão de seus clientes representada no workshop, mas simplesmente não é possível convidar alguns clientes aleatórios. Nesse caso, recomendamos convidar um especialista que trabalha diretamente com os clientes (por exemplo, alguém do atendimento ao cliente, vendas etc.) ou quem tem informações sobre o comportamento do cliente (alguém da BI ou equipes de análise).

Nas organizações que operam um software legado, os desenvolvedores que mantêm esses sistemas podem dar informações valiosas e devem ser convidados para participar. Suas visões são importantes não apenas porque sabem como programar ou administrar um banco de dados. Às vezes eles têm uma visão mais geral do negócio do que os especialistas que foram treinados por anos ou décadas para pensarem dentro dos limites de seus departamentos.

Levará Quanto Tempo?

Com um pouco de experiência, 30 a 45 minutos podem ser suficientes para uma história COMO ESTÁ de GRANULARIDADE GROSSA ou FINA. As histórias COMO SERÃO costumam levar mais tempo, pois basicamente são sessões de planejamento e envolvem muitas discussões.

Recomendamos 60 a 90 minutos ou 2 a 3 histórias de domínio em uma sessão. Continue somente depois de uma pausa ou em um workshop de acompanhamento. Provavelmente a duração de um workshop seria limitada pela disponibilidade das pessoas que você deseja convidar. Sessões de duas horas, metade do dia ou o dia inteiro podem funcionar, dependendo do contexto.

Preparando a Sala

Para ter uma boa conversa, queremos reunir pessoas como em torno de uma fogueira. Para tanto, precisamos de uma atmosfera agradável e do ambiente certo na sala.

O ideal é a conhecida **disposição em círculo** ou **meio círculo** (Figura 6.1): os participantes formam um círculo aberto em um lado. Assim, todos conseguem ver e ouvir os outros. No lado aberto, "o sol brilhará" — é onde o quadro branco ou a tela de projeção (tela de modelagem) fica e as histórias serão desenhadas.

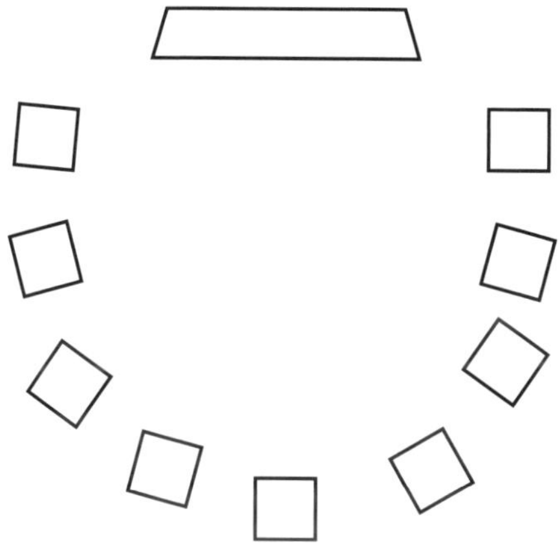

Figura 6.1 *Disposição em círculo*

As pessoas podem ficar de pé ou sentadas em cadeiras, pufes ou no que estiver fornecido na sala. Não é necessário ter mesas (na verdade elas são um obstáculo). Claro, uma mesa com café e biscoitos contribui como um "mimo" (em especial nas empresas em que as pessoas não estão acostumadas a ser servidas).[2]

É importante que a história de domínio representada esteja sempre visível para todos os participantes. O número de participantes é limitado pela visibilidade da história. Isso afeta a escolha da ferramenta usada para registrar a história (veja o Capítulo 5, "Ferramentas de Modelagem"). Se você usa uma ferramenta de software, utilize um projetor para compartilhar a tela do moderador com todos na sala. Somente então é permitido um computador, e apenas para o moderador.

Um ambiente remoto requer uma preparação diferente; veja as recomendações na seção "Workshops Remotos" a seguir.

Workshop

Quando todos estiverem em seus lugares e um bate-papo para quebrar o gelo tiver sido iniciado, o moderador abre a seção de fato. Ele resume rapidamente o

2 [N. do A.] Sobre a importância de comer juntos, considere o padrão "Cuide da Alimentação" no livro *More Fearless Change* [Manns/Rising 2015, sem publicação no Brasil].

que acontecerá. É a hora certa de esclarecer os objetivos, o escopo e o conteúdo do workshop.

Em seguida, o moderador explica a **agenda**. Recomendamos escrevê-la no quadro de papel ao lado da tela de modelagem. Em geral, a agenda mudará durante o workshop.

Após a introdução, o moderador motiva os participantes pedindo "Conte sua história!"

Contando a História

Durante o workshop, o moderador precisa colocar os contadores de história na direção certa para assegurar que suas colaborações atendam à finalidade geral. Nem sempre os especialistas são contadores natos. O pré-requisito essencial para uma boa narrativa é um contador habilidoso. Por isso o moderador mantém a história dos participantes fluindo fazendo perguntas como:

- "O que acontece em seguida?"
- "Onde você consegue essa informação?"
- "Como você determina o que fazer em seguida?"
- "Como você faz isso?"

Envolva os participantes sem impor sua opinião a eles. Use a linguagem dos participantes, não a sua!

Por vezes, as atividades parecem não ter uma finalidade óbvia. É importante entender *por que* as atividades são realizadas em ordem para projetar mais adiante um software e processos úteis e (veja o Capítulo 11, "Trabalhando com Requisitos"). A resposta a por que algo é feito de certo modo costuma revelar problemas graves nos processos atuais ou como eles são suportados pelo software:

- "É assim que temos feito sempre."
- "Não sei por que fazemos isso."
- "Pressupomos que isso é necessário para as pessoas do outro departamento."
- "Porque o software nos força a fazer assim."

Você pode ter que perguntar *por que* repetidas vezes para chegar ao fundo do problema.

Registro Gráfico

Conforme os participantes contam sua história, o moderador a registra graficamente — passo a passo, determinando o ritmo da narrativa. Enquanto registra, o moderador deve recontar a frase que está modelando. Para assegurar que os termos reais da linguagem de domínio sejam usados, confirme perguntando: "Este é o termo certo?"

> O moderador repete de um modo visual o que entendeu da história do participante.

Além disso, o moderador deve introduzir um ícone quando ele aparece pela primeira vez na história: "Usarei este ícone de recibo para representar o ingresso." Os participantes veem o que é registrado e podem dar um feedback imediato. A maior parte da história deve ser apresentada em linguagem pictográfica, com algumas anotações textuais — não o contrário!

Tente evitar buracos na história — identificados por partes que não estão conectadas por setas (Figura 6.2).

Você pode ver que a história na Figura 6.2 pula do espectador para o recepcionista. Como o recepcionista pega o ingresso? O ingresso é verificado antes ou depois de o espectador entrar no prédio? Com alguma experiência, você acabará percebendo que a linguagem pictográfica ajuda a fazer as perguntas certas: "Quem faz isso?", "Como a pessoa sabe que precisa fazer isso agora?", "Como os atores se comunicam?"

Quando os participantes contam sua história, provavelmente reclamam de algo: "Isso está errado o tempo todo!", "Tivemos esse problema por anos!" Embora não seja exatamente parte da história, é uma informação valiosa que vale a pena anotar. Se você escolheu um quadro branco com notas adesivas, use uma nota com cor diferente para destacar os pontos problemáticos.

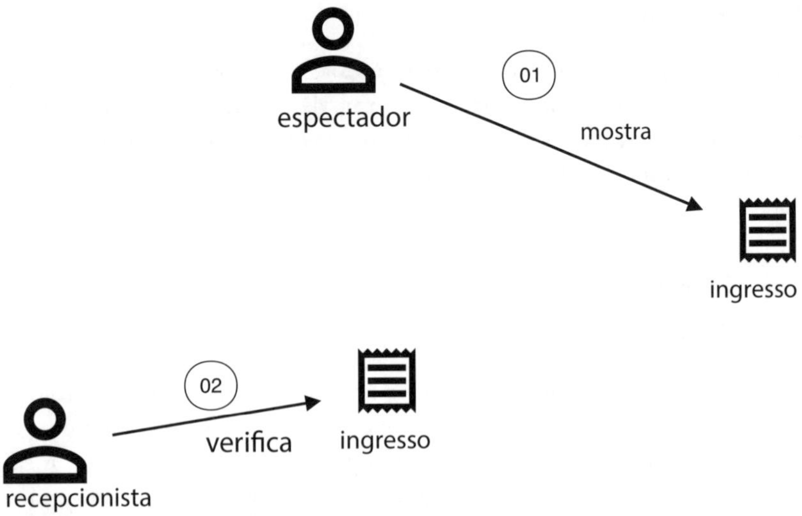

Figura 6.2 *Não faça: Deixar buracos entre as frases de uma história de domínio*

Torne os pontos problemáticos visíveis com anotações.

Também é importante verificar se o escopo da história é consistente (Capítulo 4).

Quando Você não Sai do Lugar

Esta seção lida com os obstáculos e como superá-los.

Se você não sai do lugar logo no começo, considere iniciar a história de modo diferente. Tente substituir o começo da história por uma suposição. No exemplo do cinema, você poderia sugerir: "Vamos supor que você já decidiu qual filme deseja ver. Como comprar os ingressos?"

Há algumas armadilhas comuns que o farão sentir como se tivesse perdido o controle da história:

- Você está misturando as tramas? Permaneça na história — deve haver apenas uma trama.
- Você está misturando os processos COMO ESTÃO e COMO SERÃO? Decida qual deseja modelar e foque nisso.
- Você tem problemas para lidar com objeções, alternativas e ideias para melhorias? Use anotações para tirá-las do caminho. Deixe claro para os outros participantes que eles precisam focar em uma trama e que você, mais tarde, irá rever as anotações coletadas.

Quando a narrativa chega a um impasse, pode ser útil lembrar a todos sobre a finalidade do workshop. Então, conte aos participantes a história desde o começo, frase por frase.

Outra fonte de problemas são os participantes que não conseguem concordar com nada. Nesses casos, achamos útil tornar as histórias mais concretas dando aos atores os nomes das pessoas, não sua função. Isso deixa claro que a história é contada do ponto de vista de uma pessoa. Por exemplo: Metropolis emprega dois caixas — Charlotte e Carlos —, que vendem ingressos de modos totalmente diferentes. Em vez de modelar Charlotte e Carlos como "caixa", comece com, por exemplo, Charlotte e use o nome dela para o ator. Então pergunte a Carlos como sua versão do processo difere da versão de Charlotte. Tornar as diferenças visíveis é um bom primeiro passo para resolvê-las.

Como moderador, você também precisa se perguntar se o Storytelling de Domínio é o método de modelagem certo para o trabalho. Use-o se achar que ajudará no objetivo que está tentando atingir. Não o use cegamente porque foi útil no passado, porque é novo ou é o único método de modelagem com o qual você tem experiência. Se você tiver dificuldades para usar o Storytelling, pergunte a si mesmo o que está causando isso:

- É um problema no domínio em si (por exemplo, é difícil de entender por natureza)?
- É um problema com suas habilidades de modelagem?

Se você consegue responder às duas perguntas com "não", provavelmente está tentando usar o Storytelling de Domínio em algo para o qual não deveria. Queremos encorajá-lo a aprender mais técnicas de modelagem colaborativa e facilitação. Descreveremos algumas rapidamente no Capítulo 7, "Relação com Outros Métodos de Modelagem". Também pode ser útil ver técnicas do mundo do design (como modelos). E mais, as *Liberating Structures* [Estruturas Libertadoras] podem ser úteis na solução de problemas, na tomada de decisão, no planejamento e no feedback [site LiberatingStructures, conteúdo em inglês].

Quando a História Fica Grande Demais

Dependendo da ferramenta de modelagem, o tamanho potencial de uma história pode ser limitado. Como regra geral, os seguintes limites se aplicam:

- **Quadro de folhas:** 10 frases
- **Quadro branco grande:** 15 frases
- **Ferramentas digitais:** 20 frases

Em algumas situações, excedemos os limites. Mas em certo ponto, o registro visual fica muito confuso, pouco gerenciável ou difícil de entender. Por exemplo, veja Metropolis 5 na Figura 6.3: se você abrir o modelo no Egon.io e usar a função de reprodução, a história ainda será gerenciável. Porém, se quiser usar a imagem em livros ou apresentações, vale a pena considerar dividir a histórias de domínio em partes menores.

Veja algumas estratégias para lidar com histórias grandes:

- Mude para um escopo de GRANULARIDADE mais GROSSA, sobretudo se você ainda não entendeu a imagem global.
- Diminua a trama: escolha um enredo mais fácil ou evite tramas secundárias.
- Use suposições para pular as primeiras etapas da história. Em Metropolis 2 (Figura 1.10), por exemplo, em vez de modelar como um espectador escolhe o filme que deseja ver, escreva uma anotação: "Pressupomos que o espectador já escolheu qual filme ver e há sessões adequadas ao horário dele."
- Divida uma história em várias: se nenhuma estratégia anterior funcionar, pode ser porque sua história requer certa profundidade e não pode ser diminuída ou agregada. Ainda assim, você pode dividi-la em várias histórias. Experimente cortar a história após um resultado intermediário ser alcançado ou use a transferência de um objeto de trabalho como a última frase de uma história e a primeira frase de outra. Quando o enredo vai de um subdomínio para outro ou de um departamento para outro, ali também é um bom lugar para dividir a história. Lembre-se que os "ganchos" são interessantes quando acontecem em sua série de TV favorita, mas não em uma história de domínio.

Como Criar a Atmosfera Certa

Como moderador, você pode tomar certas medidas para criar uma atmosfera produtiva.

Fique de Olho nos Participantes

- Alguém domina a conversa e precisa ser lembrado sobre os limites?

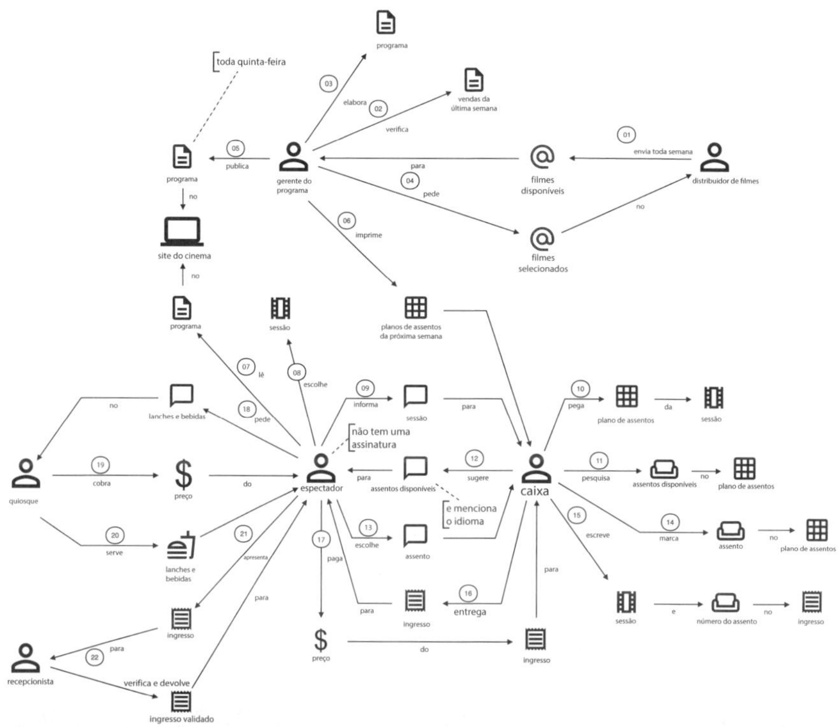

Figura 6.3 *Longa demais para livros e apresentações: Metropolis 5*

- Quem está em silêncio/tímido/desconfortável e precisa de encorajamento?
- Quem está relutante em falar e precisa desabafar?

Estabeleça Regras

Seja aberto, seja honesto, seja respeitoso.

— Código de Conduta, CoMoCamp [site CoMoCamp, conteúdo em inglês]

Como já dissemos, os bons modos são facilmente esquecidos em uma discussão acalorada. Portanto, pode ser útil estabelecer regras básicas ou um código de conduta. Aqui estão algumas ideias:

- Deixe que os outros terminem suas frases.
- Tratem uns aos outros com respeito.
- Ao discutir os problemas, não culpem uns aos outros.
- Seja sincero com seu melhor conhecimento.

Fique no Controle

Mesmo com um código de conduta presente, você deve ficar atento com as pessoas que ameaçam uma atmosfera produtiva:

- Os exibidos que veem a modelagem colaborativa como uma oportunidade para se gabar sobre como são ótimos.
- Pessoas frustradas que tratam a modelagem colaborativa como uma oportunidade para desabafar.
- Gerentes que antes eram especialistas em domínio e foram promovidos para a gerência e perderam contato com o domínio.

Até para os moderadores experientes situações como essas são difíceis de lidar. Mas é sua responsabilidade chegar a um bom resultado. Assim, você tem que intervir para:

- Deixar claro que para um bom resultado, todas as perspectivas devem ser consideradas, não apenas as opiniões dos gerentes e dos funcionários de longa data.
- Enfatizar o objetivo do workshop e o espaço de tempo com o qual vocês trabalham. Adie as discussões que estão fora do escopo.

Providencie uma "área de estacionamento" — um espaço visual para as discussões e as ideias adiadas para que vocês possam revê-las mais tarde.

Terminando uma História de Domínio

Quando a história parecer terminada, conte-a desde o começo e tente chegar a um acordo: deixamos de ver alguma coisa? Há algo que está obviamente errado? Todos os especialistas concordam com a história? Reveja as notações das possíveis histórias alternativas. Deixe que os participantes decidam sobre quais são variações menores e quais merecem sua própria história de domínio. Como moderador, você pode estimular essa discussão com perguntas como:

- Estamos falando sobre a mesma tarefa que às vezes é feita de modo diferente? Ou estamos falando sobre uma tarefa diferente?
- O que seria diferente se... ?
- Estou certo de que a única diferença seria... ?

Se necessário, modele outra história de domínio. Talvez você queira agendar um workshop de acompanhamento para ter uma visão mais detalhada das partes da história ou lidar com as variações importantes. Se tudo deu certo, agora vocês têm uma compreensão em comum sobre uma parte relevante do domínio. Contudo, raramente haverá 100% de sucesso ao colocar as visões de várias pessoas em um denominador comum. Tenha cuidado para não ir direto para as abstrações e evitar visões conflitantes. Em vez disso, use anotações para chamar a atenção de todos para as diferenças não resolvidas.

Se algo parece relevante, deixe isso explícito.

Escreva como se fosse uma anotação. Então, as pessoas podem ver, apontar, se opor. Tornar as coisas visíveis adiciona qualidade à discussão.

Após o Workshop

Quando o workshop termina, o resultado deve ser documentado. Tire uma foto do quadro branco. Se você desenhou a figura com uma ferramenta, é bom arrumar o modelo para diminuir a desordem. Depois, compartilhe a imagem ou o arquivo. Mas observe que a visualização de uma história de domínio não deve ser um documento separado. Primeiro, e mais importante, a imagem é para as pessoas que contam a história enquanto ela está sendo contada. Mais tarde, ela servirá como uma lembrança auxiliar para quem participou do workshop e para contar a história para outras pessoas.

Outros artefatos do processo de desenvolvimento de software também serão cristalizados e desenvolvidos em torno das histórias de domínio. Por exemplo, veja os *mapas de contexto* (Capítulo 10, "Descobrindo os Limites"), os *requisitos* escritos (Capítulo 11, "Trabalhando com Requisitos") e o *modelo de código*[3] (Capítulo 12, "Modelando no Código"). Você também pode continuar a conversa sobre o domínio com a ajuda de outras técnicas de modelagem, por exemplo, o Mapeamento de Exemplo [Wynne 2015] e o EventStorming [Brandolini 2021].

O ato de modelar costuma ser mais importante do que o modelo real.

Se você não fez o workshop, perdeu a experiência do "acampamento". Ver uma história de domínio terminada não é o mesmo que participar da criação dela, porque o Storytelling de Domínio é uma *experiência de aprendizado colaborativo*. Os participantes refletem sobre seu próprio trabalho diário e descobrem com os colegas como eles percebem o domínio de um jeito diferente.

3 [N. do A.] No final, o código é o modelo e o modelo é o código.

Workshops de COMO SERÁ

No espírito da modelagem colaborativa, vemos o design do processo como uma atividade colaborativa na forma de workshops. Em um workshop de COMO SERÁ, várias coisas serão feitas de modo diferente da modelagem de COMO ESTÁ.

Ao modelar os processos COMO ESTÃO, você está principalmente *analisando*. Você vê o mundo pelos olhos dos especialistas e o descreve como esses especialistas o percebem (assim como você consegue perceber). Você está focado no presente e na exploração do espaço do problema. O principal objetivo é entender.

Já nos processos COMO SERÃO, você se encontrará no espaço da solução e no futuro. E mais, você não está analisando, mas *projetando de forma construtiva* — normalmente com base em um espaço do problema analisado previamente. Isso significa que você vê o mundo e descreve como ele será (ou como espera que será). Isso geralmente inclui algumas melhorias e mudanças no processo, sobretudo se o processo COMO ESTÁ for implementado por meio de software. Afinal, você não quer apenas reimplementar um processo COMO ESTÁ ruim. Para saber mais, veja o Capítulo 13 "Dando Suporte à Mudança na Organização".

Enquanto a análise é sobre algo que já existe, o design faz algo que é novo.

Ao se preparar para o workshop de COMO SERÁ, tenha em mente o seguinte:

- Geralmente, as histórias de domínio COMO SERÃO levam mais tempo de contar e registrar do que as histórias COMO ESTÃO. Recomendamos alocar 50% mais de tempo.
- Esteja preparado para haver muito mais debate em comparação com um workshop de COMO ESTÁ.
- Esteja pronto para usar outras técnicas de workshop que complementam o Storytelling de Domínio, por exemplo, coletar feedback sobre uma melhoria do processo proposta (veja a seção "O Moderador" a seguir).

O que você pode fazer como moderador para facilitar um workshop de COMO SERÁ bem-sucedido? Aqui estão nossas recomendações:

- **Evite confusão falando sobre um ponto no tempo específico:** Defina o ponto no futuro quando ocorrerão os processos COMO SERÃO. Faz uma grande diferença se um dos participantes pensa no futuro dentro de 6 meses e outro pensa em 24 meses.

- **Não se contente com o primeiro resultado:** Modele e compare as diferentes variantes do processo futuro (para o mesmo ponto no tempo).
- **Abra espaço para melhorias:** Como moderador, você precisa desafiar a história dos participantes de maneira mais rigorosa. Questione cada frase para revelar as suposições ocultas. Por exemplo, pergunte "por que" repetidas vezes para descobrir a finalidade de uma atividade proposta (ou a falta dela).
- **Liberte a mente dos participantes quanto aos limites do sistema atuais:** Em vez de usar os nomes dos sistemas existentes como atores, use nomes fictícios que descrevam sua função (como "um sistema que agenda campanhas de marketing") ou espaços reservados (como "Sistema X", "Sistema Y", "Sistema Z").
- **Liberte a mente dos participantes quanto às funções e às responsabilidades atuais:** Em vez das funções e dos cargos existentes, use nomes fictícios e espaços reservados para os atores humanos.
- **Desafie o escopo dos softwares propostos:** Pergunte se o processo COMO SERÁ levaria a um acoplamento rígido dos sistemas de software — ou seja, é um sistema capaz de atender uma tarefa apenas ao cooperar de perto com outro sistema? Isso seria ruim, claro!
- **Desafie os processos propostos:** Tente recriar exemplos concretos do passado com as histórias de domínio COMO SERÃO. O processo proposto pode lidar com os exemplos?

Workshops Remotos

O Storytelling de Domínio foi concebido para workshops presenciais. Depois descobrimos que ele também funciona bem nas situações remotas se algumas coisas forem levadas em consideração:

- Todos os participantes precisam ver a representação visual da história de domínio (em tempo real, conforme ela evolui).
- Todos os participantes precisam ouvir uns aos outros.

O primeiro ponto requer uma ferramenta de modelagem digital e compartilhamento de tela. Se a ferramenta não tem essa capacidade, você deve usar um software de videoconferência. Usamos a combinação de videoconferência e Egon.io ou quadros brancos virtuais (veja o Capítulo 5, "Ferramentas de Modelagem") com sucesso.

Além dos dois requisitos anteriores, temos algumas recomendações:

- Use vídeo (não apenas áudio) e peça que todos os participantes façam o mesmo. Ver os participantes permite ler pelo menos alguma linguagem corporal. Uma configuração com duas telas (uma para a transmissão de vídeo e outra para a ferramenta de modelagem) é útil.

- Divida as funções de moderador e modelador, sobretudo para os grupos maiores. O moderador pode focar nos participantes. Lidar com um grupo de pessoas pode ser difícil mesmo se todos estão na mesma sala. Lidar com microfones mudos e pessoas interrompendo umas às outras torna a tarefa do moderador ainda mais desafiadora em um cenário virtual.
- Coloque um cronômetro para uma sessão de modelagem curta (em torno de 45 minutos) seguida de um intervalo. Isso ajuda as pessoas a permanecerem focadas. Tente contar uma história do começo ao fim dentro desse espaço de tempo.
- Geralmente, a experiência é mais tranquila se os participantes e o moderador/modelador já estiverem familiarizados entre si. Então, a perda de informação (linguagem corporal, relações interpessoais) que ocorre em um cenário remoto é menos problemática.
- Para os workshops importantes, faça uma verificação pré-evento para assegurar que todos os participantes se sentem confortáveis com o software usado.

Nossas impressões até agora estão misturadas: enquanto os workshops remotos podem encorajar alguns participantes a fazer mais perguntas, outros ficam mais relutantes em dar um feedback negativo. Talvez estes sejam os efeitos colaterais de não estar totalmente imerso no workshop. Afinal, é muito fácil se distrair quando estamos no computador. Um moderador pode ajudar os participantes a manterem (ou recuperarem) seu foco recontando a história de domínio de tempos em tempos. E mais, o moderador deve solicitar feedbacks com frequência.

Se você seguir essas recomendações, será capaz de realizar workshops remotos de sucesso. O espírito do Storytelling de Domínio pode ser transferido facilmente dos cenários presenciais para os virtuais.[4]

Moderador

A responsabilidade do moderador é reunir contadores de história e ouvintes, ajudando-os a criar uma compreensão compartilhada.

Às vezes, facilitar um workshop pode ser desafiador, mas é possível aprender. Nesta seção, compilamos alguns conselhos para os moderadores. Segundo nossa experiência, moderar workshops pode ser muito gratificante e vale a pena o esforço.

4 [N. do A.] Você pode assistir a Stefan fazendo uma sessão de modelagem remota no YouTube [Hofer 2020, conteúdo em inglês]. Mesmo que esse vídeo mostre uma sessão com apenas um especialista e um moderador, dá uma ideia de como deve funcionar.

Quem Pode Desempenhar o Papel?

O papel do **moderador** se destaca. Pode ser desempenhado por um facilitador neutro sem conhecimento prévio do domínio e com a única intenção de ajudar os participantes. Um Scrum master, um coach ágil ou um consultor externo pode ocupar adequadamente essa posição.

Porém, a função do moderador muitas vezes é assumida pelo anfitrião (a pessoa que iniciou o workshop e convidou as pessoas para participarem) ou um ouvinte. Como proprietário do produto, desenvolvedor de software ou analista comercial, essas pessoas querem aprender sobre o domínio e seus processos de negócio. Ficar neutro como moderador costuma ser uma preocupação quando você está no espaço do problema. Ao entrar no espaço da solução, os moderadores podem dar conselhos sobre como otimizar o processo e usar novas tecnologias.

Mas existe outra possibilidade. O moderador também pode ser um dos contadores de história. Nesse caso, ele precisará ter o cuidado de não esquecer sua responsabilidade primária. Pode ser uma tentação levar a conversa para uma direção de preferência. Isso é arriscado porque compromete a finalidade do workshop. Também prejudica a credibilidade do moderador, dificultando resolver os conflitos.

Resumindo, o moderador poderia ser:

- Uma pessoa neutra
- O anfitrião ou outro ouvinte
- Um contador de histórias

Aprendendo a Facilitar

Algumas coisas são melhores feitas do que descritas... Aqui está um desafio para você. Escreva uma pequena descrição contando a alguém como amarrar os cadarços dos sapatos.

— The Pragmatic Programmers [Hunt/Thomas 1999]

Até agora, você leu muito sobre Storytelling de Domínio. Talvez já tenha visto um vídeo de um dos nossos tutoriais. Mas ler e observar seu próprio Storytelling não o torna um profissional; é preciso *praticar*. Recomendamos o seguinte.

Primeiro, experimente sozinho. Caneta e papel são todas as ferramentas necessárias. Modele um processo que seja familiar a você. Veja algumas ideias:

- Jantar em um restaurante
- Comprar mantimentos
- Sair de férias
- Eleger o governo de seu país

Foque na linguagem pictográfica. Familiarize-se com o modo como a história é visualizada. Experimente variações no processo: E se você modelar a variação como uma história de domínio separada? Ou você pode capturá-la como uma anotação textual?

O próximo passo é pedir a ajuda de um amigo ou colega amigável. Pegue um quadro branco ou um quadro de folhas, notas adesivas e marcador. Peça que um amigo conte uma história na qual ele seja especialista. Foque em ser um moderador: Como você motiva seu especialista de domínio para ter uma cooperação intensa? Você consegue continuar visualizando a história de domínio enquanto ouve e faz perguntas? Tente capturar o ponto de vista do especialista, não o seu. Aprenda a não fazer suposições implícitas ou a chegar a conclusões prematuras.

A seguir, pense em um problema do mundo real que você teve e que pode ser explorado com o Storytelling de Domínio. O ideal é escolher algo que possa ser discutido com um pequeno grupo de especialistas. Foque em gerenciar o grupo e transformar suas histórias individuais em uma história de domínio com a qual todos concordam.

Modelador como uma Função Separada

Como moderar e modelar são tarefas complexas, recomendamos que os iniciantes separem a função de *moderador* da função de *modelador*. Uma pessoa assume o papel do moderador e é responsável por gerenciar os especialistas de domínio. Outra se torna o **modelador** e captura a história de domínio. Para isso funcionar, ambas precisam estar familiarizadas com o método. Também precisam se comunicar bem e se apoiar. Por exemplo, a narrativa precisa seguir na mesma velocidade da visualização.

Para grandes workshops e discussões acaloradas, também recomendaríamos dividir as tarefas de modo que uma pessoa possa focar na moderação e outra na modelagem.

Se você é o modelador, deve ter em mente que modelar não é uma questão de ferramentas (software). Elas existem apenas para dar suporte e não devem distrair os participantes.

Quanto mais experiência você tiver ao modelar histórias de domínio, mais relaxado ficará com a gramática da linguagem pictográfica descrita no Capítulo 2, "Linguagem Pictográfica". Uma vez que você saiba como deve ser uma história de domínio, os apoios podem ser retirados. Afinal, a intenção é transmitir significado, não seguir regras rígidas. Claro, não estamos encorajando que você jogue pela janela tudo que escrevemos. Mas em algum momento deve começar a tratar isso como um conselho, não como uma lei.

Modo Moderado *versus* Modo de Cooperação

Se você trabalha com um pequeno grupo de participantes já familiarizado com o Storytelling de Domínio, modelar pode ser uma atividade de colaboração que inclui todos os participantes (**modo de cooperação**). Tal cenário pode ser mais divertido do que ter moderadores/modeladores designados que fazem toda a modelagem (**modo moderado**).

Se os participantes não estão acostumados com o modo Storytelling de Domínio de raciocinar sobre os fluxos de trabalho, as responsabilidades de modelagem compartilhadas podem levar a um workshop caótico que dificultará a vida do moderador. Há uma boa chance de que você acabará com um modelo incoerente ou um modelo que reflete a visão do participante que fala mais alto. Assim, trabalhar no modo de cooperação requer algumas barreiras de proteção acordadas: sobre qual cenário é a história de domínio, quais ícones usar para a linguagem pictográfica e qual o escopo da aplicação.

Se distribuir tarefas de modelagem for uma opção, também dependerá da ferramenta usada para visualizar a história (veja o Capítulo 5, "Ferramentas de Modelagem"). Para tanto, você precisaria que todos tivessem acesso à tela e a capacidade de mudar o modelo.

Capítulo 7

Relação com Outros Métodos de Modelagem

O Storytelling de Domínio é melhor percebido como uma outra ferramenta em sua caixa de ferramentas para modelagem. Este capítulo cobre outros métodos que também pertencem a essa caixa de ferramentas e podem ser combinados com o Storytelling. Há situações em que é possível usá-los de modo intercambiável e outras em que um é mais adequado que outro. Assim, há situações em que faz sentido combinar essas técnicas para lidar com problemas de modelagem específicos.

Este capítulo reflete nossas visões e experiências. Queremos encorajá-lo a criar sua própria caixa de ferramentas.

Domain-Driven Design

O primeiro método referido não é exatamente um método de modelagem no sentido mais restrito do termo, mas uma abordagem que lida com o desenvolvimento de software comercial: *Domain-Driven Design* (*DDD*) [Evans 2004].

O DDD não descreve um único método de modelagem, mas enfatiza a modelagem colaborativa de especialistas e equipes de desenvolvimento como uma parte essencial do desenvolvimento de software. É a base para o seguinte:

- ***Design estratégico*:** Quanto mais detalhes você aprende e modela sobre um domínio, mais complexos e confusos ficam os modelos. Para evitar isso, o DDD sugere subdividir o domínio em contextos limitados. Cada contexto tem seu próprio modelo e linguagem de domínio. Um contexto limitado é a base sólida sobre a qual criar o software. A modelagem colaborativa ajuda a encontrar os limites entre os contextos limitados e modelar os detalhes neles.
- ***Design tático*:** Os especialistas em domínio e as equipes de desenvolvimento se esforçam muito para projetar modelos de domínio em suas cabeças e nos diagramas.

Mas por que parar antes do nível do código? O DDD fornece uma orientação técnica (os chamados *blocos de construção*) sobre como representar os diferentes conceitos de um domínio no código. As equipes usam a modelagem em colaboração para descobrir quais conceitos do domínio podem ser mais bem implementados com quais blocos de construção.

- ***Linguagem ubíqua***: Essa linguagem deriva da linguagem do domínio e é consistente em um contexto limitado. Ela deve ser usada em todo lugar (de forma ubíqua) — desde as palavras ditas pelo especialista até o quadro branco e o código. Lembre-se que normalmente existem várias linguagens ubíquas em uma empresa (uma por contexto limitado). Não é uma linguagem uniforme na empresa inteira.

Se isso despertou sua curiosidade sobre DDD, veja algumas leituras introdutórias recomendadas (sem publicação no Brasil):

- *Domain-Driven Design Distilled,* de Vaughn Vernon, é uma introdução ótima e concisa para o DDD [Vernon 2016].[1]
- *The Anatomy of Domain-Driven Design,* de Scott Millet, resume o DDD em 24 páginas ilustradas [Millet 2017].

DDD e Storytelling de Domínio Combinados

Se você já tem experiência com DDD, percebeu agora que as ideias gerais por trás do Storytelling de Domínio se encaixam bem em uma mentalidade DDD: é um modo concreto de implementar uma modelagem colaborativa feita por especialistas e equipes de desenvolvimento.

Ademais, na Parte II deste livro descreveremos as finalidades específicas do Storytelling de Domínio que são particularmente úteis no contexto do DDD:

- Aprender a linguagem de domínio para desenvolver uma linguagem ubíqua (Capítulo 9).
- Descobrir os limites do design estratégico (Capítulo 10).
- Modelar em código para um design tático (Capítulo 12).

EventStorming

EventStorming [Brandolini 2021] é um método de modelagem colaborativa desenvolvido no contexto do DDD. Durante um workshop de EventStorming, desenvol-

1 [N. do A.] Henning ajudou a traduzir este livro para o alemão: *Domain-Driven Design kompakt* [Vernon 2017].

vedores e especialistas de vários departamentos usam notas adesivas para criar uma imagem dos processos do negócio complexos. Essa imagem é criada de baixo para cima escrevendo os eventos de domínio nas notas adesivas e colocando-as em uma linha do tempo da esquerda para a direita. Após um início caótico e proposital [daí "storming" — inglês para "tempestade"], uma história surge capturada como um fluxo de eventos relevantes para os especialistas de domínio.

Para o cinema Metropolis, durante um EventStorming, o espaço de modelagem pode lembrar a Figura 7.1 — uma linha do tempo com os eventos de domínio em notas adesivas alaranjadas.[2]

Figura 7.1 *EventStorming: big picture de Metropolis*

Esse estilo de EventStorming se chama *Big Picture*. Adicionando alguns elementos de notação, pode ser elaborado em um modelo de processo detalhado e um modelo de design de software. Tal modelagem funciona bem se o software é criado segundo o DDD.

Semelhanças e Diferenças

O Storytelling de Domínio e o EventStorming estão focados em uma colaboração estreita com os especialistas. Uma grande diferença é que o EventStorming coloca os eventos em uma linha do tempo e o Storytelling de Domínio mostra a cooperação entre os atores. Enquanto uma "tempestade" de eventos mostra o que está acontecendo, uma história de domínio mostra quem está fazendo o que e com quem.

O EventStorming começa com uma fase de debates caótica seguida de uma consolidação. No Storytelling de Domínio, temos iterações muito menores de debates (discussão da próxima frase) e consolidação (registro da frase).

Outra diferença é que no EventStorming você consegue visualizar vários cenários e uma imagem (em geral, os enredos são organizados em faixas para que não se misturem); já uma história de domínio trata apenas de um cenário em particular. Contudo,

2 [N. do E.] Por razões de produção, a edição e-book do livro contém cores, já a edição impressa usa tons de cinza.

muitas pessoas usam uma forma de EventStorming baseada em cenários com um fluxo de eventos, que lembra, claro, a abordagem do Storytelling de Domínio.

Os métodos diferem em como os workshops costumam ser facilitados. No Storytelling de Domínio, você tem um moderador que canaliza a entrada dos participantes, modelando-a. No EventStorming, os participantes debatem sobre um cenário. Porém, as coisas não são tão preto no branco como parecem. O Storytelling pode ser usado em um modo cooperativo (veja o Capítulo 6, "Formato do Workshop") e alguns profissionais do EventStorming trocam para o modo com um modelador se necessário.

Veja algumas situações em que usamos o EventStorming:

- Se o domínio não é muito estruturado, a abordagem com debate de ideias do EventStorming pode ser preferível a uma abordagem usando frases, do começo ao fim.
- Se o domínio é caracterizado por processos relacionados ao tempo e mudanças de status, uma abordagem que foca uma linha do tempo dos eventos parece natural.
- Se quisermos modelar um cenário muito detalhado usando um EventStorming com apenas um fluxo, então a notação se dimensiona com mais facilidade. Dezenas ou centenas de eventos são mais fáceis de lidar com o EventStorming do que a mesma quantidade de frases no Storytelling de Domínio.

Algumas situações nas quais preferimos o Storytelling de Domínio:

- Se o domínio envolve muitos atores (pessoas ou software).
- Se queremos investigar como os atores se comunicam e cooperam entre si.
- Quando os processos COMO SERÃO devem ser planejados, uma perspectiva comum surge mais facilmente de uma abordagem moderada, frase por frase.
- Se criar uma documentação é o objetivo.
- Quando a cultura corporativa é mais adequada a uma abordagem moderada e estruturada do que a abordagem com debate de ideias do EventStorming.

EventStorming e Storytelling de Domínio Combinados

EventStorming e Storytelling de Domínio podem ser aplicados em diferentes níveis de detalhe e nos processos COMO ESTÃO e COMO SERÃO. Assim, existem muitas combinações possíveis. Experimentamos algumas delas com sucesso:

Do EventStorming ao Storytelling de Domínio

Na imagem geral do EventStorming, você pode encontrar partes do processo que são cooperativas, ou seja, várias pessoas ou sistemas envolvidos ativamente. Se essas partes são essenciais para sua análise do domínio, talvez você queira ir adiante e ter outra perspectiva do processo: pode modelar a parte cooperativa do processo adicionalmente com uma história de domínio.

Do Storytelling de Domínio ao EventStorming

No Capítulo 12, "Modelando no Código", mostraremos como transformar as histórias de domínio de GRANULARIDADE FINA em código-fonte. Essa tarefa também é abordada pelo EventStorming no chamado *nível do design*. Os elementos da notação nesse nível são muito adequados aos estilos de implementação Command-Query Responsibility Segregation (CQRS, [Young 2010]) e Event Sourcing [Fowler 2005]. Se você está familiarizado com esse tipo de EventStorming, pode usá-lo como um acompanhamento das histórias de domínio de GRANULARIDADE GROSSA.

Mapeamento da História do Usuário

O Mapeamento da História do Usuário [Patton 2014] vem da comunidade ágil. Esse método simples e versátil basicamente visa melhorar o desenvolvimento do produto. Ajuda a estruturar os requisitos em uma história coerente da perspectiva dos usuários. Em notas adesivas ou fichas, os participantes descrevem rapidamente como eles imaginam interagir com o software. Essas fichas ou notas representam as *histórias do usuário* [Cohn 2004] e são colocadas em uma parede para formar um mapa bidimensional (daí o nome do método). A dimensão vertical é usada para detalhar os requisitos e a priorização.

No Metropolis, a desenvolvedora de app Anna e o gerente do cinema Matthew modelaram uma história de domínio que mostra como os caixas venderão ingressos usando um novo app de bilheteria. A Figura 7.2 mostra um primeiro *mapa da história do usuário* rudimentar para o app de bilheteria.

Figura 7.2 *Um mapa da história do usuário para o app de bilheteria Metropolis*

O mapa da história é usado como um instrumento de planejamento para as equipes ágeis multifuncionais fazerem o seguinte:

- Conversar com o proprietário do produto sobre prioridades e incrementos
- Não perder de vista o contexto da história do usuário
- Esclarecer quais requisitos precisam ser trabalhados em detalhes em seguida

Descobrimos que um mapa da história do usuário impede que as equipes caiam na "armadilha do backlog enxuto" [Patton 2014]: se um backlog contém dezenas ou centenas de requisitos, as equipes perdem a perspectiva de como esses requisitos formam um produto útil. Os mapas da história do usuário dão contexto aos requisitos, facilitando priorizá-los e fatiá-los.

Semelhanças e Diferenças

Os dois métodos são sobre contar histórias. Além disso, eles permitem contar histórias em diferentes níveis de detalhe e com escopos diversos. Enquanto uma história de domínio (e igualmente uma história do usuário) foca determinada granularidade, um mapa da história do usuário mostra diferentes granularidades de uma só vez. O que chamamos de COMO ESTÁ e COMO SERÁ nas histórias de domínio são chamados de *mapa da história agora* e *mapa da história futuro* no Mapeamento da História do Usuário.

Os dois métodos diferem muito no modo como as histórias são capturadas visualmente. Um mapa da história não mostra como os atores interagem em uma história. Contudo, o Mapeamento da História do Usuário mostra sua força ao planejar a implementação dos requisitos.

Se você estiver familiarizado com o Mapeamento da História do Usuário, observe que o Storytelling de Domínio e o Mapeamento da História usam o termo *atividade*, mas isso não significa necessariamente a mesma coisa.

Mapeamento da História do Usuário e Storytelling de Domínio Combinados

Frequentemente usamos o Mapeamento da História do Usuário como um acompanhamento para o Storytelling de Domínio. Uma vez que os processos COMO SERÃO tenham atingido certa maturidade, queremos derivar os requisitos. Então o Mapeamento da História nos ajuda a transferir os requisitos para um backlog estruturado. No Capítulo 11, "Trabalhando com Requisitos", detalharemos isso com um exemplo.

Quando uma história do usuário fica pronta e vai do backlog do produto para o backlog do sprint, as histórias do domínio de GRANULARIDADE FINA costumam ser a ferramenta certa para descobrir como implementar a história do usuário. Elas são especialmente úteis ao criar o modelo de domínio. Descreveremos como isso é feito no Capítulo 12 "Modelando no Código".

Mapeamento de Exemplo

O Mapeamento de Exemplo [Wynne 2015] facilita discussões sobre os requisitos de software. É usado pelas equipes de desenvolvimento antes de elas começarem a implementar um requisito para esclarecer os critérios de aceitação de um requisito. O método Mapeamento de Exemplo foi desenvolvido no contexto do BDD [North 2006].

Em um workshop de Mapeamento de Exemplo, as histórias do usuário são o ponto de partida para entender o domínio do problema com mais detalhes. Instâncias concretas de uma história do usuário servem como *exemplos*. Usando esses exemplos, representantes do departamento comercial, desenvolvedores e verificadores em particular identificam as regras do negócio ou as condições limítrofes de uma história do usuário para derivar testes de aceitação. As histórias do usuário, as regras com exemplos e as perguntas abertas são escritas em fichas com cores diferentes para capturar a conversa.

A Figura 7.3 mostra uma sessão de Mapeamento de Exemplo no Metropolis. Matthew e Anna estão esclarecendo a história do usuário "Bloquear automaticamente os assentos disponíveis" que eles descobriram durante o Storytelling de Domínio e o Mapeamento da História do Usuário (Figura 7.2 e primeira linha na Figura 7.3). As regras iniciais de Matthew (segunda linha na Figura 7.3) para o requisito são desafiadas por exemplos concretos (terceira e quarta linhas na Figura 7.3).

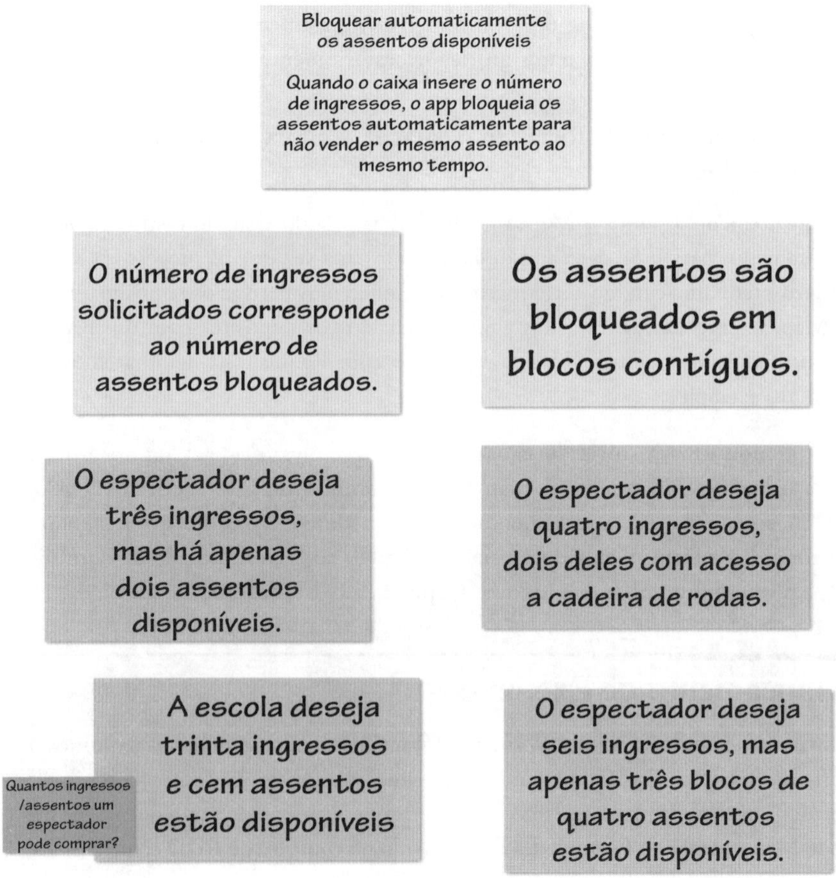

Figura 7.3 *Um Mapa de Exemplo para o app de bilheteria Metropolis*

Semelhanças e Diferenças

Não há muita sobreposição entre o Mapeamento de Exemplo e o Storytelling de Domínio já que eles focam diferentes aspectos do domínio: uma história de domínio visualiza um caminho concreto de um processo comercial. No Mapeamento de Exemplo trata-se de explorar o que fica à esquerda e à direita desse caminho. Com o Mapeamento de Exemplo, você continua perguntando "O que mais poderia acontecer?" e "O que torna esse caso diferente dos outros?" Portanto, as duas técnicas se complementam muito bem

Mapeamento de Exemplo e Storytelling de Domínio Combinados

Você pode ir direto das histórias de domínio para um mapa de exemplo ou — como na Figura 7.3 — usá-lo como uma terceira etapa após o Storytelling de Domínio e o Mapeamento da História do Usuário. No Mapeamento de Exemplo, continuamos a trabalhar nas histórias de domínio de GRANULARIDADE FINA nos seguintes casos:

- Quando precisamos analisar as regras comerciais que determinam as variantes do processo
- Para detalhar os requisitos em um nível implementável
- Se fica claro durante o planejamento que os requisitos precisam ser cortados em partes menores

Storystorming

O objetivo do Storystorming é fornecer uma abordagem consistente das metas e da estratégia do negócio para o nível de implementação [Schimak 2019]. Para tanto, ele pega ideias do DDD, do BDD e do desenvolvimento de software ágil. Ele integra várias técnicas de modelagem existentes e alinha suas notações; por isso, os modeladores podem ir de uma técnica para outra com mais facilidade. Atualmente, o Storystorming representa o EventStorming, o Mapeamento da História do Usuário e o Mapeamento do Impacto — e o Storytelling de Domínio. Porém, o Storystorming é uma variação do Storytelling de Domínio: para se alinhar com outras abordagens, a notação é substituída pela notação de notas adesivas codificadas com cores do Storystorming. Essa versão do Storytelling de Domínio é simplesmente referida como *narrativa* ou *storytelling*.

Semelhanças e Diferenças

Focaremos aqui a parte narrativa do Storystorming. Uma diferença óbvia é, claro, a notação. Para você ter uma ideia, modelamos a história de domínio Metropolis 1 apresentada na Figura 1.9 usando a notação Storystorming na Figura 7.4.

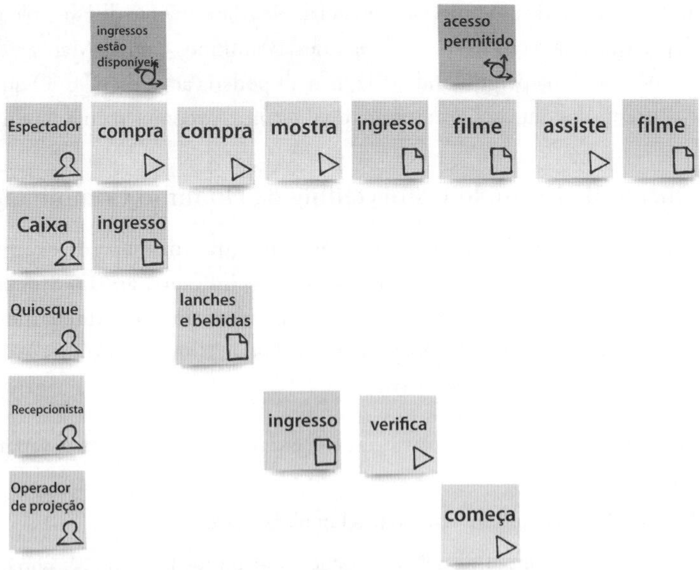

Figura 7.4 *Metropolis 1 na notação Storystorming*

Para entender a notação, veja a legenda apresentada na Figura 7.5 e a seguinte explicação:

- Cada faixa representa um ator e suas ações. O adesivo do ator é colocado à esquerda, no começo da faixa. Os atores humanos são colocados em um adesivo amarelo com um ícone de boneco (por exemplo, "espectador"). Os atores máquinas são colocados em um adesivo rosa com um ícone de computador.

Figura 7.5 *Legenda do Storystorming*

- A atividade (adesivo azul com o ícone de botão play) sempre é colocada na faixa do ator. O objeto de trabalho (adesivo verde com um ícone de documento) é colocado na faixa do ator secundário (por exemplo, a atividade "compra" com o objeto de trabalho "ingresso"). Se não há outro ator envolvido, o objeto de trabalho é colocado na faixa do ator (por exemplo, a atividade "assiste" com o objeto "filme").
- As frases da história são sempre lidas do ícone de botão azul/play (verbo) para o ícone verde/documento (objeto).
- Uma suposição (adesivo lilás com ícone de círculo com setas) é expressa por uma frase colocada acima dessa frase, por exemplo, "ingressos estão disponíveis".

Se você ler o modelo Storystorming e a história de domínio do cenário Metropolis 1 em voz alta, eles parecerão familiares. E mais, as duas notações alternativas têm prós e contras:

- Para usar uma notação textual com notas adesivas codificadas com cor, tudo que você precisa é de um quadro branco (virtual) e notas adesivas. Para uma linguagem pictográfica com setas numeradas, um quadro branco pode ser suficiente, mas ferramentas adicionais agilizam a modelagem.
- O layout de uma história de domínio é flexível, permitindo que os modeladores expressem informações adicionais reorganizando as frases e agrupando-as. O layout do Storystorming se baseia em uma grade. Por um lado, isso é menos flexível. Por outro, facilita encontrar a próxima frase e torna obsoletos os números da sequência.
- A linguagem pictográfica pode transmitir uma semântica adicional e discutir sobre qual ícone que representa um objeto de trabalho pode gerar insights interessantes. Contudo, por vezes encontrar o ícone certo pode levar tempo e ser uma distração.
- Usar notas adesivas pode reduzir a barreira da modelagem cooperativa (sem um modelador designado).
- O Storystorming facilita mapear os conceitos de outros métodos (como *eventos* e *entregas*) para a história.

Storystorming e Storytelling de Domínio Combinados

Durante a escrita deste livro, o Storystorming ainda era um método relativamente novo. Não tivemos a oportunidade de praticar o bastante e sugerir como pode ser mais bem combinado com o Storytelling de Domínio (ou se faz sentido combiná-los). Porém, achamos ser uma abordagem interessante para a narrativa e vale a pena prestar atenção nela.

Casos de Uso

Basicamente, um caso de uso é uma descrição textual de uma sequência de etapas que um usuário do sistema realiza para chegar a certo objetivo. Em outras palavras, um caso de uso descreve um cenário. Embora os casos de uso não sejam um método de modelagem visual, são incluídos neste capítulo porque são relevantes para o Storytelling de Domínio e a modelagem de domínio em geral.

Introduzido originalmente por Ivar Jacobson na OOPLSA '87 [Jacobson 1987], vários estilos de casos de uso foram desenvolvidos. Os estilos de Alistair Cockburn em *Writing Effective Use Cases* [Cockburn 2001, sem publicação no Brasil] provavelmente são os mais influentes.

O nível de detalhe e o grau de formalidade variam entre os estilos. Por exemplo, o estilo *totalmente endereçado* de Cockburn consiste em um cenário de sucesso principal, pré-condições, gatilhos, escopo, atores primários, e assim por diante.

Semelhanças e Diferenças

Jacobson tornou a narrativa um dos princípios fundamentais dos casos de uso ("Seja simples ao contar histórias" [Jacobson *et alii* 2011]. O Storytelling de Domínio é uma ótima maneira de implementar esse princípio para identificar o principal cenário de sucesso (também chamado de *fluxo básico*) e coletar fluxos alternativos. Assim que a história é contada e visualizada, um modelo de casos de uso pode ser usado para anotar os fluxos como texto e adicionar informações extras importantes. Assim, os casos de uso e as histórias de domínio se complementam muito bem.

Casos de Uso e Storytelling de Domínio Combinados

As origens do Storytelling de Domínio remontam ao auge dos casos de uso, portanto não é nenhuma surpresa que o formato deles tenha sido usado para documentar os resultados em um workshop de Storytelling de Domínio. Ainda os recomendamos quando as histórias de domínio são compartilhadas como texto e imagens, não como uma conversa, por exemplo, como parte de uma proposta. Mais adiante, mostraremos a transição dos processos de negócio para os requisitos com histórias de usuário e Mapeamento da História do Usuário.

Mesmo que você não pretenda documentar suas histórias de domínio, veja alguns modelos de casos de uso. Eles são muito úteis como uma checklist para uma conversa de Storytelling de Domínio.

UML

Linguagem de Modelagem Unificada [em inglês, *Unified Modeling Language* — UML] é uma notação basicamente gráfica usada para dar suporte à modelagem orientada a objetos [Rumbaugh *et alii* 2005]. Ela se tornou pioneira para a modelagem e o desenvolvimento de software. Pressupomos que nossos leitores estejam um pouco familiarizados com ela.

Semelhanças e Diferenças

Para nós, a UML é antes de tudo um meio de comunicação entre os desenvolvedores. Já o Storytelling de Domínio é em grande parte o meio de comunicação entre o desenvolvedor e o especialista em domínio.

Existem algumas semelhanças entre as histórias de domínio e os *diagramas de comportamento* de UML. Os *diagramas de atividade* e de *sequência* definem uma notação para os processos. Os diagramas de sequência também se baseiam em cenários, como as histórias de domínio.

UML e Storytelling de Domínio Combinados

Quando lidamos com muitas histórias de domínio, por vezes usamos os *diagramas de casos de uso de* UML como uma visão geral. A notação desses diagramas contém atores, portanto há uma conexão direta com as histórias de domínio. Em um diagrama de casos de uso, é possível coletar todos os atores que desempenham um papel em suas histórias de domínio. Então os casos de uso no diagrama mostram quais cenários são modelados como histórias de domínio. No Capítulo 3, "Modelagem Baseada em Cenários", você viu um exemplo de diagrama de casos de uso que fornecia uma visão geral do cinema Metropolis na Figura 3.5.

Um modelo de domínio pode ser extraído das histórias de domínio de GRANULARIDADE FINA. Um bom modo de expressar esse modelo é como um *diagrama de classes* de UML. Mostraremos como é feito no Capítulo 12, "Modelando no Código".

BPMN

Modelo de Notação de Processos de Negócio [em inglês, Business Process Model and Notation — BPMN] é uma representação gráfica para modelar processos de negócio [OMG 2013]. Como a UML, pode ser usado de um jeito formal para descrever os processos que são executados por um mecanismo de processo. Também é amplamente usado de um modo não executável para documentar e analisar os processos de negócio.

Semelhanças e Diferenças

Enquanto o Storytelling de Domínio se baseia em cenários, o que significa que cada história de domínio se concentra em uma instância do processo de negócios, um modelo BPMN pode conter todos os possíveis casos diferentes em um diagrama (Capítulo 3). Essa diferença pode ser vista comparando as Figuras 2.13 e 3.1.

Para nós, o BPMN é basicamente um meio de comunicação entre os desenvolvedores (e até entre desenvolvedores e máquinas). Não existe um método definido para acompanhar essa notação, embora alguns profissionais tentem preencher essa lacuna. Por exemplo, Jakob Freund e Bernd Rücker recomendam em *Real-Life BPMN* (sem publicação no Brasil) que você comece com uma abordagem baseada em cenários que omite os decisores (o modo de o BPMN modelar alternativas) [Freund/Rücker 2019]. Muitos profissionais reduzem essa notação extensa. Mesmo que o BPMN seja usado dessa forma, achamos que é uma abordagem para modeladores especialistas e que o Storytelling de Domínio é o melhor modo para desenvolvedores e especialistas em domínio conversarem.

BPMN e Storytelling de Domínio Combinados

Usamos o Storytelling de Domínio com sucesso como o primeiro passo ao implementar um processo de negócio semiautomático com um mecanismo de fluxo de trabalho. O Storytelling de Domínio ajuda a planejar os processos COMO SERÃO com os quais os especialistas podem concordar. Assim que os cenários principais são identificados e as possíveis alternativas e casos de erro são coletados, o cenário do caminho feliz é traduzido em um BPMN formal. Peça por peça, as alternativas e os casos de erro são integrados no modelo BPMN.

Resumo

Neste capítulo mostramos o que mais existe em nossa caixa de ferramentas além do Storytelling de Domínio. Estamos sempre expandindo nossa caixa e também encontrando modos novos e úteis de combinar as abordagens de modelagem. Esperamos ter encorajado você a experimentar diferentes abordagens de modelagem e a descobrir o que funciona melhor em seu caso.

Vemos o Storytelling de Domínio como um membro da família de métodos da **modelagem colaborativa**. Se você estiver interessado em aprender uma modelagem mais colaborativa e visual, talvez queira ver o seguinte:

- *Visual Collaboration Tools for Teams Building Software (sem publicação no Brasil) — um livro escrito por uma comunidade de profissionais (inclusive nós) [Baas-Schwegler/Rosa 2020].*
- *The CoMoCamp — uma série de conferências dedicada a esse assunto [site CoMoCamp].*

Com isso chegamos ao final da Parte I, na qual explicamos o que é Storytelling de Domínio. Iremos para a Parte II e veremos para quais finalidades ele pode ser usado.

Parte II

Usando e Adaptando o Storytelling de Domínio para Diferentes Finalidades

A Parte II deste livro lida com os diferentes problemas e finalidades para os quais o Storytelling de Domínio pode ser usado. Começaremos apresentando um segundo estudo de caso mais completo e usaremos isso para discutir os problemas comuns e as finalidades, cada um em seu capítulo separado.

Mesmo que usemos o mesmo estudo de caso em todos os capítulos a seguir, você não precisa lê-los em ordem. Basta iniciar no Capítulo 8 para aprender sobre o estudo de caso, então escolher os capítulos nos quais esteja interessado.

Como o Storytelling de Domínio não está vinculado a nenhuma abordagem em particular para o desenvolvimento de software, tentamos escrever os capítulos seguintes para que eles funcionem com todos os métodos de desenvolvimento. Contudo, você encontrará alguns termos que são bem conhecidos nas comunidades *DDD*, de *arquitetura de software* e *ágeis*.

Em algumas situações, achamos útil combinar o Storytelling de Domínio com outras abordagens de modelagem. Assim, daremos algumas recomendações sobre como combinar os métodos para melhor alcançar seus objetivos.

Dito isso, um conhecimento prévio de certos tópicos e métodos o ajudará a tirar o máximo de um capítulo. Se um conhecimento prévio é recomendado, listamos no início no capítulo, mas não se preocupe se você não completar todos os itens. Ainda deverá conseguir entender nossas ideias.

Capítulo 8

Estudo de Caso — Alphorn Auto Leasing Inc.

Na Parte I, "Storytelling de Domínio Explicado", vimos o básico do Storytelling com a ajuda de um exemplo simples que todos conhecem de seu cotidiano: ir ao cinema no Metropolis. Agora queremos apresentar e discutir tópicos que surgem em domínios mais complexos e mostrar como o Storytelling de Domínio pode ser usado para problemas reais em projetos concretos. Para tanto, apresentaremos um exemplo mais complexo.

A Alphorn Auto Leasing Inc. (Alphorn para abreviar) é uma empresa de aluguel de carros. Alugar um carro com ela significa que o cliente faz isso por vários anos. A Alphorn compra carros direto dos fabricantes, aluga-os por um período de tempo (normalmente por três anos), então vende os carros devolvidos. O aluguel é popular em empresas porque é um modo de elas oferecerem carros para seus funcionários. Empregador e funcionários lucram com os incentivos fiscais. A Alphorn também aluga carros para clientes particulares. Para eles, alugar um carro pode ser mais barato do que comprar um fazendo empréstimos bancários.

A Alphorn pertence a um grupo de concessionárias com endereço fixo. A chefe da Alphorn, Becky, aprovou um novo projeto de TI que é essencial para o futuro da empresa: será criado um novo software de aluguel que deve ser usado pelos vendedores nas concessionárias e pelos clientes como um serviço online. Deixar que os clientes aluguem online dará à Alphorn uma vantagem competitiva. Becky atribui esse projeto importante diretamente a Harold, chefe de TI. Para o projeto iniciar, Harold contrata dois consultores externos — nós, Stefan e Henning.

Becky e Harold montam uma equipe de especialistas de domínio e TI que trabalhará conosco. O grupo inteiro é formado pelos seguintes profissionais:

- Becky, a chefe
- Harold, chefe de TI
- Dave e Denise, desenvolvedores
- Sandy, vendedora
- Raymond, gerente de risco
- Charley, agente de atendimento ao cliente
- Amin, contador

Explore a Alphorn — O Domínio como um Todo

Como o primeiro passo para conhecer a Alphorn, convidamos a vendedora Sandy e o gerente de risco Raymond para um workshop. O ideal seria convidar também clientes reais. Como isso é difícil em nossa situação, convidamos alguém que possa representar a visão do cliente: o agente de atendimento ao cliente Charley. Além dos especialistas, os desenvolvedores Denise e Dave também estão presentes, pois mais adiante eles terão que escrever o software para dar suporte aos novos processos de aluguel.

Pedimos aos especialistas para nos contarem uma história que cubra tudo, desde o contato inicial com um cliente até o retorno do carro após o aluguel de três anos. Os detalhes não são importantes agora; só queremos ter uma visão geral — uma imagem que nos ajudará a discutir sobre quais atividades devem ter o suporte do novo software e quais estão fora do escopo do projeto.

Como a Alphorn aluga carros para empresas e clientes particulares, há duas histórias em potencial para contar. Começamos com o aluguel para um cliente particular, pois é o grupo-alvo principal do novo serviço online da Alphorn.

Agente de atendimento ao cliente Charley: — A coisa toda começa com o cliente escolhendo um carro no catálogo.

Vendedora Sandy: — Sim, e depois disso ele pede uma proposta.

Modelador Henning: — Desenharei isso como frases 1 e 2, começando com o ator “cliente”.

Sandy: — Quando me perguntam, ofereço um contrato para o carro e..."

Após uma animada discussão de modelagem por cerca de 45 minutos, finalizamos com a Alphorn 1 (Figura 8.1).

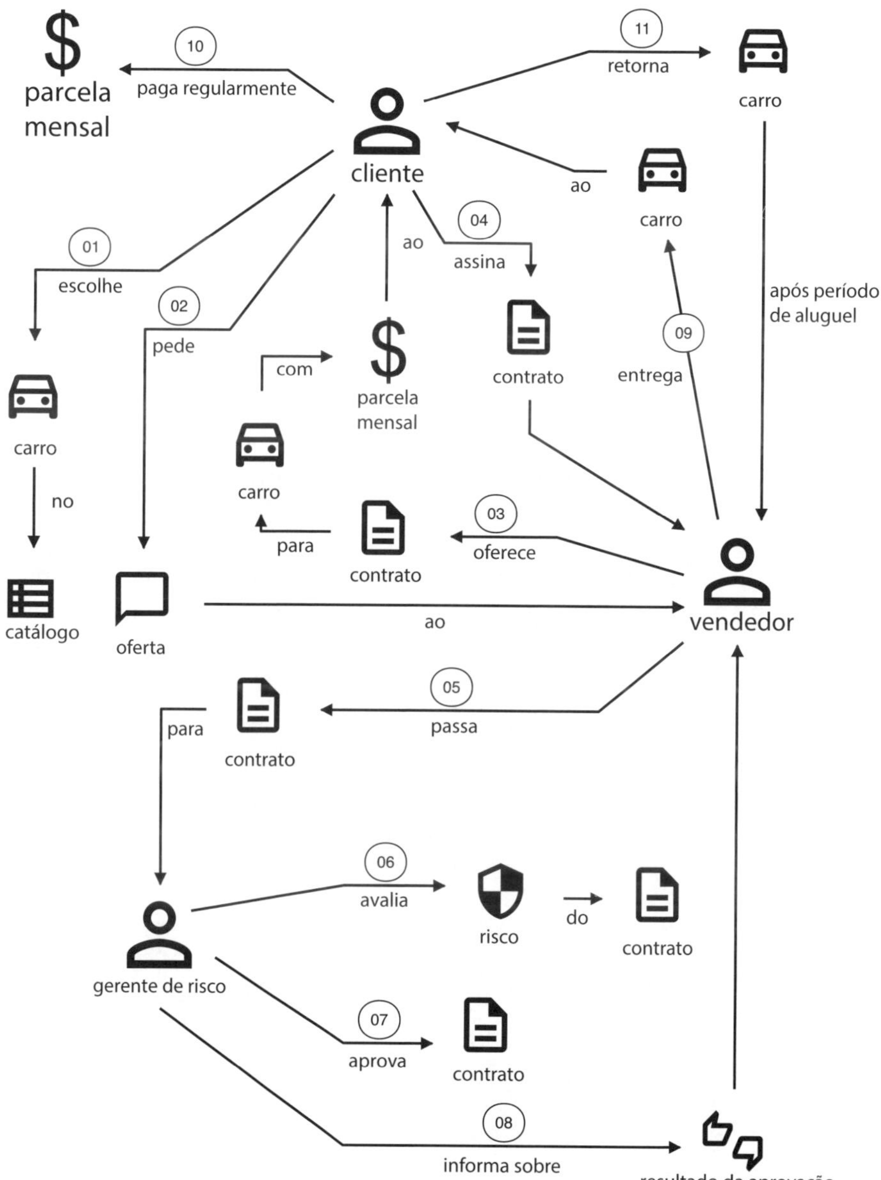

Figura 8.1 *Alphorn 1: Aluguel do carro — GRANULARIDADE GROSSA, PURO, COMO ESTÁ*

Sandy: — Isso descreve bem o que fazemos aqui na Alphorn.

Gerente de risco Raymond: — Atualmente, nós, os gerentes de risco, pegamos os contratos assinados com os vendedores. Provavelmente isso mudará no novo sistema.

Avaliação de Risco Detalhada — Entendendo um Importante Subdomínio

Após modelar como os carros são alugados para os clientes particulares na Alphorn 1 (Figura 8.1) e os clientes corporativos (omitidos aqui), estamos prontos para nos aprofundar no negócio da Alphorn. A avaliação de risco é um dos subdomínios que serão afetados pelo projeto.

Passar os contratos dos vendedores para os gerentes de risco não faz sentido se os clientes usam o serviço online. Assim, demos uma olhada mais de perto nesse subdomínio e organizamos um segundo workshop. Convidamos não apenas Raymond, mas vários outros gerentes de risco com experiência direta no negócio, assim como clientes particulares.

Vimos todas as setas que começam ou terminam no ator "gerente de risco" na Alphorn 1 (Figura 8.1) e pedimos que os participantes nos contem uma história que começa com o recebimento de um contrato proposto e termina passando o resultado da aprovação (frases de 5 a 8 em Alphorn 1). Concordamos com duas suposições. Primeiro, a história é sobre um contrato para o cliente particular. Segundo, a história tem um resultado positivo — queremos entender primeiro o caminho feliz. Então, Raymond e seus colegas nos contam a história mostrada na Figura 8.2, que chamamos de Alphorn 2.

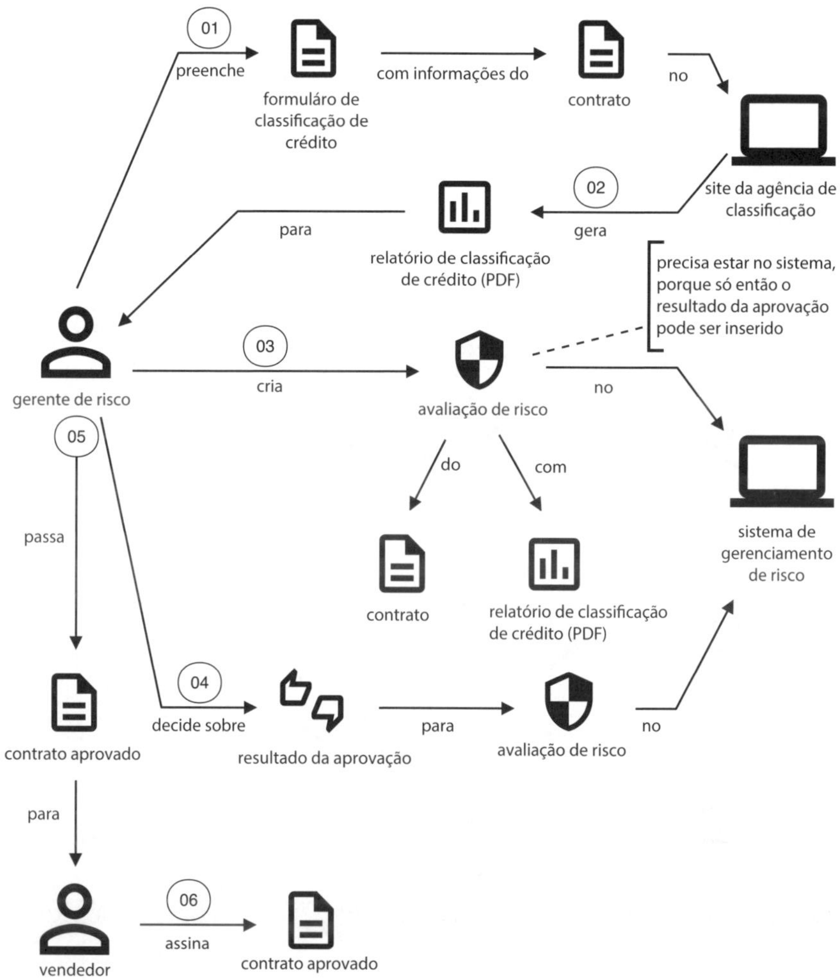

Figure 8.2 *Alphorn 2: Avaliação de risco — GRANULARIDADE FINA, DIGITALIZADA, COMO ESTÁ*

Avaliação de Risco Clara — Evite Jargões Técnicos

O processo de avaliação de risco da Alphorn parece um pouco confuso. Não temos certeza se coletamos informações suficientes para falar sobre os possíveis requisitos para o novo serviço online. Alguns termos que os especialistas usam parecem muito técnicos. Decidimos pedir que Raymond e outros gerentes de risco contem de novo a história — mas desta vez eles devem evitar toda a terminologia que adotaram no software. Fizemos a eles as seguintes perguntas:

- "Imagine que vocês estivessem fazendo isso sem computadores — como fariam?"
- "Como isso se pareceria em um processo baseado em papel?"
- "Como vocês chamariam as coisas e as informações com as quais trabalham?"

A história de domínio resultante é modelada como na Figura 8.3 e se chama Alphorn 3.

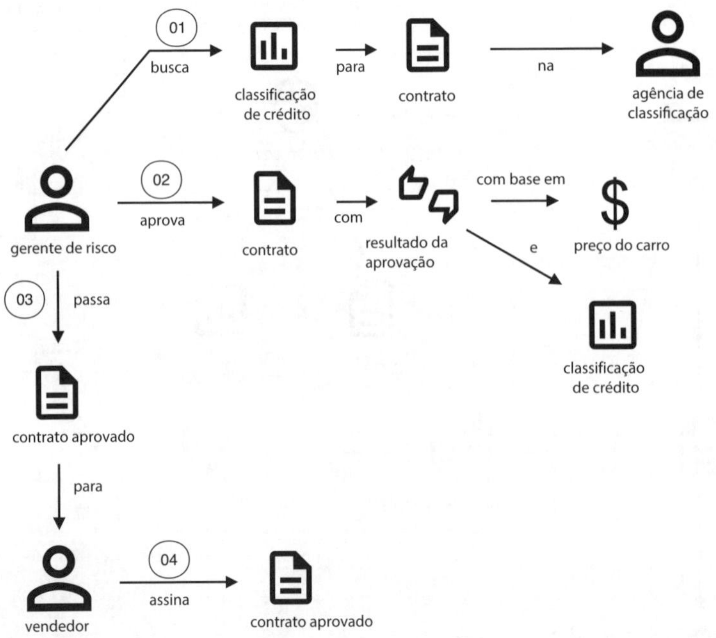

Figura 8.3 *Alphorn 3: Avaliação de risco — GRANULARIDADE FINA, PURA, COMO ESTÁ*

Avaliação de Risco Otimizada— COMO SERÁ

Assim que o processo puro está na parede, os especialistas começam a discuti-lo. O chefe de Raymond, responsável pelo departamento de gestão de risco, diz:

— Fazer o vendedor assinar o contrato resulta em um trabalho desnecessário.

Há claramente espaço para melhoria nos processos existentes. Juntos, projetamos um processo COMO SERÁ melhor — Alphorn 4 (Figura 8.4). Agora o gerente de risco assina ele mesmo o contrato, não o vendedor.

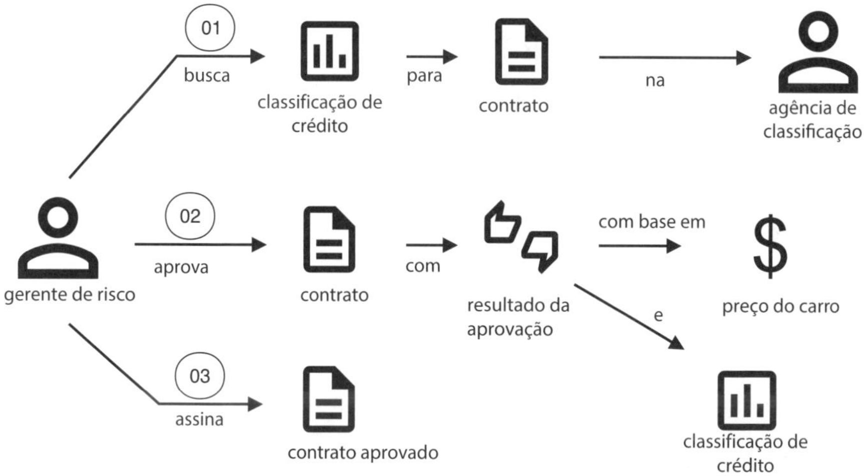

Figura 8.4 *Alphorn 4: Avaliação de risco — GRANULARIDADE FINA, PURA, COMO SERÁ*

Novo Software Introduzido— Combine Processos Comerciais e Suporte de TI

Após algumas histórias de domínio de GRANULARIDADE FINA sobre aprovar os contratos, lidar com casos especiais e avaliações de crédito inconclusivas, temos uma boa compreensão da gestão de risco da Alphorn. Ainda não conhecemos todos os detalhes do domínio (como os algoritmos para calcular os valores de revenda), mas podemos conversar com Raymond e seus colegas sobre o que eles fazem.

Agora é hora de pensar sobre como o trabalho deles será afetado pelo novo serviço online. Discutimos como o serviço online deve ser integrado no processo de gestão de risco. Uma das melhorias identificadas em Alphorn 4 (os gerentes de risco assinam os contratos) até aparece no processo DIGITALIZADO Alphorn 5 (Figura 8.5).

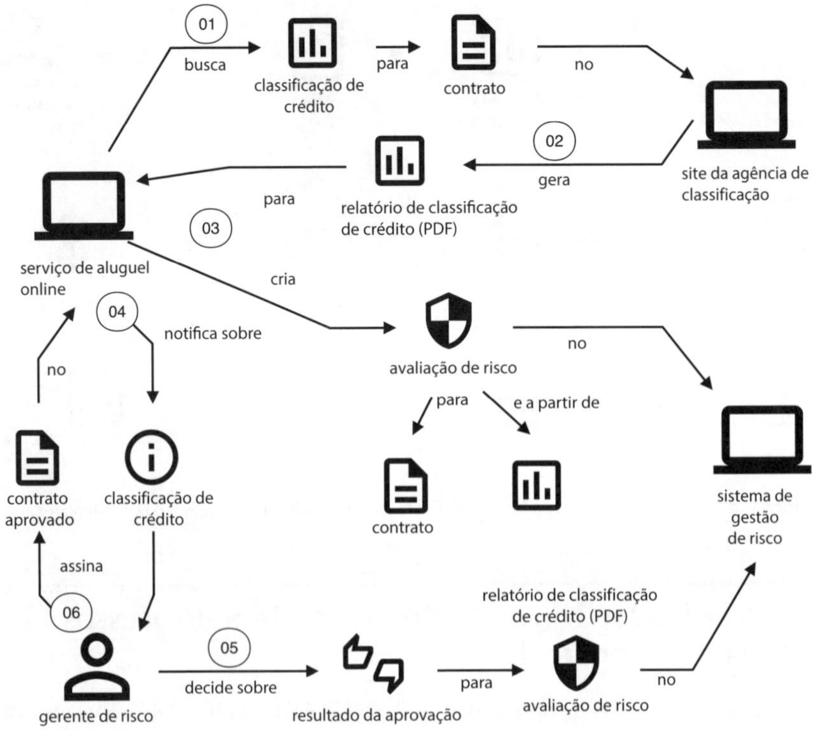

Figure 8.5 *Alphorn 5: Avaliação de risco — GRANULARIDADE FINA, DIGITALIZADA, COMO SERÁ*

Resumo

O estudo de caso Alphorn nos acompanhará em toda a Parte II. A Tabela 8.1 dá uma visão geral das cinco histórias de domínio que você leu até agora.

Tabela 8.1 *Visão Geral das Histórias de Domínio Alphorn*

Objetivo	História de Domínio	Granularidade	Ponto no Tempo	Pureza do Domínio
Explorar um novo domínio	Alphorn 1 (Figura 8.1)	GROSSA	COMO ESTÁ	PURA
Detalhar em subdomínios	Alphorn 2 (Figura 8.2)	FINA	COMO ESTÁ	DIGITALIZADA
Esclarecer um subdomínio confuso	Alphorn 3 (Figura 8.3)	FINA	COMO ESTÁ	PURA

Otimizar processos comerciais	Alphorn 4 (Figura 8.4)	FINA	COMO SERÁ	PURA
Introduzir novo software	Alphorn 5 (Figura 8.5)	FINA	COMO SERÁ	DIGITALIZADA

Durante vários workshops, surgiu um conjunto de ícones para Alphorn. A Tabela 8.2 mostra o conjunto completo de ícones para uma referência.

Tabela 8.2 *Conjunto de Ícones para Alphorn Auto Leasing Inc.*

Ícone	Bloco de Construção	Significado
	Ator	Pessoa
	Ator	Software
	Objeto de trabalho	Documento, formulário ou informação textual
	Objeto de trabalho	Relatório, classificação ou estatística
	Objeto de trabalho	Preço, taxa, parcela ou outra forma de dinheiro
	Objeto de trabalho	Notificação, evento ou informação geral
	Objeto de trabalho	Carro real ou informação sobre o carro

	Objeto de trabalho	Usado especificamente para risco
	Objeto de trabalho	Usado especificamente para resultado da aprovação
	Objeto de trabalho	Data
	Objeto de trabalho	Usado especificamente para catálogo

Após estabelecer o estudo de caso, podemos agora ver a primeira finalidade.

Capítulo 9

Aprendendo A Linguagem de Domínio

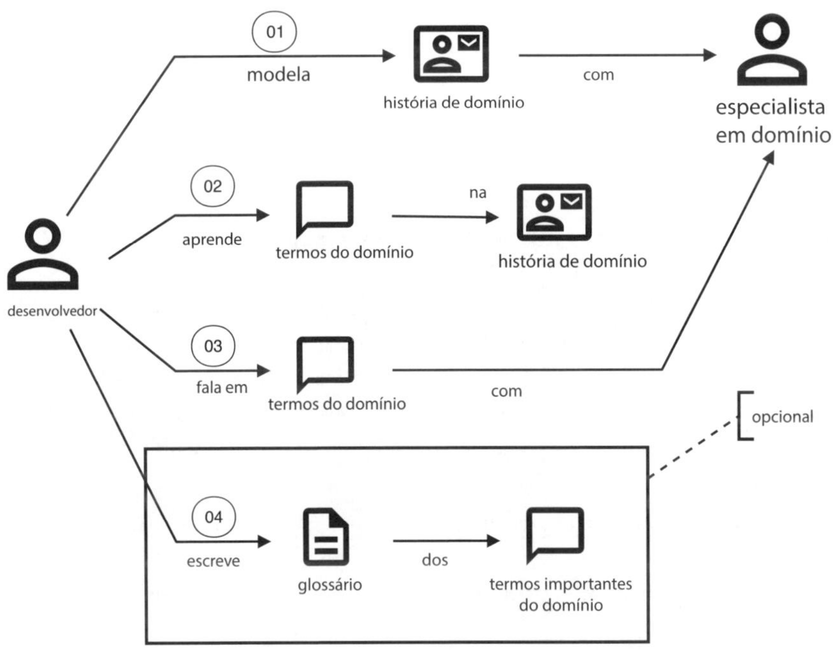

Para criar um software comercial utilizável, primeiro você precisa entender o domínio. Neste capítulo, mostraremos como o Storytelling de Domínio pode ajudar a desenvolver o conhecimento do domínio. Aprender a linguagem dos especialistas é a tarefa mais importante porque é o segredo para ter conversas eficientes sobre processos de negócio e requisitos de software.

Este capítulo é para você nos seguintes casos:

- Você é novo no domínio (por exemplo, porque é o contratante) e precisa "processar" o conhecimento do domínio.

- Deseja reunir especialistas de diferentes departamentos para cruzar os limites departamentais e desafiar as suposições.
- O software no qual você trabalha não usa os termos reais do domínio e você quer mudar isso.
- Você trabalha em uma organização na qual não existe nenhuma linguagem de domínio real e você deseja ter uma.

História sobre Obras Rodoviárias de Stefan

Há alguns anos, dois colegas e eu nos reunimos com autoridades públicas que planejavam fazer obras rodoviárias para uma cidade grande. Eles tinham uma pergunta simples: como o software pode nos ajudar a coordenar melhor nossos canteiros de obra?

Para responder a essa pergunta, tivemos que aprender sobre um domínio com o qual não tínhamos nenhuma experiência anterior. Precisávamos entender como os especialistas trabalham, com o que trabalham e quais problemas têm. Precisávamos falar com os especialistas sobre o *espaço do problema* e propor ideias para o *espaço da solução*.

Antes de nosso primeiro workshop, perguntamos ao cliente sobre sua organização e quais departamentos e funções estavam envolvidos ao planejar a obra rodoviária. O número era surpreendentemente alto, pois diferentes departamentos eram responsáveis por planejar diferentes tipos de rua. O mesmo acontecia com pontes, túneis etc. Para conhecer cada departamento e função envolvida, agendamos três workshops, cada um com três horas de duração. Cerca de sete especialistas de diferentes departamentos participaram de cada workshop.

Nesses workshops, perguntamos aos participantes sobre suas responsabilidades. Coletamos as respostas em um diagrama de casos de uso que projetamos na parede. Em um workshop, um especialista reclamou:

— Ah, não, por que temos que modelar nossos processos de negócio de novo?

Ele apontou para uma prateleira cheia de pastas.

— É só olhar o que vocês precisam em nossa documentação!

Mas tivemos a sensação de que as respostas que queríamos não estavam na documentação, ou tão escondidas lá, que teríamos muita dificuldade para encontrá-las. Asseguramos ao especialista que veríamos a documentação mais tarde. Depois de coletar alguns casos de uso e descobrir quais eram altamente cooperativos, usamos o Storytelling de Domínio para nos aprofundar no domínio. Após algumas frases, até aquele especialista cético percebeu que não era um workshop de modelagem de processos de negócio comum.

Em pouco tempo descobrimos que um gerente de projeto para a obra rodoviária tem dezenas de fatores a considerar quando planeja seu trabalho. Todo canteiro de obras deve ser planejado no contexto de todos os outros canteiros dentro de um prazo e área variados. Durante os três workshops, coletamos quarenta casos de uso e fizemos os especialistas nos contarem histórias de domínio.

Esse conjunto de conhecimento adquirido foi suficiente para entender o espaço do problema. Em um quarto workshop, apresentamos nossas descobertas e perguntamos:

— Esse é o problema que vocês querem que nós resolvamos?

Os especialistas participantes balançaram a cabeça, concordando.

O conhecimento obtido com as cinco histórias de domínio nos permitiu conversar com nosso cliente sobre o problema dele. Claro, tivemos que nos aprofundar no domínio para propor soluções. Durante os workshops, os especialistas mencionaram reuniões e documentos que têm um papel ao coordenar a obra rodoviária. Rapidamente, surgiram em nossa mente ideias para planejar o espaço da solução. Elaboramos com base nessas ideias usando outras histórias de domínio de GRANULARIDADE FINA e criamos um protótipo. Quatro meses após o primeiro workshop, tínhamos um software funcional.

Falando e Ouvindo para Nos Entender

Nossa experiência ao aprender outros idiomas é que você precisa ouvir outras pessoas falarem esse idioma. Repetir o que você ouve e prestar atenção no feedback. Aos poucos, você progredirá de palavras individuais para frases e orações completas. Quanto mais você falar, mais rápido aprenderá.

No Storytelling de Domínio, você pode empregar os mesmos princípios quando aprende uma nova linguagem de domínio. Deixe que os especialistas lhe contem uma história. Enquanto você registra a história, repita o que ouviu. E pergunta sobre os termos com os quais não está familiarizado.

Infelizmente, é fácil para nós, seres humanos, nos entendermos mal. Para evitar os equívocos, entra em cena a modelagem visual. Os especialistas podem ouvir *e* ver se você entende corretamente a história deles. Ter dois canais de feedback é melhor do que um. Depois de algumas histórias, você conseguirá conversar sobre pessoas, tarefas, ferramentas, objetos de trabalho e eventos nesse domínio.

De Volta ao Exemplo de Aluguel

No estudo de caso do Capítulo 8, exploramos o domínio de aluguel com a história de domínio de GRANULARIDADE GROSSA Alphorn 1 (Figura 8.1). Aprendemos substantivos como "contrato" e verbos como "assinar". Então fomos para as histórias de domínio de GRANULARIDADE FINA e PURAS no subdomínio da avaliação de risco. Muitos rótulos nessas histórias têm termos da linguagem de domínio. Vamos revisitar Alphorn 4 (Figura 9.1). Enquanto modela, fique atento às palavras que você não entende. Na frase 1, por exemplo, o que é exatamente "classificação de crédito"?

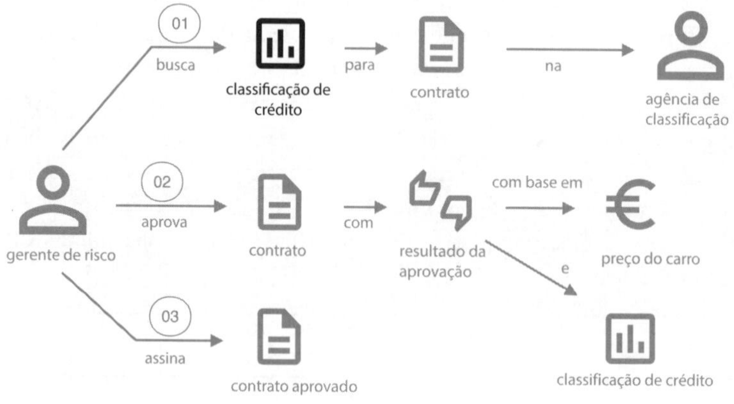

Figura 9.1 *Alphorn 4: Avaliação de risco — GRANULARIDADE FINA, PURA, COMO SERÁ*

Henning pergunta ao especialista sobre isso — Raymond, o gerente de risco — pedindo o significado das palavras. Stefan coloca a resposta em uma anotação (Figura 9.2).

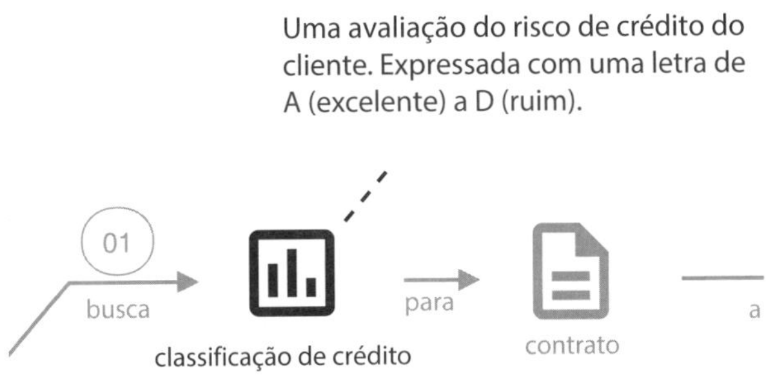

Figura 9.2 *Definição de um termo do domínio*

Para aprender uma linguagem de domínio, é melhor focar nas histórias PURAS, pois elas não estão contaminadas pelo jargão técnico que costuma vir com os sistemas de softwares. Todos os níveis de granularidade podem ser interessantes. Para aprender uma linguagem, você deve começar com as histórias de domínio COMO ESTÃO. Depois, ao desenvolver mais a linguagem, vá para as histórias COMO SERÃO.

As histórias de domínio são um bom modo de começar a aprender uma linguagem de domínio. Mas, normalmente, elas não são o único caminho que você pode seguir para se tornar fluente. Nas próximas seções, discutiremos brevemente as técnicas que complementam o Storytelling de Domínio.

Escrevendo Glossários

Escrever um glossário é ótimo para documentar o que você aprendeu. Porém, quais termos devem ser incluídos? Definir *todos* os termos do domínio é algo aborrecido, e muitas dessas definições não ajudarão ninguém. Inclua apenas os termos que merecem explicação. Nas histórias de domínio, é fácil identificar quais termos devem fazer parte do glossário: em geral, eles têm uma anotação de sua definição. Mas, claro, pode valer a pena ter uma entrada também para os nomes dos objetos de trabalho, das atividades e dos atores.

Dependendo da ferramenta de modelagem, existem diferentes métodos para extrair o glossário de uma história de domínio.

Em um cenário analógico, notas adesivas grandes são uma boa escolha. Coloque o termo como o cabeçalho em letras grandes no topo, então escreva a definição embaixo com letras menores, como na Figura 9.3.

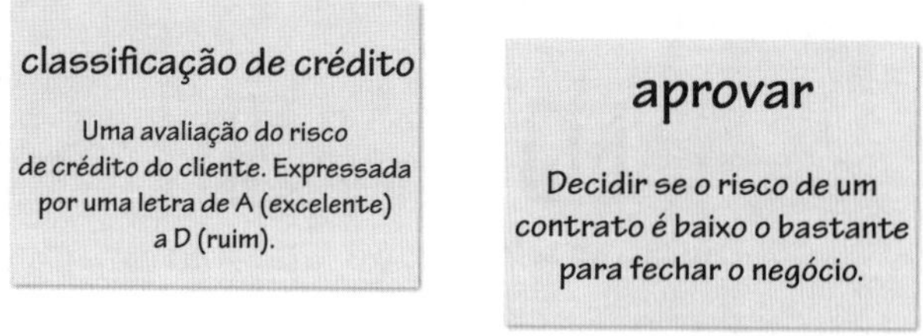

Figura 9.3 *Glossário em notas adesivas*

Coloque as notas adesivas em uma parte separada da parede ou do quadro branco. Assim, você consegue reunir as definições dos termos a partir de várias histórias de domínio.

Ao usar uma ferramenta digital, uma planilha simples em arquivo pode ser o formato certo. O resultado é a Tabela 9.1 com termos e definições.

Tabela 9.1 *Fragmento do Glossário da Gestão de Risco*

Termo	Definição
classificação de crédito	Uma avaliação do risco de crédito do cliente. Expressada por uma letra de A (excelente) a D (ruim).
aprovar	Decidir se o risco de um contrato é baixo o bastante para fechar o negócio.

Aqui, mais uma vez você consegue ver que não só os *substantivos* são relevantes. Entender os *verbos* é igualmente importante.

Manter um glossário pode ser complicado. Trabalhamos com equipes que tinham seus glossários atualizados tornando-os parte de um manual do usuário. Ainda assim, em muitos projetos os glossários não são atualizados e logo ficam ultrapassados. Mas isso não é, necessariamente, um grande problema. Se escrever o glossário o ajudou a aprender a linguagem, então vale o esforço.

Se você consegue consultar um glossário existente, então economiza tempo. Entretanto, não confunda um glossário com um atalho que permite evitar conversas com especialistas do domínio. Afinal, você consideraria aprender outro idioma só lendo um dicionário?

Observando Como as Pessoas Trabalham

Observar como as pessoas trabalham pode ser esclarecedor para entender um domínio e, assim, complementa o Storytelling de Domínio. Contudo, seria difícil aprender sobre um domínio só observando os especialistas, sem conversar com eles. Veja uma analogia de Heinz Züllighoven:

> ### Observando um Cozinheiro
>
> Imagine você observando um cozinheiro mexendo um molho de tomate. Você marca o tempo dele mexendo o molho por exatos 5 minutos. Daí, conclui que o molho sempre deve ser mexido por 5 minutos. Você repete o processo em casa, mas após 5 minutos mexendo, o molho ainda está ralo como uma sopa. O tempo não era o fator decisivo. O que você não percebeu é que o cozinheiro mexeu o molho até ele estar na consistência certa.

Há métodos etnográficos mais elaborados do que só observar em silêncio os especialistas. Por exemplo, você pode fazer uma entrevista de *investigação contextual* [Holtzblatt *et alii* 2005]. O entrevistador observa os especialistas, mas ambos também discutem sobre as atividades do especialista e o entrevistador compartilha suas interpretações e insights.

As técnicas de observação ajudam a descobrir uma informação desconhecida e implícita. Você pode notar coisas que os especialistas não contariam em um workshop de Storytelling de Domínio porque pareciam triviais demais ou irrelevantes para eles. Essas técnicas funcionam melhor se você tem, ao menos, algum conhecimento prévio do domínio, pois sem contexto seria difícil decidir sobre quais atividades você deveria observar. Você também teria uma capacidade limitada para interpretar o que vê.

Não Podemos Apenas Ler os Documentos?

Que tal pular a modelagem e aprender a linguagem de domínio nos documentos existentes? Infelizmente uma boa documentação é difícil de encontrar e mais difícil ainda de escrever. Pressupomos que é um dos motivos para os atores do Manifesto Ágil preferirem "Um software funcional acima da documentação completa". [Beck *et alii* 2001]. Em algumas organizações, você encontrará modelos de processo, manuais, diretrizes, glossários, especificações, regulamentações e muitos outros documentos que contêm a linguagem de domínio. Em outras, você não encontrará nenhuma documentação. Ao menos assim, você não tem que determinar quais documentos são relevantes e se eles ainda são válidos e atualizados.

Pode ser um desafio escolher entre usar a documentação existente e iniciar do zero. O que funcionou para nós é primeiro aprender uma linguagem de domínio com o Storytelling de Domínio, então revisar a documentação existente. Isso facilita muito decidir o que ler e o que fazer com a informação encontrada.

As Organizações Falam Muitas Linguagens de Domínio

Quando você pedir a um grupo diverso de pessoas para contar uma história de domínio de GRANULARIDADE GROSSA, notará inconsistências e generalizações. O motivo é que os participantes trabalham em subdomínios diferentes. Por exemplo, a Alphorn como empresa está claramente no domínio de "aluguel" e já descobrimos um subdomínio, a "avaliação de risco" (Veja o Capítulo 8, "Estudo de Caso – Alphorn Auto Leasing Inc."). Esse é o *domínio central* da empresa. Significa que é a essência do negócio. Em geral, descobriremos uma linguagem de domínio rica e única em um domínio central. Mas uma empresa de aluguel também precisa de contabilidade, marketing e muitas outras capacidades que podem ser consideradas domínios em si. Isso quer dizer que as pessoas convidadas falam linguagens de domínio diferentes, embora todas trabalhem para uma empresa de aluguel.

As organizações não falam uma linguagem de domínio unificada e universal!

Na história sobre obras rodoviárias de Stefan, que abriu este capítulo, os especialistas vinham de domínios centrais. Todos eles planejavam obras rodoviárias. O "dialeto" deles diferia um pouco, pois alguns planejam estradas e outros pontes, mas o workshop inteiro tratava das partes da tarefa em que eles têm que trabalhar juntos. Daremos outro exemplo de um domínio diferente, mas desta vez os subdomínios usam linguagens diferentes:

História sobre Webgames de Stefan

Moderei um workshop de Storytelling de Domínio para uma empresa que desenvolve um marketplace para webgames. O serviço prestado pela empresa permite que os clientes joguem a partir de vários revendedores, com uma única conta. Em nossa primeira história de domínio de GRANULARIDADE GROSSA, um novo cliente se registrava, colocava dinheiro na conta e começava a usar um dos serviços fornecidos.

Os especialistas em domínio não conseguiam concordar com o que é uma "conta" e quais atividades são associadas a ela. Alteramos a história de domínio muitas vezes, mas sempre alguém tinha uma objeção. Quando

> pedi detalhes sobre a conta, descobrimos que havia duas contas separadas para cada cliente. Uma estava ligada ao cliente (alguns a chamavam de "conta do cliente") e a outra estava associada aos jogos (conhecida por alguns como "conta do jogo"). Desse ponto em diante, usamos dois ícones do objeto de trabalho separados para os dois tipos de conta. Assim, os especialistas tiveram que ser explícitos sobre qual conta eles estavam falando.
>
> Mais tarde, diferenciar os dois tipos também foi essencial para convidar as pessoas certas para os workshops de acompanhamento, nos quais queríamos modelar histórias de domínio de GRANULARIDADE FINA.

Nessa história, o termo "conta" acabou tendo dois significados diferentes, dependendo do contexto (quase como um *homônimo*). Em um contexto, "conta" se refere às informações de cobrança e pagamento de um cliente. Em outro, "conta" significa o comportamento do cliente, por exemplo, quais jogos eles jogam. Essa é uma descoberta importante! Descobrir tais detalhes melhorará muito sua comunicação com os especialistas.

Além dos homônimos, você também encontrará *sinônimos* — palavras diferentes com o mesmo significado. Os sinônimos podem ter origem em diferentes subdomínios.

Tenha cuidado: mesmo que você seja novo em um domínio a ponto de precisar entender as coisas em um nível de GRANULARIDADE GROSSA, não descreva em termos gerais. Deixe que os especialistas lhe deem um exemplo concreto. Isso o ajudará (e a eles!) a verificar se termos como "conta", "cliente", "produto" etc. são usados ou não com o mesmo significado.

Ter diferentes linguagens em diferentes subdomínios é natural. As tentativas de eliminá-las e substituí-las por uma linguagem unificada normalmente não têm sucesso (veja o Capítulo 10, "Descobrindo os Limites"). Você não deve tentar lidar com as diferenças na linguagem criando abstrações ou sintetizando uma linguagem artificial. Ao contrário, use anotações para indicar os sinônimos e os homônimos em suas histórias de GRANULARIDADE GROSSA. Para resolver as diferenças nas linguagens, é preciso entrar nos subdomínios com histórias de GRANULARIDADE FINA e COMO ESTÃO, elaborando uma linguagem clara que seja específica do subdomínio. No DDD, isso se chama *linguagem ubíqua*.

Usando Línguas Naturais

Uma linguagem de domínio se baseia em línguas naturais, como francês, árabe, hindi, nauatle etc. Os exemplos que usamos neste livro estão em português apenas, mas gostaríamos de mostrar que o Storytelling de Domínio também funciona com outras línguas naturais. Vejamos alguns exemplos do cotidiano. Começamos com uma ilustração na primeira língua[1] dos autores na Figura 9.4.

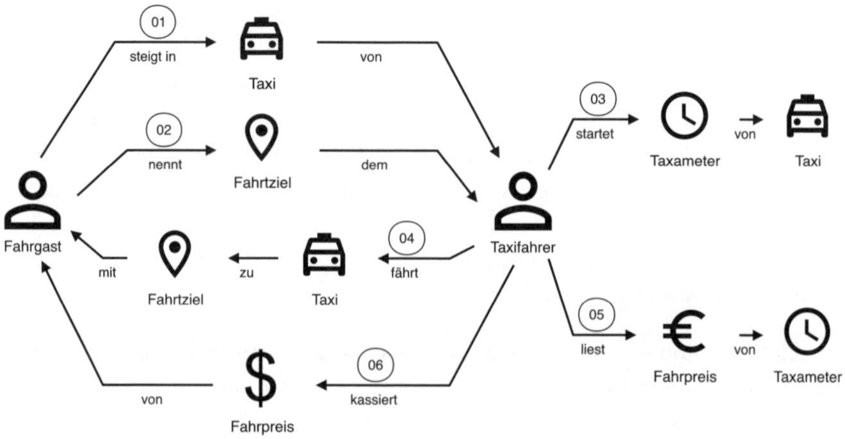

Figura 9.4 *Em alemão: viajando de táxi*

O alemão escrito se baseia no latim (como o português, mas com ligadura ß e tremas — veja "ä" na frase 4). O Storytelling de Domínio também funciona com outras escritas: a Figura 9.5 usa a escrita persa (farsi) moderna (que se baseia no árabe, portanto é feita da direita para a esquerda) e a Figura 9.6, a escrita chinesa.[2]

Em geral, você usará a língua natural dos especialistas para modelar. Nos workshops compostos por pessoas que falam línguas diferentes, costuma haver uma língua comum que possa ser usada.

Se uma organização opera em vários países, pode haver até várias "línguas comerciais" naturais. Recomendamos seguir a ideia da linguagem ubíqua e evitar ao máximo as traduções. Por vezes, uma equipe internacional pode pedir uma exceção. Mas fique atento: muitas palavras não podem ser traduzidas sem perda de informação, mudança no significado ou simplesmente não podem.

1 [N. do A.] Stefan nasceu na Áustria e Henning, na Alemanha.

2 Agradecemos a Samaneh Javanbakht e Isabella Tran pela tradução e pela transcrição.

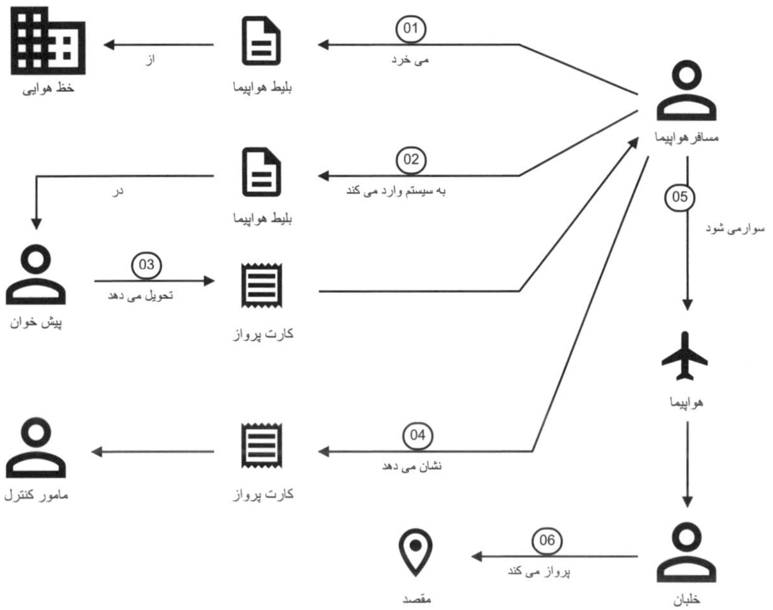

Figura 9.5 *Em farsi: viajando de avião*

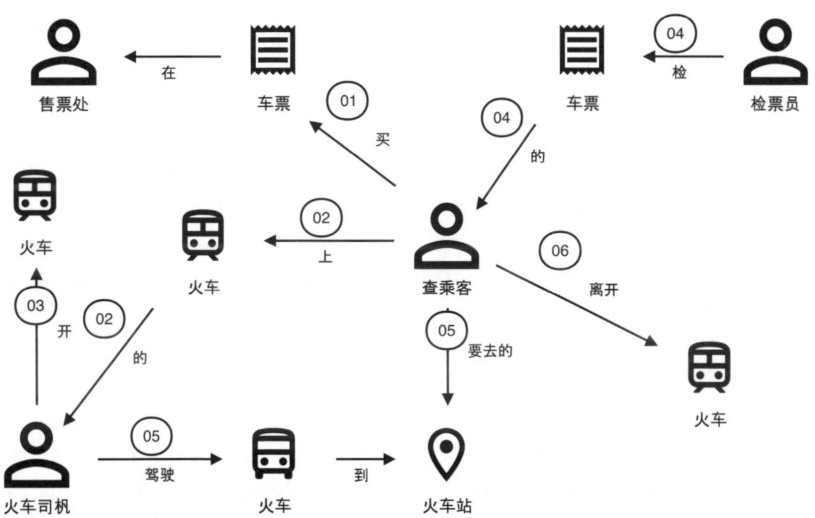

Figura 9.6 *Em chinês: viajando de trem*

Perda na Tradução

Muitas organizações utilizam *analistas de negócio* ou *engenheiros de requisitos* que atuam como intermediários entre especialistas e desenvolvedores. Essas funções costumam ser interpretadas como "tradutores" profissionais que pegam a informação dos especialistas em domínio e a traduzem nos requisitos que as equipes de desenvolvimento podem implementar. Por vezes, até o *proprietário do produto* do Scrum [Rubin 2013] é implementado como a função de "tradução", não como a função de "proprietário".

Bons tradutores são difíceis de encontrar. Eles têm muita responsabilidade. É fácil perder as nuanças na tradução. Os tradutores podem fazer suposições e comunicá-las como fatos ou podem não ter o conhecimento técnico necessário para fazer as perguntas certas para o desenvolvimento do software.

No entanto, muitos analistas de negócio e engenheiros de requisitos têm habilidades que às vezes faltam aos especialistas — como conseguir articular o que é esperado de uma parte do software ou encontrar o nível certo de abstração. E mais, muitos desenvolvedores não conseguiriam obter a informação certa com os especialistas por si mesmos.

Não aconselhamos ter intermediários trabalhando como tradutores porque os desenvolvedores podem ser levados a acreditar que não há mais necessidade de eles aprenderem a linguagem de domínio. Ao contrário, faz sentido usar as habilidades dos analistas de negócio e dos engenheiros de requisitos para fechar a lacuna entre o negócio e a TI por meio da moderação e da facilitação. Elas devem ajudar os especialistas e os desenvolvedores a se comunicarem.

Os moderadores podem ajudar a equipe de desenvolvimento a ficar fluente na linguagem de domínio.

Assim, sugerimos adicionar a função do moderador à sua equipe de desenvolvimento multifuncional. Essa função pode ser assumida por qualquer pessoa na equipe com as habilidades necessárias. Um analista de negócio ou um engenheiro de requisitos seria bom para essa função, permitindo que eles se integrem na equipe de desenvolvimento. O objetivo do moderador é ajudar a equipe de desenvolvimento a ficar fluente na linguagem de domínio. Eles fazem isso facilitando e ensinando uma modelagem em colaboração, com métodos como o Storytelling de Domínio.

O que Ler Depois?

As diferenças na língua são um bom modo de aprender sobre os limites que existem dentro de uma organização. Os contextos definidos pelas diferentes linguagens de domínio falam mais sobre a estrutura de uma organização do que os organogramas e o escopo dos softwares existentes. Por isso, as linguagens podem ser usadas como um guia para dividir os softwares monolíticos ou encontrar um bom escopo para um novo software. Isso será tratado no Capítulo 10, "Descobrindo os Limites".

Assim que você conseguir falar uma linguagem de domínio, consegue falar sobre os requisitos com mais eficiência. Mostraremos outras maneiras de como o Storytelling de Domínio pode ajudar na extração dos requisitos no Capítulo 11, "Trabalhando com Requisitos".

A linguagem se torna ubíqua sendo usada no código-fonte. Quais termos do domínio usar como nomes para classes, métodos, funções e variáveis é o assunto do Capítulo 12, "Modelando no Código".

Por fim, existem outras técnicas de modelagem colaborativa que são úteis para aprender uma linguagem (Veja o Capítulo 7, "Relação com Outros Métodos de Modelagem"). Às vezes, combinar os métodos pode ser útil também. Por exemplo, o *Mapeamento de Exemplo* é um bom complemento para o Storytelling de Domínio.

Capítulo 10

Descobrindo os Limites

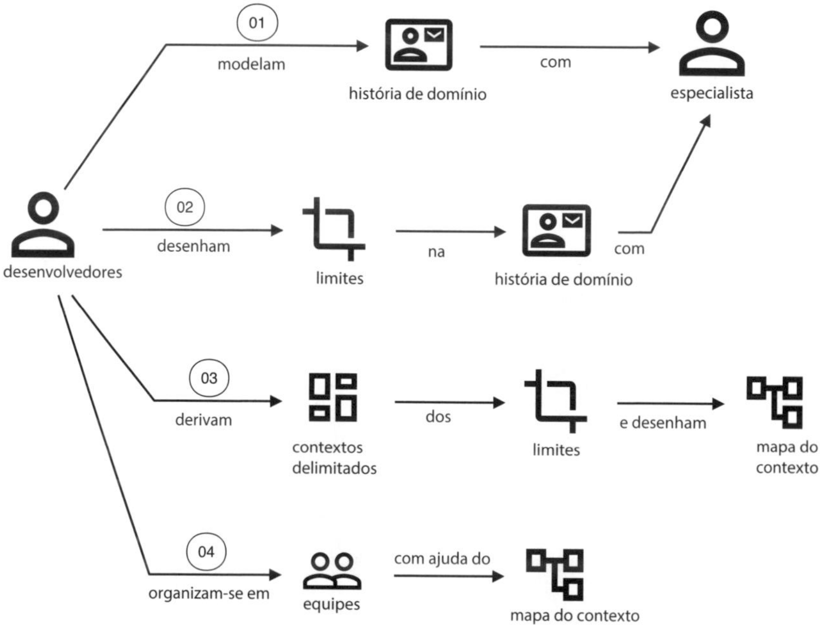

Muitos domínios são grandes demais para serem entendidos e modelados por inteiro. Em tais casos, é preciso dividi-los em unidades gerenciáveis. Neste capítulo, elaboramos uma etapa importante nesse processo: encontrar os limites entre os subdomínios.

Este capítulo é para você nos seguintes casos:

- Você está lidando com um bloco monolítico e deseja reorganizá-lo ou dividi-lo em partes mais gerenciáveis.
- Você deseja projetar microsserviços ou sistemas independentes.
- Você deseja aplicar o DDD e tem dificuldade para identificar os contextos delimitados.

- Sua equipe de desenvolvimento ficou grande demais para trabalhar com eficiência e você quer dividi-la em várias equipes.
- Você já tem mais de uma equipe de desenvolvimento e deseja descobrir como pode organizar o trabalho dessas equipes.

Neste capítulo, veremos alguns termos de desenvolvimento de software e conceitos que explicaremos brevemente. Para obter mais detalhes, veja as referências fornecidas. Em particular, faremos referência ao seguinte:

- Vocabulário DDD estratégico, como *subdomínio*, *contexto delimitado* e *mapa do contexto* [Vernon 2016]
- Estilos de arquitetura (*monolítica*, *modular* [Lilienthal 2019], *microsserviços* [Newman 2015] e *sistemas independentes* (site SCS])
- Princípios para organizar as equipes de desenvolvimento, como *equipes multifuncionais* [Rubin 2013] e a *Lei de Conway* [Conway1968]

História sobre Manutenção de Aeronaves de Henning

Uma grande companhia aérea me procurou e pediu para estruturar um grande sistema para a manutenção técnica de seus aviões. Um sonho de criança se tornou realidade quando o gerente de TI fez um tour pelos hangares e me mostrou como os mecânicos trabalhavam nos aviões. Havia pequenos e grandes; um ponto alto foi quando subimos em um 747 para ver toda a tecnologia diferente empregada em uma aeronave moderna.

De volta ao escritório, nós nos reunimos com um grupo de vinte pessoas. Começamos modelando os processos de negócio mais importantes da manutenção de aeronaves. Desenhamos histórias de domínio de GRANULARIDADE GROSSA e PURA. Essa visão geral se mostrou útil para colocar todos no mesmo ponto e descobrir o que ainda tínhamos que fazer.

Os especialistas em domínio me disseram que as frases nas histórias podiam ser consideradas processos de negócio por si só. Na verdade, grande parte dos objetos de trabalho aparecia apenas uma vez por história de domínio. Para mim, cada uma das frases (aparentemente no nível da nuvem) lembrava um pouco um item de um checklist, não frases que se sobrepõem para criar uma história atraente. Desconfiei que cada frase estaria em seu próprio contexto, provavelmente em até mais de um.

Tivemos que diminuir o escopo para identificar os limites úteis no domínio, então marcamos uma série de workshops de acompanhamento. Cada um teve de cinco a oito participantes que eram especialistas na respectiva área.

> Nos workshops de acompanhamento, nos aprofundamos no domínio enquanto modelávamos a GRANULARIDADE GROSSA, agora no nível da pipa. Nas histórias que surgiram, descobrimos grupos de atividades coerentes. Esses grupos rapidamente se desenvolveram em vinte candidatos para contextos delimitados.
>
> O mapa do contexto que extraímos das histórias de domínio se tornou, mais tarde, a base para a organização das equipes e a nova arquitetura do sistema.

A Alegria de Múltiplos Modelos

Um único modelo conceitual é um animal difícil com o qual trabalhar.

— Martin Fowler [Fowler 2003b]

Um dos desafios ao criar softwares é estruturá-los de um modo compreensível para os desenvolvedores. Se um domínio é muito grande para ser entendido por inteiro, então é grande demais para ser modelado no software como um todo. Uma solução melhor é ter vários modelos que cobrem as partes independentes de um domínio. Isso permite que o software e a equipe de desenvolvimento cresçam.

Enquanto escrevemos este livro, a divisão de blocos monolíticos é um dos temas mais populares no desenvolvimento de software. Também é um dos maiores problemas que alguns clientes têm. Vimos muitos sistemas antigos grandes (>1.000.000 LOC) que tinham uma arquitetura técnica adequada e, contudo, eram considerados uma *grande bola de lama* [Foote/Yoder 1997] por seus desenvolvedores.

Muitos desses softwares quase incompreensíveis são o resultado de uma má interpretação fundamental: que o software deve ser baseado em um único modelo comum do domínio. E que esse modelo é claro. E que deve conter todas as propriedades do mundo real com o máximo de detalhes possível.

O DDD usa o termo *modelo de domínio*, mas não significa um modelo único pata toda a empresa. Se uma organização inteira é descrita com apenas um modelo, todo requisito de software precisa ser entendido no contexto desse único modelo. O problema dessa abordagem é que o modelo fica cada vez maior. Ele tende a se tornar um emaranhado que não pode ser entendido por inteiro. Um modelo do tipo *grande bola de lama* leva a um software do tipo *grande bola de lama*.

O DDD reconhece que, na vida real, há muito mais que apenas uma verdade, e uma empresa precisa de vários modelos de domínio. Veja os conceitos de domínio centrais em sua organização, por exemplo, "conta", "cliente", "consumidor" ou "produto". As pessoas usarão o mesmo termo com diferentes significados em diferentes partes do domínio — os chamados subdomínios têm seu próprio modelo de domínio.

> "Um "único" modelo como fonte da verdade pura e clara é uma ilusão.

Heurística para Encontrar Subdomínios

Uma boa compreensão dos subdomínios ajudará a identificar os limites técnicos na forma de microsserviços [Newman 2015], sistemas independentes [site SCS] ou módulos em um bloco monolítico [também chamado de *monólito modular* ou *modulítico* por alguns).

Descobrimos que as histórias de domínio podem ajudar a definir os limites em um domínio: você pode usar as histórias para descobrir quais atividades — da perspectiva de um especialista — ficam juntas. Assim, o domínio pode ser dividido em subdomínios. Consideramos isso uma heurística, não uma regra rígida.

> Os subdomínios consistem em atividades que ficam juntas da **perspectiva de um ator**.

Aplicando a Heurística

Esta "receita" descreve nossa heurística:

1. Descubra os cenários significativos que cobrem o básico do domínio.
2. Modele esses cenários como histórias de domínio. O escopo deve ser de GRANULARIDADE GROSSA, COMO ESTÁ e PURO (veja o Capítulo 4, "Escopo"). A granularidade grossa é o nível da nuvem ou da pipa. As histórias PURAS funcionam melhor, porque são sobre atividades não contaminadas pelos softwares atuais. Provavelmente você desejará acabar com o impacto dos sistemas existentes na organização e começar a pensar nos subdomínios do zero.
3. Na história de domínio (ou histórias), encontre as atividades que ficam juntas. (Para ajudá-lo a encontrar atividades coesas, compilamos alguns indicadores na próxima seção).

4. Agrupe as atividades para que os limites dos subdomínios fiquem visíveis. Como podem atuar em mais de um subdomínio, coloque os atores fora dos grupos para deixar claro que eles não são considerados parte do subdomínio.

Agora aplicaremos essa receita na Alphorn.

De volta ao Exemplo de Aluguel

Já percorremos as etapas 1 e 2 juntos com a vendedora Sandy, o gerente de risco Raymond e o agente de atendimento ao cliente Charley no Capítulo 8, "Estudo de Caso – Alphorn Auto Leasing Inc.". Junto com eles, modelamos um cenário de caminho feliz como a história de domínio de GRANULARIDADE GROSSA Alphorn 1 (reimpressa na Figura 10.1).

Agora faremos as outras etapas.

Quando perguntamos aos especialistas quais atividades ficam juntas, Sandy, a vendedora disse:

— As frases de 1 a 5, que é a parte "proposta" da história. Assim que passei o contrato para o gerente de risco, isso literalmente saiu das minhas mãos.

Agrupamos essas atividades e as nomeamos de acordo (Figura 10.2).

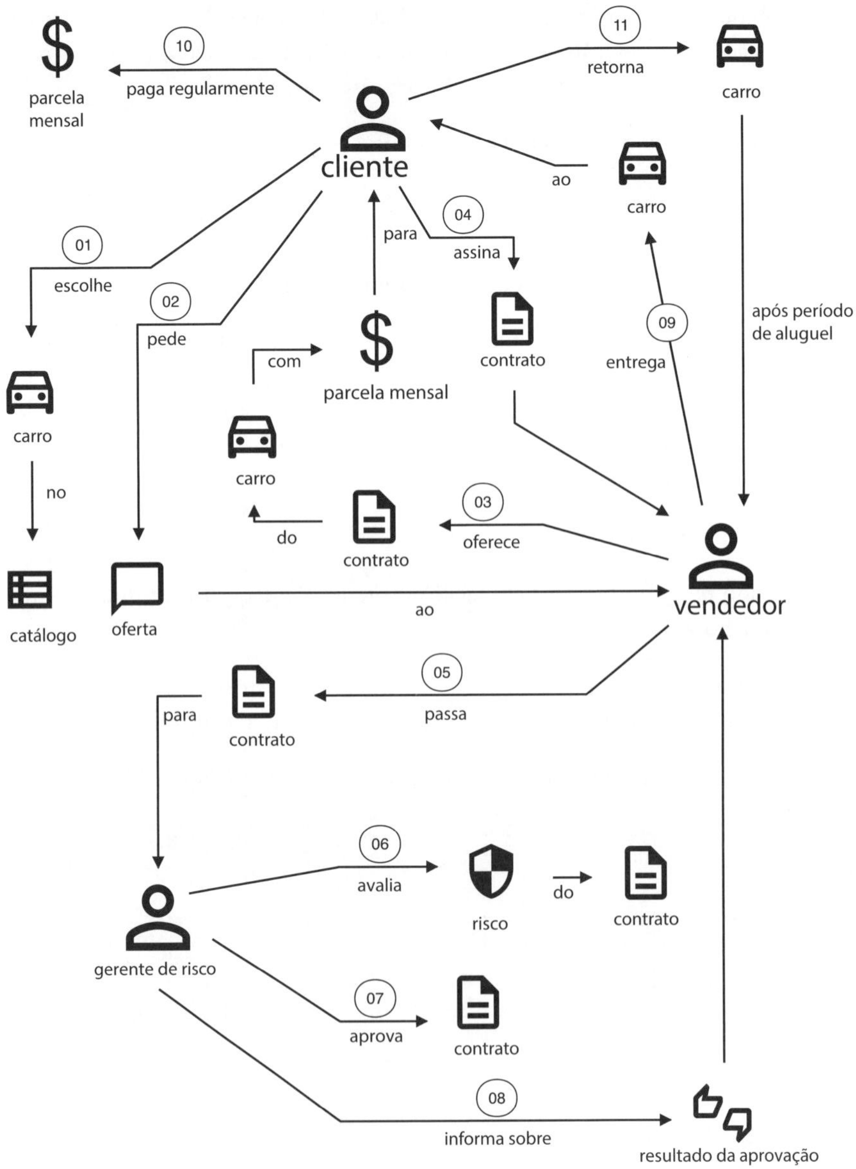

Figura 10.1 *Alphorn 1: Alugando um carro — GRANULARIDADE GROSSA, PURA, COMO ESTÁ*

Em seguida, perguntamos a Raymond se a parte dos gerentes de risco na história deve ser agrupada em um ou vários conjuntos de atividades. Ele respondeu que as frases de 6 a 8 ficam juntas. Cada contrato deve ser processado assim. Concordamos com um nome para esse grupo de atividades — "avaliação de risco" (Figura 10.3).

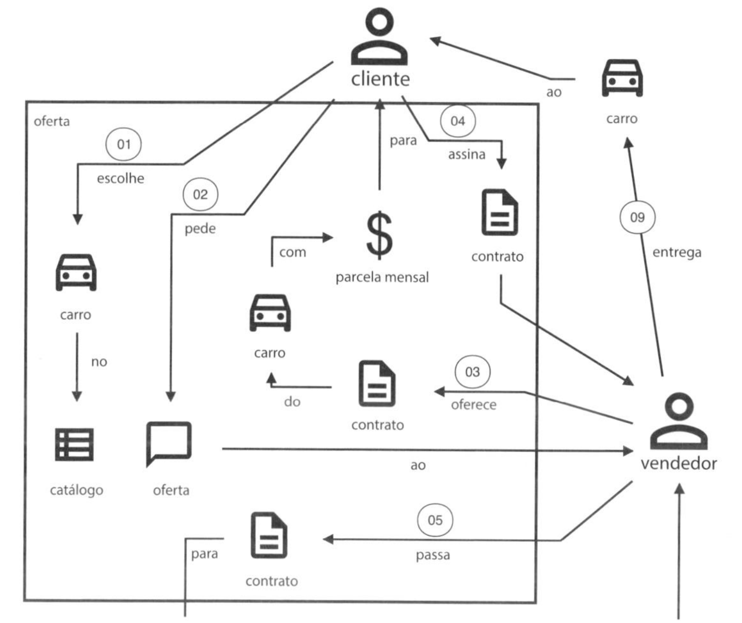

Figura 10.2 *Subdomínio "proposta"*

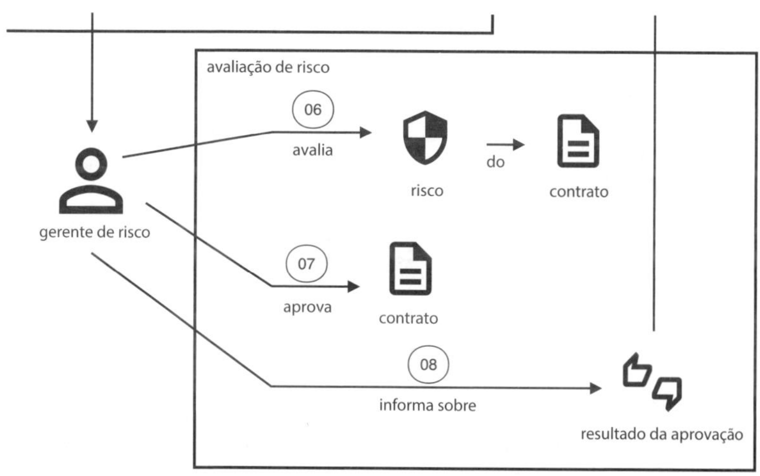

Figura 10.3 *Subdomínio "avaliação de risco"*

Continuamos a discussão com os especialistas até chegar ao resultado mostrado na Figura 10.4. Como é uma iteração maior da história de domínio Alphorn 1 (Figura 10.1), ela foi chamada de Alphorn 1a.

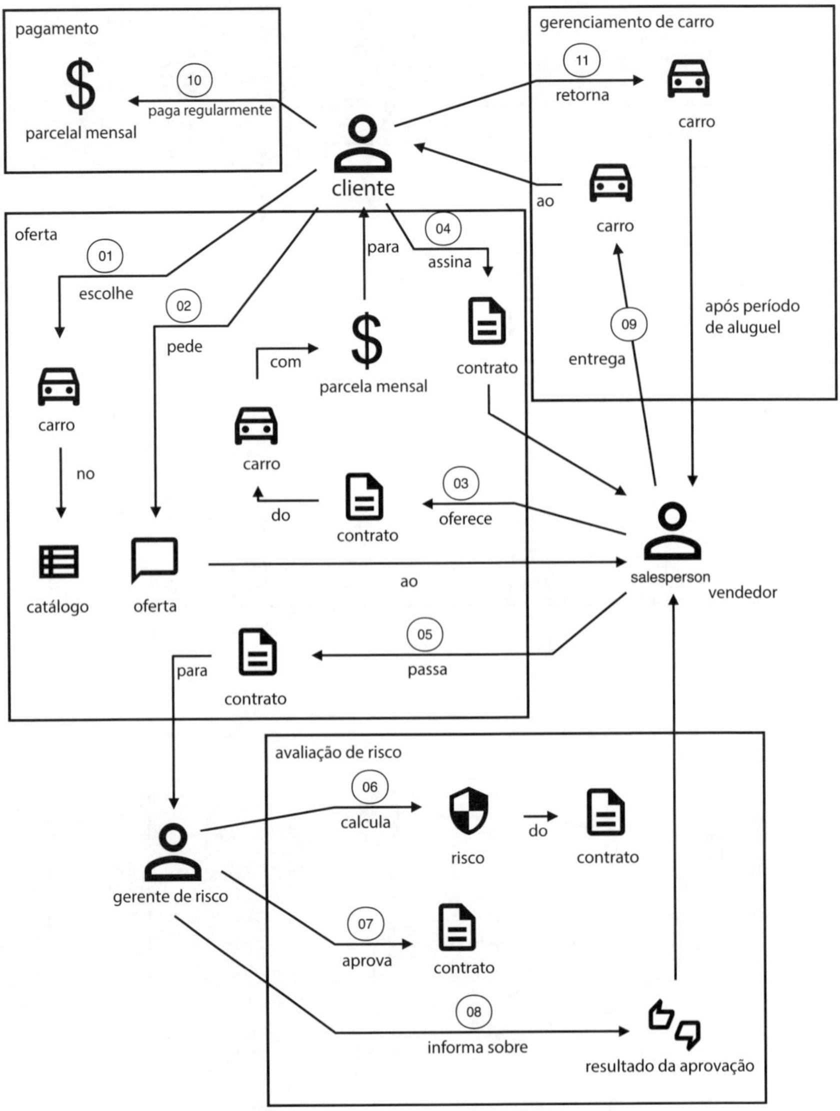

Figura 10.4 *Alphorn 1a: Alugando um carro — GRANULARIDADE GROSSA, PURA, COMO ESTÁ – agrupado por subdomínio*

Resumindo, derivamos quatro subdomínios de uma história de domínio de GRANULARIDADE GROSSA. Essa história descreve apenas um cenário. Se virmos mais cenários, a maioria dos subdomínios aparecerá de novo. Além disso, provavelmente encontraremos outros subdomínios.

Também notamos que o subdomínio da oferta é bastante grande. Segundo nossa experiência, isso sugere que encontraremos uma linguagem inconsistente à medida que continuarmos a analisar o subdomínio. Nesse caso, dividiremos mais o subdomínio.

Por vezes, não é fácil descobrir onde termina e começa outro subdomínio ou se um subdomínio deve ser dividido em outros menores. Em tais casos, recomendamos modelar as histórias de domínio que acontecem *dentro* de um subdomínio. Verifique como essas histórias se encaixam dentro dos limites propostos. Teste os limites do subdomínio procurando sinais de que a história de domínio entra em outros subdomínios. Aprimore os limites e considere outras heurísticas também (veja a próxima seção).

Indicadores de Limites do Subdomínio

Os indicadores não são uma prova definitiva de que há um limite. Eles só dão dicas sobre o que procurar. Coletamos alguns indicadores que vemos repetidas vezes. Essa lista não está completa, mas a achamos útil:

- **O ator produz um resultado sozinho:** Um ator conclui várias atividades afins de forma independente, produzindo um resultado significativo. Muitas vezes, o ator passa o resultado para outros atores. Um exemplo é a "avaliação de risco", como mostrado na Figura 10.4.
- **Fluxo de informações unidirecional:** Uma entrega entre os atores — o ator *A* transfere um objeto de trabalho ao ator *B* e não há informações voltando para o ator *A* (direta ou indiretamente). Isso significa que *A* não está envolvido no que *B* faz com o objeto de trabalho transferido.
- **Gatilhos diferentes:** O agente de atendimento ao cliente Charley nos disse que o pedido do cliente dispara a oferta — um exemplo de gatilho baseado em solicitação. Uma vez que um carro tenha sido entregue, o cliente deve pagar as parcelas mensais — um exemplo de gatilho baseado no tempo (Figura 10.5).

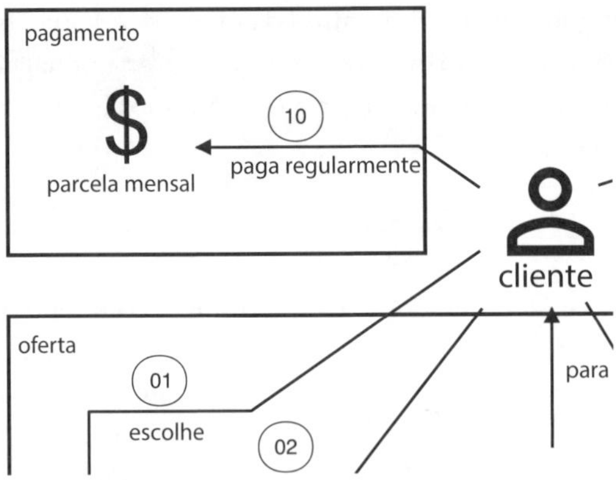

Figura 10.5 *Indicador: Gatilhos diferentes – aqui: baseado no tempo*

- **Atividades dando suporte a algo que não está na imagem:** Em outra história de domínio, Raymond informa que criar um "relatório de risco" é uma das atividades dos gerentes de risco. Contudo, esse relatório não é usado por outros atores na história. Como o relatório foi criado por um motivo, provavelmente ele será usado em outro subdomínio não relevante para essa história de domínio.
- **Diferenças na linguagem:** O mesmo objeto de trabalho recebe nomes diferentes dos diferentes atores. Ou o mesmo nome é usado com um significado (ligeiramente) diferente. (O segundo caso é muito mais difícil de identificar.)
- **Uso diferente da mesma coisa:** O mesmo objeto de trabalho é usado para tarefas muito diferentes. Por exemplo, na Alphorn, o contrato é "assinado" pelo cliente e "aprovado" pelos gerentes de risco. Assinar é um ato legal que cria uma relação. A aprovação ocorre em um contexto financeiro — é feita para mitigar o risco financeiro para a Alphorn.

Dos Subdomínios aos Contextos Delimitados

Até então, analisamos o *espaço do problema*, no qual os subdomínios existem. Caso seu objetivo seja criar um software, precisa fazer a transição do *espaço do problema* para o *espaço da solução*. Em DDD, isso significa planejar os *contextos delimitados*. Tal contexto implementa um modelo de domínio claro com uma linguagem ubíqua. Se um subdomínio e um contexto delimitado têm uma relação de 1:1, você pode considerá-los como dois lados da mesma moeda.

Definir contextos delimitados é um processo de design. O especialista em DDD Nick Tune diferencia cinco categorias principais de critérios para projetar os limites [Tune 2019a]:

- **Valor comercial:** Decisões de design alinhadas com estratégia comercial
- **Domínio:** Decisões de design alinhando limites e domínio do problema
- **Sociopolítico:** Decisões de design orientadas pela necessidade das pessoas que criam os sistemas
- **Técnico:** Decisões de design afetadas pelos requisitos técnicos de um sistema (por exemplo, desempenho, segurança)
- **Experiência do usuário:** Decisões de design com impacto em como os usuários vivenciam o sistema

Como se pode ver, o alinhamento com os (sub)domínios é um dos vários critérios para encontrar contextos delimitados. Muitas vezes não existe uma solução única e óbvia. Os trade-offs precisam ser considerados. Por isso, a comunidade DDD recorreu ao uso da heurística para encontrar os contextos delimitados.

Heurística para Encontrar Contextos Delimitados

Vários profissionais de DDD compartilharam sua experiência (conteúdos em inglês):

- *DDD Heuristics* foi iniciado por Rebecca Wirfs-Brock e Kenny BaasSchwegler. A página na web coleta a heurística relevante para DDD, inclusive para contextos delimitados [site DDDHeuristics].
- *Tech Strategy Blog* de Nick Tune [blog de Tune].
- The DDD Crew Repository tem ferramentas úteis [site DDDCrew].
- Além de outros temas em DDD, Mathias Verraes escreve sobre a descoberta do limite em seu blog [blog de Verraes].

O *contexto delimitado* é um dos conceitos mais importantes do DDD. Nessa literatura,[1] você encontrará métodos que ajudam a raciocinar sobre os contextos delimitados. Uma ferramenta útil é um *mapa do contexto* que mostra como os contextos delimitados se conectam. O mapa do contexto mostra uma visão combinada do que pode ser aprendido modelando várias histórias. Criar um mapa do contexto é o próximo passo lógico depois de definir os contextos delimitados. Vejamos a primeira versão de um mapa do contexto Alphorn na Figura 10.6. Ele inclui quatro contextos delimitados que identificamos até agora e uma relação entre proposta e avaliação de risco.

1 [N. do A.] Veja, por exemplo, os livros *Implementing Domain-Driven Design*, de Vaughn Vernon[-Vernon 2013] e *Domain-Driven Design by Example* de Michael Plöd [Plöd 2020].

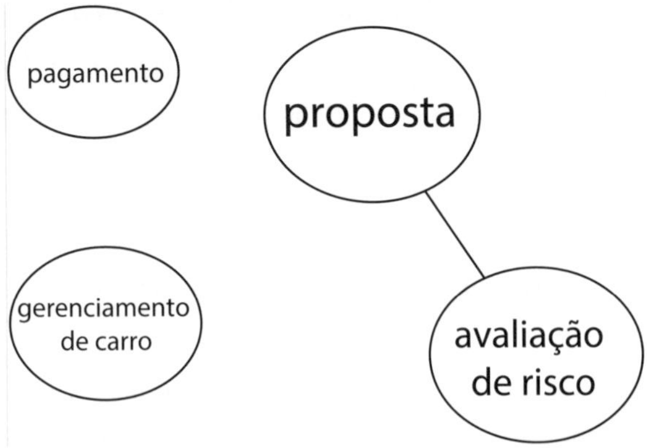

Figura 10.6 *O começo de um mapa do contexto para Alphorn*

É apenas o começo do *mapeamento de contexto*. O próximo passo é descrever as relações e as interfaces. Não veremos isso aqui, porque é coberto na literatura DDD.

Os contextos delimitados são necessários para permitir equipes independentes e a modificação do software. Mas, em geral, os processos comerciais precisam de integração. Isso requer uma visão comportamental desses processos. O Storytelling de Domínio suporta essa visão compartilhada reunindo pessoas de diferentes subdomínios para que elas possam contar o que acontece quando um processo de negócio cruza os subdomínios.

As histórias de domínio fornecem uma visão comportamental que complementa a visão estrutural de um mapa do contexto e a visão temporal do EventStorming. Isso significa que o Storytelling de Domínio não é apenas um meio de encontrar contextos delimitados, também é um meio de visualizar a colaboração entre os contextos delimitados.

Os contextos delimitados devem separar os modelos, não as pessoas.

Dos Limites do Contexto aos Limites da Equipe

Uma vez que tenhamos definido os limites do contexto, podemos usar esse conhecimento para encontrar os limites da equipe. Em um software grande (como a grande bola de lama monolítica descrita antes), existem muitas pessoas trabalhando, normalmente mais do que cabe em uma equipe. Faz sentido dividi-las em várias equipes e perguntar quem faz o quê? Se você tem mais de uma equipe, em geral é uma boa ideia não deixar que equipes diferentes trabalhem nas mesmas partes do sistema.

A propriedade coletiva do código [Beck 2000] é desejável dentro de uma equipe, mas não deve cruzar os limites dela.

Uma abordagem clássica para a organização da equipe de desenvolvimento é dividir as equipes por camada da arquitetura. Uma equipe IU, uma equipe de lógica de negócio, uma equipe do banco de dados. É um corte horizontal. Por causa da Lei de Conway,[2] a comunidade ágil (e nós como parte dela) pensa que isso é uma má ideia. Uma ideia mais moderna é ter equipes multifuncionais. Isso significaria um corte vertical. Mas onde desenhamos os limites entre as equipes? É aí onde entram os contextos delimitados.

Uma regra de design é que um contexto delimitado deve pertencer exclusivamente a uma equipe. O motivo é que não queremos várias equipes trabalhando na mesma parte do software para não destruir o trabalho uma da outra. Por outro lado, isso não significa que uma equipe pode ter apenas um contexto delimitado.

Assim, ao dividir seus desenvolvedores em várias equipes, verifique se cada equipe tem ao menos um contexto delimitado. Quando aplicamos essa regra à Alphorn, na qual há três equipes de desenvolvimento, uma possível divisão seria como na Figura 10.7.

A atribuição dos contextos delimitados para as equipes pode mudar com o tempo. Uma possibilidade é começar com uma equipe que cuida de todos os contextos delimitados. Se a equipe aumenta, acabará chegando ao ponto em que deve ser dividida em duas. Nesse momento, atribua os contextos às equipes resultantes.

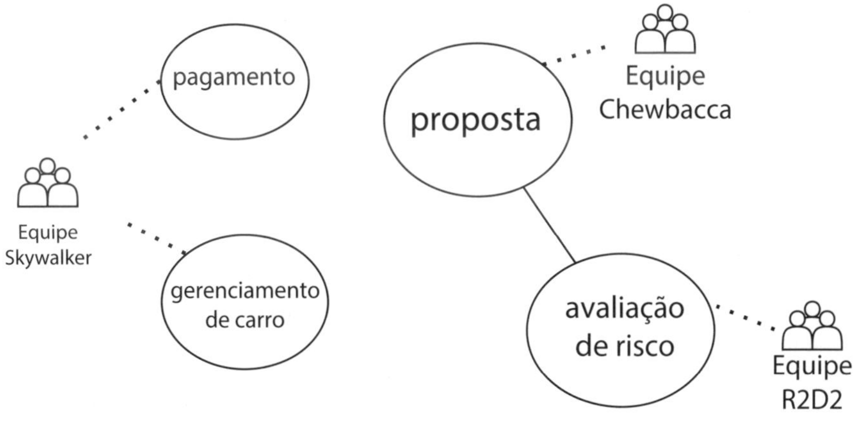

Figura 10.7 *Organização da equipe em Alphorn*

2 [N. do A.] A Lei de Conway basicamente diz que a arquitetura do software terá a mesma estrutura da organização das equipes que a criaram [Conway 1968].

O que Ler Depois?

É difícil encontrar os limites. Na verdade, provavelmente é o maior desafio sobre o qual escrevemos neste livro. Raciocinar sobre subdomínios e contextos delimitados com o Storytelling de Domínio é apenas uma das muitas ferramentas úteis. Recomendamos que você verifique as referências fornecidas neste capítulo.

Você também pode experimentar o EventStorming geral e procurar os *eventos do limite* — por exemplo, os eventos que indicam uma entrega, um estado alterado ou um ponto sem retorno. Alberto Brandolini chama esses eventos de *centrais* e o que eles separam se chama *fases de negócio*. Para ter mais informações, leia seu artigo "Discovering Bounded Contexts with EventStorming" [Brandolini 2020, conteúdo em inglês]. Nick Tune propôs uma receita de workshop que usa o EventStorming, uma *tela de design do contexto delimitado* [Tune 2019b] e uma adaptação do Storytelling de Domínio que ele chama de *Domain Message Flow Modeling* [Tune 2021 — *Modelagem do Fluxo de Mensagens do Domínio*, em tradução livre].

Se você estiver satisfeito com os limites encontrados, uma das próximas perguntas a fazer para cada contexto delimitado é: Nós mesmos construímos esta parte do software ("criar") ou compramos uma solução de prateleira ("comprar")?

- Se a decisão é "criar", o Capítulo 12, "Modelando no Código", descreve como implementar o modelo de domínio.
- Se a decisão é "comprar", leia o Capítulo 14, "Decidindo Criar ou Comprar, e Escolhendo um Software Pronto", para decidir qual dos produtos-padrão é o certo para você.

Assim que você decidir se aprofundar, considere aprender mais sobre a linguagem (Capítulo 9) falada em cada subdomínio (chamada *linguagem ubíqua* em DDD).

Quando tiver organizado as equipes, a próxima coisa é definir o que elas devem fazer (por exemplo, nas *histórias do usuário* ágeis, veja *User Stories Applied* [Cohn 2004]) e para organizar esse trabalho (por exemplo, em um *backlog do produto*, veja *Essential Scrum* [Rubin 2013] — ambos sem publicação no Brasil. Como isso é feito é o tema do Capítulo 11, "Trabalhando com Requisitos".

Capítulo 11

Trabalhando com Requisitos

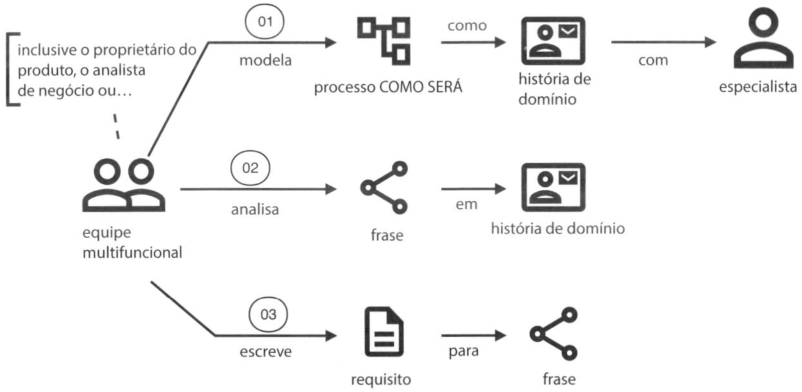

Nos capítulos anteriores, vimos como entender um domínio e sua linguagem. Mostramos como encontrar os limites da equipe e do contexto. Por vezes, isso é tudo que as equipes de desenvolvimento precisam para ir diretamente ao código. Porém, geralmente ir dos cenários para o código é um pouco desafiador e você precisa fechar a lacuna entre conhecimento do domínio e requisitos. Mostraremos como derivar os requisitos das histórias de domínio para que você possa discutir as prioridades e os produtos viáveis.

Este capítulo é para você nos seguintes casos:

- Você se considera um:
  - Proprietário do produto
  - Gerente de produto
  - Analista de negócio
  - Engenheiro de requisitos
  - Desenvolvedor em uma equipe multifuncional que faz sua própria análise de requisitos

- Você deseja fazer o seguinte:
  - Descobrir o que o software criado realmente deve fazer
  - Adicionar contexto aos requisitos
- Você trabalha com:
  - Histórias do usuário
  - Backlogs do produto

Neste capítulo, veremos alguns termos do desenvolvimento de software e conceitos que explicaremos rapidamente. Para obter mais detalhes, veja as referências fornecidas. Em particular, faremos referência a estes termos:

- Terminologia Ágil/Scrum: *história do usuário* [Cohn 2004], *proprietário do produto*, *sprint*, *backlog do produto* [Rubin 2013]
- Mapeamento da História do Usuário [Patton 2014]
- Casos de uso [Cockburn 2001]

História sobre Apresentação de Propostas de Stefan

Se uma instituição na União Europeia precisa de um software, não pode simplesmente contratar qualquer empresa. É obrigada por lei a fazer uma licitação. Isso significa que a instituição deve elaborar um documento de requisitos. Com isso, então, as empresas podem enviar uma proposta para o contrato. Por fim, uma das candidatas é selecionada com base no preço, nas qualificações e na solução proposta.

Certo tempo atrás, nossa empresa venceu tal licitação. O documento de especificação dos requisitos tinha trezentas páginas, descrevendo (entre muitas outras coisas) oitenta casos de uso. Pessoalmente, não sou muito fã desses documentos. Como eu mesmo já fiz um ou dois, sei que não importa a habilidade ou o tempo dedicado, eles estão sempre desatualizados, incompletos e — para simplificar — errados. Todavia, os oitenta casos de uso estavam entre os melhores que já tinha lido: eles continham um cenário de sucesso principal, cenários variados, precondições, atores primários, objetivos, gatilhos e muitas outras informações úteis.

O analista de negócios do nosso cliente fez um ótimo trabalho, mas assim que começamos a trabalhar no software, meus colegas e eu percebemos que os casos de uso não eram suficientes para realmente entender o domínio. Não sabíamos o bastante sobre os processos de negócio e o contexto dos requisitos.

No workshop inicial, decidi tirar o Storytelling de Domínio da minha caixa de ferramentas. Fiz isso porque o processo de negócio que queríamos analisar era altamente cooperativo, envolvendo diversos atores e sistemas. A equipe do cliente incluía o analista de negócio e cerca de cinco especialistas que mais tarde usariam nosso software. Junto com dois colegas meus, modelei três cenários de caminho feliz como histórias de domínio de GRANULARIDADE MÉDIA, DIGITALIZADAS, COMO ESTÃO. Conseguimos entender melhor o domínio. Em particular, entendemos as falhas da solução existente, que motivaram vários dos requisitos.

Quando nos encontramos novamente, cerca de um mês depois, estávamos interessados no espaço da solução. Em uma segunda rodada de Storytelling de Domínio, usamos os mesmos três cenários de caminho feliz como da primeira vez, exceto que agora os especialistas falavam sobre os processos COMO SERÃO. Agora, entendíamos a interação dos casos de uso.

Mais três meses e vários casos de uso implementados depois, chegamos ao ponto em que precisávamos pensar sobre colocar em operação a primeira versão. Nosso cliente planejou uma implantação incremental — alguns usuários mudariam para nosso novo software e outros continuariam a usar o antigo. Para tornar isso possível, tivemos que permitir uma colaboração entre os dois softwares. Precisávamos planejar um fluxo de trabalho de colaboração e com suporte do software, e novamente escolhemos o Storytelling de Domínio para essa finalidade. Na época, o escopo era de GRANULARIDADE FINA, DIGITALIZADO e COMO SERÁ. Durante o workshop, percebemos que o fluxo de trabalho recém-planejado e com suporte do software não tinha respaldo do documento de requisitos. Porém, foi fácil derivar novos requisitos a partir da história de domínio. Basicamente, só tivemos que transcrever as atividades na forma de texto.

Além das histórias de domínio, também usamos modelos e um passo a passo da funcionalidade implementada.

A propósito, nossa equipe cresceu com cerca de um desenvolvedor por mês. Recontar as histórias de domínio ajudou os novos membros da equipe a entenderem o domínio. Portanto, isso se tornou parte do processo de integração da equipe. Mas esta é outra história.

Desenvolvimento de Software como uma Série de Conversas

Criar um software não significa que um programador senta-se sozinho em uma sala escura digitando código no computador. Ao contrário, é algo altamente interativo e requer muita comunicação. Durante todo o ciclo de vida de um software, desenvolvedores, especialistas e outros interessados conversam repetidas vezes. Claro, envolve digitar código no computador (embora normalmente não seja sozinho nem no escuro), mas isso é apenas uma parte do processo e se alterna com conversas. Codificar é uma conversa também: com o computador, com outros desenvolvedores (na forma de *programação em pares* [Beck 2000] ou *programação mob* [Zuill 2014], e até com os desenvolvedores que precisarão ler o código no futuro.

Essa série de conversas deixará cada vez mais claro o que é requerido do sistema. Acreditamos que trabalhar com requisitos não é um processo objetivo e estritamente analítico. As descrições dos requisitos, como texto ou diagramas, nunca estão "completas" ou objetivamente "certas". Ao contrário, elas são vistas como algo que os envolvidos criam a partir de sua própria perspectiva. Como Christiane Floyd observa:

> Não analisamos os requisitos; nós os construímos a partir de nossa própria perspectiva. Essa perspectiva é afetada por nossas prioridades e valores pessoais, pelos métodos que usamos como orientação e por nossa interação com os outros. [Floyd 1992]

Para isso funcionar, as partes interessadas devem alinhar suas perspectivas, prioridades e valores, ao menos a ponto de permitir que as equipes produzam os artefatos. Esses artefatos — software funcional, modelos, protótipos no papel etc. — podem ser avaliados pelas partes interessadas, continuando a conversa. Diferentes métodos de modelagem são úteis em vários estágios nessa conversa contínua, com o Storytelling de Domínio sendo apenas um deles. O restante deste capítulo mostra como facilitar uma conversa sobre requisitos com a ajuda do Storytelling de Domínio, das histórias do usuário e do Mapeamento da História do Usuário.

Revisitando a Metáfora de Granularidade

No Capítulo 4, "Escopo", usamos a metáfora dos "níveis de meta" de Alistair Cockburn para descrever a granularidade das histórias de domínio (Figura 11.1). Cockburn desenvolveu originalmente essa metáfora para os casos de uso — um formato de descrição para os requisitos. Neste capítulo, usaremos a metáfora para as histórias de domínio *e* os requisitos. Achamos que isso se encaixa muito bem na ideia de desenvolvimento de software como uma série de conversas. Os diferentes níveis ajudam a orientar o debate na direção certa.

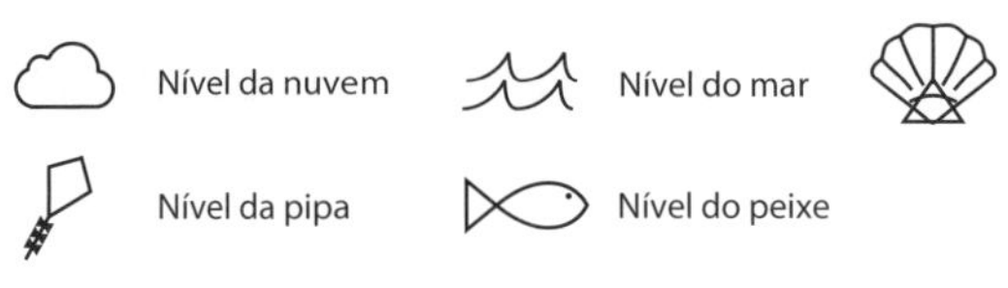

Figura 11.1 *Diferentes níveis de meta*

Das Histórias de Domínio aos Requisitos

As histórias de domínio são um ótimo meio de ir da conversa falada para o requisito escrito, sendo formais o bastante para ser planejadas, estimadas (se você gosta de estimativas) e implementadas. Contudo, não propomos um processo vertical rígido de decomposição dos requisitos de alto nível para os de baixo nível. Achamos que tal abordagem "em cascata" não funcionaria no mundo real. Uma conversa sobre requisitos pode iniciar a partir da GRANULARIDADE GROSSA e se desenvolver em algo de GRANULARIDADE FINA, mas não é uma via de mão única. Para nós, o desenvolvimento de software não é um processo no qual primeiro os requisitos são definidos e depois o software é programado, mas um ciclo constante de debate dos requisitos e de sua implementação construtiva.

Nas próximas seções, apresentaremos uma "receita" passo a passo para dividir as histórias de domínio, misturando diferentes "ingredientes". Por fim, aplicaremos a receita ao exemplo da Alphorn.

Receita para Dividir uma História de Domínio

Para nossa receita, precisamos de alguns ingredientes:

- Um método para descobrir os requisitos funcionais: Storytelling de Domínio
- Um método para anotar os requisitos: histórias do usuário
- Um método para organizar os requisitos: Mapeamento da História do Usuário

Pressupomos que uma equipe trabalha no suporte de um processo de negócio em um contexto delimitado. E mais, pressupomos que a equipe tem acesso aos especialistas.

Agora você está pronto para começar.

1. A equipe modela o processo comercial como uma história de domínio de GRANULARIDADE MÉDIA a FINA, começando com o cenário mais importante (em geral, o caminho feliz). Histórias PURAS, DIGITALIZADAS e COMO SERÃO funcionam.
2. Para toda a atividade na história, pergunte se ela deve ter o suporte de um novo software. Como regra geral, se uma atividade deve ter o suporte da TI, escreva um requisito no nível da pipa para ela. Esses requisitos se tornarão a estrutura do seu backlog.
3. Modele cenários alternativos e, se necessário, mais histórias de domínio de GRANULARIDADE FINA. Colete informações sobre exceções, possíveis erros, casos especiais etc. como anotações.

4. Percorra as novas histórias de domínio e as anotações. De novo, para cada nova frase, escreva um requisito no nível da pipa ou do mar. Verifique suas anotações, veja quais devem se tornar um requisito e anote-as também.
5. Organize os requisitos mapeando os de GRANULARIDADE FINA na estrutura, criando um novo mapa da história do usuário.

Agora a equipe tem um backlog estruturado dos requisitos nos níveis da pipa e do mar. O backlog não estará completo nem todos os requisitos prontos para a implementação. Porém, a equipe terá uma boa compreensão dos requisitos funcionais e como eles se somam ao processo de negócio viável.

Em seguida, veremos o método para escrever os requisitos com as histórias do usuário (etapas 2 e 4 na receita) e o método para organizar os requisitos com o Mapeamento da História do Usuário (etapa 5).

Escrevendo os Requisitos como Histórias do Usuário

As conversas faladas são essenciais para descobrir os requisitos. Cedo ou tarde, você precisará de ajuda para a memorização. As histórias de domínio são uma ferramenta útil, como outros diagramas, modelos etc, mas normalmente um pequeno texto é o modo mais expressivo de capturar uma conversa. Há muitos modos de escrever tal texto. Atualmente o formato mais popular é a *história do usuário*.

> Cuidado: *história do usuário* se parece com *história de domínio*, mas são coisas diferentes. É um pouco como *Java* e *JavaScript*.

Tenha em mente que as histórias do usuário são acima de tudo conversas faladas. Para preservar a essência da conversa, as pessoas seguem modelos simples:

Como *<tipo de usuário>*, ***quero*** *<algum objetivo>* ***para*** *<algum motivo>*.[1]

Esse esquema é como um pequeno checklist da conversa. Também corresponde à estrutura da frase em uma história de domínio:

Como *<ator>*, ***quero*** *<atividade mais objeto de trabalho>* ***para...***

Assim, o *ator* se torna o *tipo de usuário,* e a *atividade* mais o *objeto de trabalho* descrevem o *objetivo*. E de onde tiramos *algum motivo*? Algumas vezes esse "motivo" pode ser encontrado nas anotações. Às vezes não está diretamente na história de domínio, mas vem das conversas.

1 [N. do A.] Existem muitos modelos diferentes para as histórias do usuário, escolhemos o modelo popularizado por Mike Cohn [Cohn 2004].

Uma história do usuário não deve ser confundida com uma especificação só porque pode ter a forma escrita. Não é demais ressaltar que uma história do usuário é uma "promessa para uma conversa" [Cockburn Origin], significando que o texto escrito é um subproduto, não um substituto da comunicação. Esse aspecto costuma ser negligenciado na prática e é um dos motivos para as histórias do usuário serem vistas de maneira crítica às vezes.

Criando um Backlog dos Requisitos com Mapeamento da História do Usuário

Já apresentamos o Mapeamento da História do Usuário [Patton 2014] no Capítulo 7, "Relação com Outros Métodos de Modelagem". Nele, descrevemos de maneira breve como 'esse Mapeamento orienta uma conversa sobre requisitos. Para nós, o Storytelling de Domínio desempenha esse papel de orientação. Contudo, usamos o Mapeamento da História do Usuário como um instrumento de planejamento para as equipes ágeis e multifuncionais fazerem o seguinte:

- Conversar com um proprietário do produto sobre prioridades e incrementos
- Esclarecer quais requisitos precisam ser detalhados em seguida
- Nunca perder de vista o contexto de uma história do usuário

No contexto de nossa "receita", aplicamos o Mapeamento da História do Usuário como um "ingrediente" adicional após as histórias de domínio serem criadas. Em geral, começamos o workshop Mapeamento da História do Usuário desenvolvendo as frases de uma história (ou histórias) de domínio de GRANULARIDADE MÉDIA no que o Mapeamento chama de *espinha dorsal* [em inglês, *backbone*]: uma série de histórias do usuário (no nível da pipa), organizadas em uma linha do tempo da esquerda para a direita. Essa é a dimensão horizontal do mapa da história do usuário. Ela representa um processo de negócio ou uma jornada do usuário.

Quando a espinha dorsal está terminada, é hora de ir para a dimensão vertical, que é usada para detalhar os requisitos e priorizá-los. As histórias do usuário de alto nível são elaboradas e aprimoradas por meio de histórias do usuário detalhadas (nível do mar até o nível do peixe). As histórias do domínio de GRANULARIDADE MÉDIA e FINA ajudarão aqui. Com o backlog resultante do mapa da história do usuário/produto, o proprietário do produto e a equipe ficam prontos para planejar o próximo sprint.

De Volta ao Exemplo do Aluguel

Aplicaremos a receita de antes na Alphorn. Começamos com a equipe que cria o contexto delimitado "proposta". Para tal fim, nos reunimos com os desenvolvedores Dave e Denise, e também com Sandy, que representa a equipe de vendas (os especialistas desse contexto). Eles olham de novo a história de domínio Alphorn 1a do Capítulo 10, "Encontrando os Limites" e decidem que sua parte na história (Figura 11.2) tem detalhes suficientes para derivar a espinha dorsal, e portanto serve como a etapa 1 da receita (modelar uma história de domínio de GRANULARIDADE MÉDIA e COMO SERÁ). Eles passam para a etapa 2 — criar a espinha dorsal.

A primeira frase na Figura 11.2, "O cliente escolhe o carro no catálogo", é uma atividade que deve ter o suporte do software e, assim, se torna o requisito no nível da pipa: "escolher carro". Escrevemos na nota adesiva (Figura 11.3).

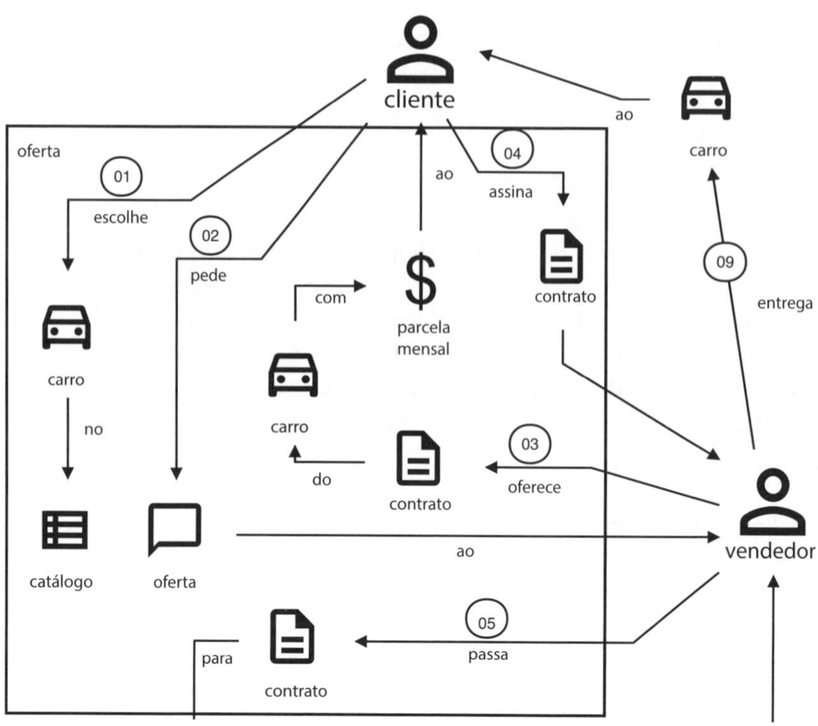

Figura 11.2 *Contexto delimitado "proposta" de Alphorn 1a*

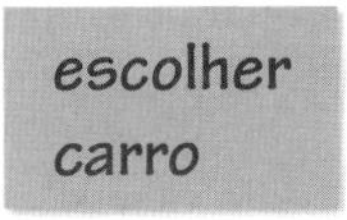

Figura 11.3 *Requisito no nível da pipa para nosso mapa da história do usuário*

No momento omitimos "no catálogo", pois descreve um dos vários modos de chegar a esse objetivo. "Escolher um carro no catálogo" já é um requisito no nível do mar, então anotamos, mas reservamos até chegar à etapa 4 da receita.

Os participantes do workshop seguem frase por frase. A equipe decide que a segunda frase "O cliente pede uma proposta" e a terceira "O vendedor oferece o contrato do carro" podem ser condensadas em um requisito no nível da pipa: "oferecer contrato". O cliente ainda precisará assinar o contrato (frase quatro). Por fim, o contrato precisa passar na avaliação de risco. Surge uma espinha dorsal, visualizada como uma sequência horizontal de notas adesivas (Figura 11.4).

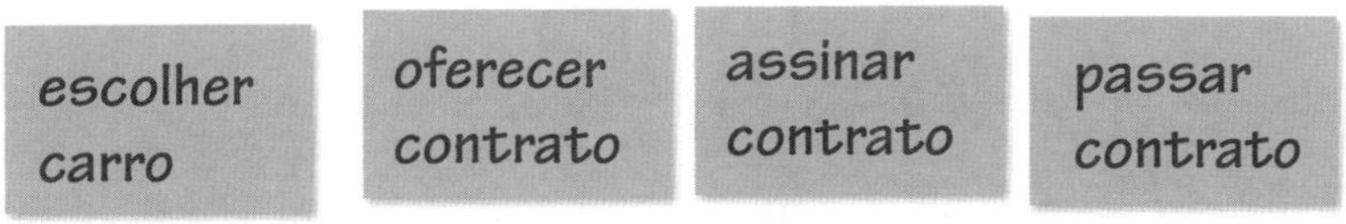

Figura 11.4 *Estrutura dos requisitos no nível da pipa*

A equipe tenta desenvolver mais o mapa da história do usuário modelando histórias de domínio de GRANULARIDADE FINA para seu contexto delimitado. Como sempre, deixamos que nosso especialista (nesse caso, Sandy) conte sua história. Denise toma a iniciativa na modelagem e na discussão:

Desenvolvedora Denise: — Você oferece um contrato com parcelas mensais e o cliente assina o contrato. Você pode nos contar o que está sendo feito com mais detalhes?

Vendedora Sandy: — Na última vez, começamos com o que você chamou de "caminho feliz". Você quer que eu volte ao cenário de melhor caso?

Denise: — Sim, por favor.

Sandy: — Primeiro, pego um formulário de contrato com um novo número de contrato. Preencho o contrato com os detalhes do carro e o preço.

Denise: — Modelarei isso como sua primeira atividade: "O vendedor preenche o contrato".

Sandy: — Agora estou pronta para calcular a parcela mensal do contrato. Calculo a partir do preço, do prazo e dos juros.

Denise: — Etapa 2: "A vendedora calcula as parcelas."

Sandy: — Por fim, proponho ao cliente o contrato com todos os detalhes. Se ele concorda, assina.

Denise: — Modelarei isso como duas etapas: a etapa 3 é "O vendedor oferece um contrato" e a etapa 4 é "O cliente assina o contrato".

Essa conversa resulta na história de domínio mostrada na Figura 11.5.

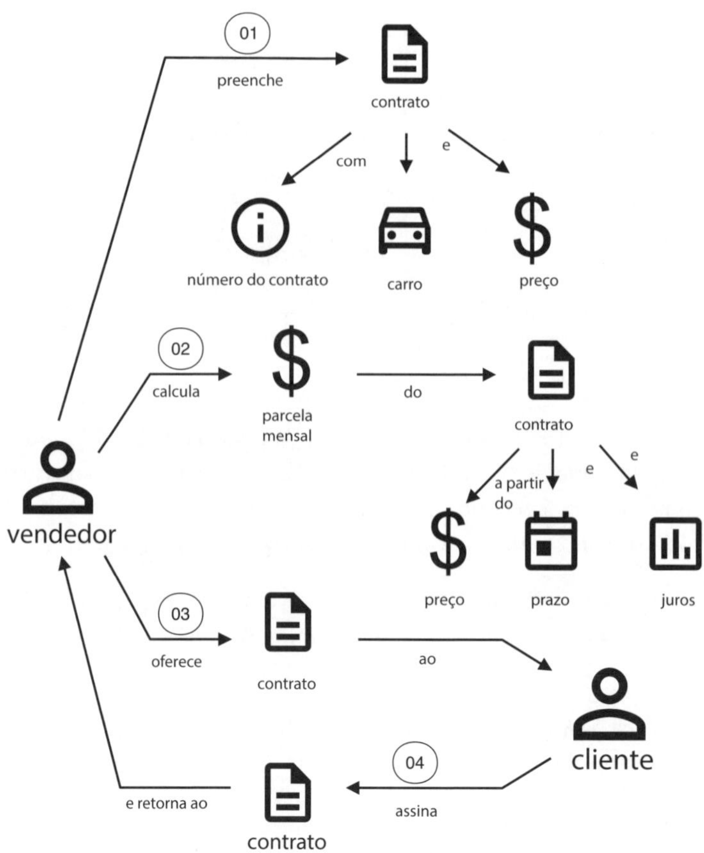

Figura 11.5 *Alphorn 6: Proposta, caminho feliz — GRANULARIDADE FINA*

Desenvolvedora Denise: — Você disse que se o cliente concordar com os termos do contrato, ele o assinará; o que acontece se ele não concorda?

Vendedora Sandy: — Ele o rejeita, geralmente, porque a parcela mensal é mais alta do que pode pagar. Então eu recalculo o contrato com um prazo de locação maior. A parcela mensal resultante será menor.

Denise: — Modelarei isso como outra história. Começarei com uma cópia do caminho feliz. Removerei a etapa 4 e a substituirei por "O cliente rejeita o contrato". Além disso, adicionarei uma etapa 5, "O vendedor recalcula com um prazo diferente".

A Figura 11.6 mostra a segunda história de domínio de GRANULARIDADE FINA.

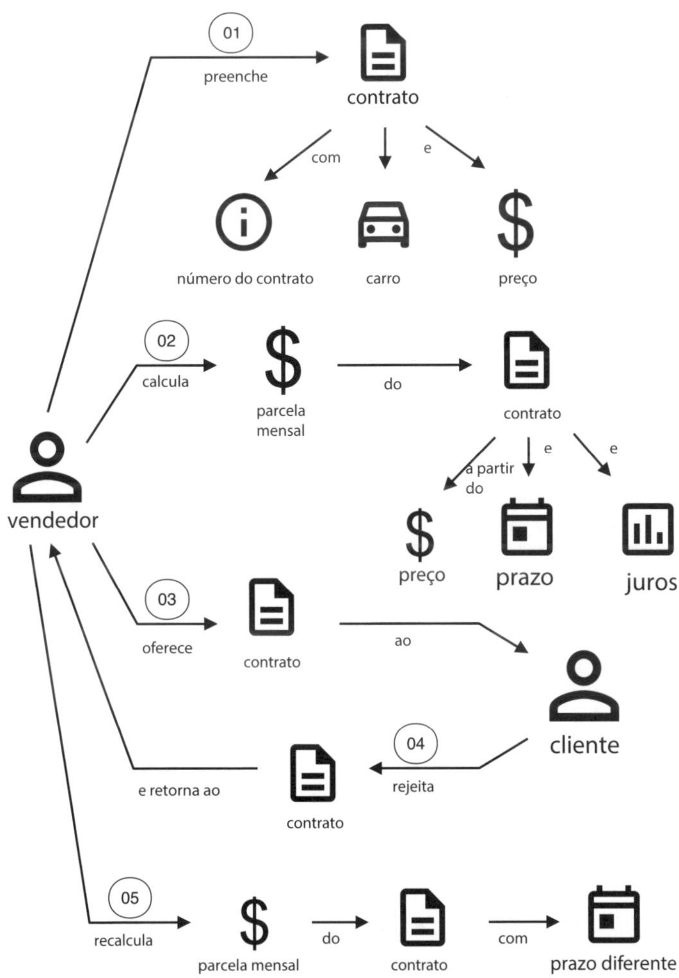

Figura 11.6 *Alphorn 7: Proposta, rejeição — GRANULARIDADE FINA*

Outras variações também são consideradas. Para abreviar, elas serão omitidas. As últimas etapas do workshop com Denise, Dave e Sandy são para derivar mais requisitos detalhados a partir das histórias de domínio e mapeá-los na espinha dorsal. Para tanto, criamos o mapa da história do usuário feito pela equipe. As frases nas histórias de domínio de GRANULARIDADE mais FINA levam a histórias do usuário mais minuciosas. Elas são colocadas em uma segunda sequência de notas adesivas, abaixo das histórias do usuário existentes refinadas (Figura 11.7).

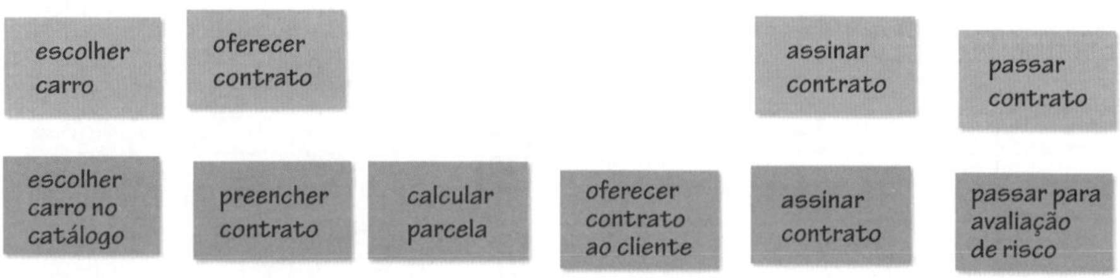

Figura 11.7 *Espinha dorsal do contexto da proposta*

Em um nível ainda mais detalhado, a equipe adiciona histórias do usuário para diferentes variações do processo. Por fim, ela chega a um primeiro backlog do produto para o contexto "proposta" (Figura 11.8).

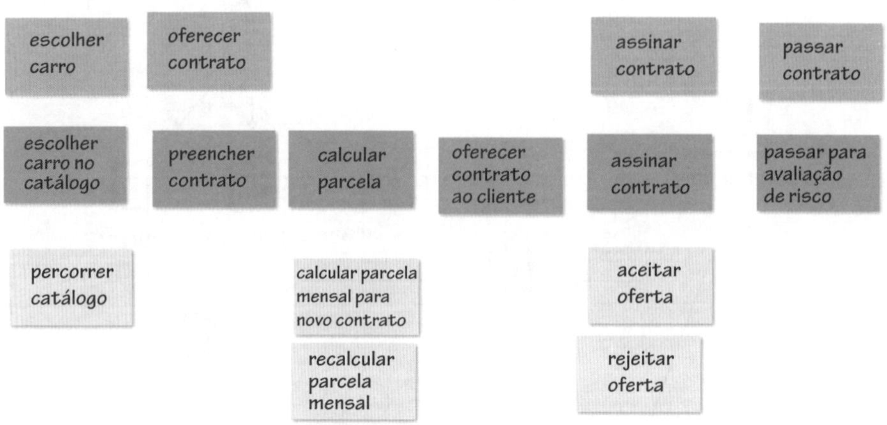

Figura 11.8 *Backlog do produto para o contexto delimitado "proposta"*

O mapa da história do usuário feito pela equipe tem requisitos em diferentes níveis de detalhe. Observe que o mapa mostra apenas os nomes das histórias do usuário — a história real é escrita na parte de trás da ficha (se um quadro branco físico é usado para mapear) ou em uma ferramenta de software. Por exemplo, veja a descrição da história do usuário "recalcular parcela mensal":

Como vendedor, quero recalcular a parcela mensal com outros parâmetros para conseguir oferecer contratos alternativos a meus clientes.

Adapte a Receita

Até agora, descrevemos uma receita básica para trabalhar com requisitos. Claro, você pode (e deve) adaptar a receita. Como você já viu, fazemos isso também. Além dos "ingredientes" já mencionados, vale a pena considerar o seguinte:

- Se você encontra exemplos de regras de negócio ou "pontos de decisão" nas anotações, então o *Mapeamento de Exemplo* pode ser a ferramenta certa para se aprofundar. A partir daí, podem surgir requisitos de GRANULARIDADE FINA com critérios de aceitação e *cenários BDD* (consulte o Capítulo 7, "Relação com Outros Métodos de Modelagem").
- Como uma visão geral dos atores e dos casos de uso, um *diagrama do caso de uso* de UML (veja o Capítulo 3, "Modelagem Baseada em Cenários") pode ajudar.
- Um *caso de uso* escrito é uma alternativa mais elaborada para as histórias do usuário (de novo, consulte o Capítulo 7),

Limitações

Este não é um livro sobre engenharia de requisitos, portanto não podemos cobrir tudo que há para dizer sobre esse importante assunto. Mas como escrevemos muito sobre conversar com especialistas e usuários, também devemos mencionar que existem limites nessa abordagem.

Não modele cegamente o que os especialistas contam para você!

Os especialistas costumam ter tendências, sobretudo ao planejarem processos COMO SERÃO. Estes são alguns fatores limitadores que encontramos:

- Estruturas organizacionais e sistemas de recompensa.
- Os especialistas em domínio podem saber pouco sobre as inovações tecnológicas e o potencial dos sistemas de software modernos (e está tudo bem porque não é a função deles).
- A visão dos especialistas em domínio é limitada pelo que eles sabem, ou seja, os processos atuais e os sistemas de software. Assim, eles tendem a negligenciar as possi-

bilidades de reinventar os processos de negócio. Pequenas melhorias em um processo existente têm mais probabilidade de obter resultado do que um processo que mudou significativamente.

Uma observação feita por John Ferguson Smart aborda as soluções prematuras:

> Embora os usuários fiquem contentes falando sobre soluções que eles acham que corrigirão os problemas, raramente eles falam sobre os problemas subjacentes que tentam corrigir. Afinal, se os usuários sempre pudessem explicar exatamente o que eles precisam, nós não precisaríamos de disciplinas como Gestão de Produto e Análise dos Requisitos. [Smart 2017]

Segundo Smart, o que os especialistas e os usuários pedem não é o que eles obtêm; e o que obtêm não é o que eles precisam.

Além disso, considere esta citação do criador do DDD, Eric Evans:

> Os desenvolvedores pedem que os especialistas descrevam o recurso desejado e depois o construam. Eles mostram aos especialistas o resultado e perguntam sobre o que fazer em seguida. [...] mas se os programadores não estão interessados no domínio, eles aprendem apenas o que o aplicativo deve fazer, não os princípios por trás dele. Um software útil pode ser criado assim, mas o projeto nunca chegará ao ponto em que novos recursos eficientes se desdobram como corolários de recursos mais antigos. [Evans 2004]

Em outras palavras, a comunicação com os usuários é importante para criar o software certo, mas entender o domínio de forma a fazer com que as equipes de desenvolvimento se tornem (ao menos em parte) especialistas também é essencial para criar um software comercial realmente eficiente.

O que Ler Depois?

Um vez que o backlog contém os requisitos no nível do mar, eles devem ser entendidos bem o bastante para você começar a implementá-los. Como as histórias de domínio podem ajudar nisso é o tema do Capítulo 12, "Modelando em Código".

Implementar os requisitos costuma ter um impacto em como a empresa faz seu trabalho. O Capítulo 13, "Apoiando Mudanças Organizacionais", mostrará como lidar com isso.

Capítulo 12

Modelando em Código

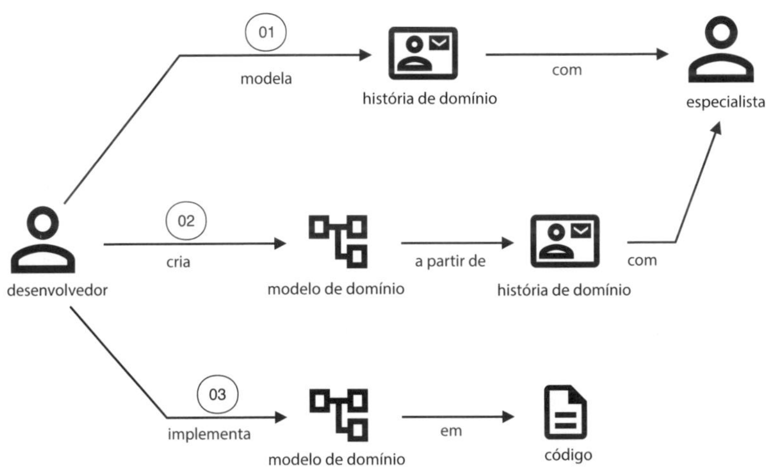

Para nós, modelar não se reduz a desenhar diagramas. Caso seu objetivo final seja desenvolver softwares, então, em algum momento, você precisará ir da modelagem com notas adesivas e diagramas para a modelagem nas linguagens de programação. Fazendo isso, você deve usar termos do domínio diretamente em seu código.

Este capítulo é para você se deseja fazer o seguinte:

- Implementar seu modelo de domínio como um código orientado a objetos
- Implementar seu modelo de domínio como um código funcional
- Usar o design tático do DDD

Neste capítulo, você verá alguns termos e conceitos do desenvolvimento de software que explicaremos apenas brevemente. Para obter mais detalhes, consulte as referências fornecidas. Em particular, recomendamos o seguinte conhecimento prévio:

- Este é o único capítulo que contém código-fonte. Para aproveitá-lo melhor, você deve conseguir ler o código. Mostraremos exemplos em *Java* e *F#*.
- Blocos de construção para um DDD tático: *entidade, objeto de valor* etc. [Evans 2004].
- Práticas e tecnologias do desenvolvimento baseado em testes/Desenvolvimento Baseado em Comportamento (BDD): *teste de unidade, teste de aceitação* [Beck 2000], *JUnit* e *Gherkin* [SmartBear 2019].
- Familiaridade com o *diagrama de classe* de UML e o *diagrama de estado* [Fowler 2004].

História sobre a Contabilidade Fiscal de Henning

Eu estava trabalhando com um cliente que oferece soluções prontas de software de contabilidade para empresas de pequeno a médio porte na Alemanha. O sistema existia há três décadas e se baseava na tecnologia C++. Quando a legislação fiscal mudou, o sistema teve que ser adaptado. A empresa viu isso como uma oportunidade para reformar as partes do sistema usando DDD. Como um primeiro passo, esboçamos histórias de domínio de GRANULARIDADE GROSSA em um quadro branco. A partir delas, extraímos um bom mapa do contexto.

Uma equipe criou o contexto delimitado lidando com os aspectos da tributação de enviar funcionários para o exterior. Como a legislação alemã é famosa por ser complexa, tivemos que nos aprofundar no assunto (lidar literalmente com palavras como "Versendungsabwesenheitsantrag").

A empresa do software de contabilidade tinha especialistas internos nesse assunto, pois também enviava funcionários para o exterior. Em um workshop de dois dias com esses especialistas e os desenvolvedores da equipe, modelamos cerca de cinco histórias de domínio e GRANULARIDADE FINA. Cada história descrevia um caso específico do processo de negócio do contexto delimitado.

Como a tecnologia e a linguagem de programação eram conhecidas, decidimos modelar o domínio com meios orientados a objeto, usando os blocos de construção DDD. Para cada objeto de trabalho importante, eu perguntava à equipe "É uma coisa ou um valor?" ou "Tem uma identidade?" para separar as entidades e os objetos de valor. Então eu perguntava "Quais objetos de valor devem ficar juntos (no sistema a ser criado)?" para encontrar os limites e os repositórios agregados.

Por exemplo, derivamos uma entidade `Versendung` (que se traduz mais ou menos como "atribuição de trabalho no exterior"), um objeto de valor `Einkommensteuer` ("imposto de renda"), um repositório para as atribuições no exterior e um serviço de aplicativo `StelleAntrag` ("aplicativo do arquivo"). Por fim, implementamos um primeiro protótipo do modelo de domínio em C++, em uma seção de programação mob.

Nos sprints seguintes, iteramos repetidas vezes sobre as histórias de domínio, o modelo e a implementação.

Das Histórias de Domínio ao Modelo de Domínio

Além desses aspectos *estruturais* do domínio, o modelo de domínio também descreve o *comportamento* dos conceitos. São atividades como "assinar" ou "aprovar" que informam o que os objetos de trabalho podem fazer, o que pode ser feito com eles e como outros objetos de trabalho podem interagir com eles.

Padrões Lógicos do Domínio

Projetar um modelo de domínio completo é um dos vários estilos de arquitetura usados para implementar a camada[1] de domínio de um aplicativo. Esses famosos *padrões lógicos do domínio* são listados aqui:

- *Script de transação*
- *Módulo da tabela*
- *Modelo de domínio anêmico*
- *Modelo de domínio*

Não é preciso ter familiaridade com esses padrões, mas pode ajudar para entender o restante deste capítulo. Bons livros sobre o tema são *Padrões de Arquitetura de Aplicações Corporativas* [Fowler 2003c] e *Patterns, Principles, and Practices of Domain-Driven Design* [Millet/Tune 2015, sem publicação no Brasil].

Para todo contexto delimitado de um sistema, um estilo diferente pode ser escolhido. O estilo *modelo de domínio* é a escolha típica para o(s) domínio(s) central(is).[2]

1 [N. do A.] A arquitetura em camadas [Buschmann *et alii* 1996] era supermoderna quando o DDD foi concebido e o nome *camada de domínio* data dessa época. Entretanto, a comunidade aprendeu que a distinção "acima/abaixo" da arquitetura em camadas não é suficiente para imaginar o que queremos que a arquitetura seja. É por isso que hoje nossa tendência também é usar a distinção "dentro/fora". Isso é expresso nos estilos mais elaborados *Hexagonal* [Cockburn 2005], *Onion* [Palermo, 2008] e *Clean Architecture* [Martin 2018]. Assim, a "camada" do domínio (como outras "camadas") sobre a qual falamos é, de fato, mais um "anel" do domínio. Como o termo "camada" ainda é usado no setor, iremos usá-lo neste capítulo.

2 [N. do A.] *Domínio central* é um contexto delimitado essencial para a empresa, ou seja, um ativo comercial real [Evans 2004].

Quando você começa a escrever código sem conhecer devidamente o domínio, seu modelo de domínio provavelmente será *anêmico* [Fowler 2003a]; ele será centrado em dados com operações para manipular dados. Vejamos um exemplo anêmico de Alphorn: uma classe `LeasingContract` com um método `setSignatureDate(LocalDate date)` (Figura 12.1).

Figura 12.1 *Não faça: criar um modelo de domínio anêmico*

Embora esse modelo possa ser adequado para um contexto delimitado comum, ele tem falhas: a data de assinatura pode ser sempre definida para qualquer valor. Mas no contexto delimitado "proposta", um contrato pode ser assinado apenas se (a) a parcela foi calculada e (b) ele ainda não foi assinado. É uma *regra de negócio*, também referida como *política*.

> Um bom modelo de domínio impede que programadores (e usuários) quebrem as regras do domínio.

Um modelo comportamental forte é expressivo e reflete o domínio. Em vez de uma pilha anêmica de variáveis que muda seus valores, um modelo comportamental rico assegura a integridade e a consistência com *invariantes*. Para tanto, a pessoa deve entender o que acontece no domínio — e ver os *verbos*. Estas são as perguntas certas a fazer:

- O que os usuários estão fazendo para atingir seus objetivos?
- Como os usuários lidam com os objetos de trabalho?
- De que modo eles os manipulam?
- Como os usuários trocam informação e trabalham juntos?

Essas também são as perguntas que o moderador faz em um workshop de Storytelling de Domínio.

As histórias de domínio são um ótimo recurso para um modelo de domínio porque contêm os aspectos estruturais *e* comportamentais de um domínio. Você ainda pode extrair o modelo de domínio de uma ou várias histórias (em geral, muitas). É preciso o nível certo de detalhe, ou seja, histórias de domínio de GRANULARIDADE FINA no nível do mar até do peixe (Capítulo 4, "Escopo") que ocorrem dentro de um contexto delimitado (Capítulo 10, "Encontrando os Limites"). Talvez você tenha modelado tais histórias de domínio durante um workshop de requisitos (Capítulo 11, "Trabalhando com Requisitos") e também tenha escrito requisitos como uma entrada para o modelo de domínio.

Agora que você sabe o que extrair, a pergunta é: como você expressa o modelo de domínio? Uma resposta possível é: diretamente em código! No entanto, por vezes faz sentido expressá-lo em um formato intermediário primeiro. Tais formatos podem ser qualquer um dos seguintes:

- Cenários no estilo BDD (Desenvolvimento Orientado ao Comportamento) [North 2006]
- Linguagens de modelagem formais como UML (em geral *diagramas de classes*) [Fowler 2004]
- Fichas CRC (Classe, responsabilidades, colaboradores) [Beck/Cunningham 1989]
- EventStorming no nível do design [Brandolini 2021]

É importante entender que a finalidade de um modelo de domínio não é apenas preservar o conhecimento de domínio. A finalidade da *modelagem* do domínio é projetar um software que expressa o domínio. Obter um design certo é um processo iterativo e incremental. Por vezes, o aprimoramento requer uma codificação contínua; em outras, você precisa voltar a modelar com especialistas em domínio. Eric Evans descreve esse processo como *turbilhão de exploração do modelo* [Evans 2016].

De Volta ao Exemplo do Aluguel

Vejamos de novo o exemplo da Alphorn. No Capítulo 10, "Encontrando os Limites", modelamos a história de domínio de GRANULARIDADE GROSSA com os contextos delimitados Alphorn 1a. Focamos agora o contexto "proposta" (Figura 12.2).

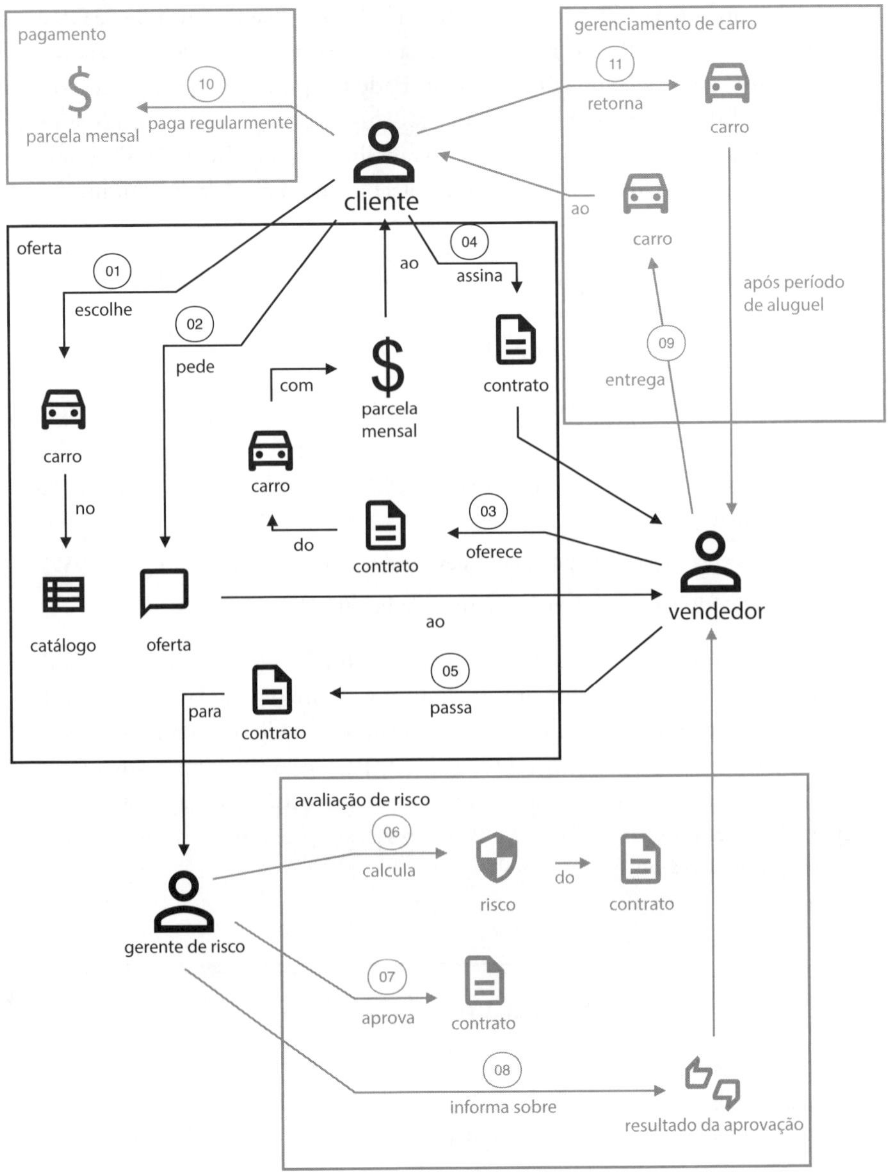

Figura 12.2 *Alphorn 1a: Subdomínios do aluguel, foco na "proposta"*

Em um workshop de acompanhamento com os desenvolvedores Dave e Denise, e a especialista Sandy, modelamos duas histórias de domínio de GRANULARIDADE FINA (Capítulo 11, "Trabalhando com Requisitos"), mostrando duas variantes de "Oferecendo um contrato" (reimpresso nas Figuras 12.3 e 12.4).

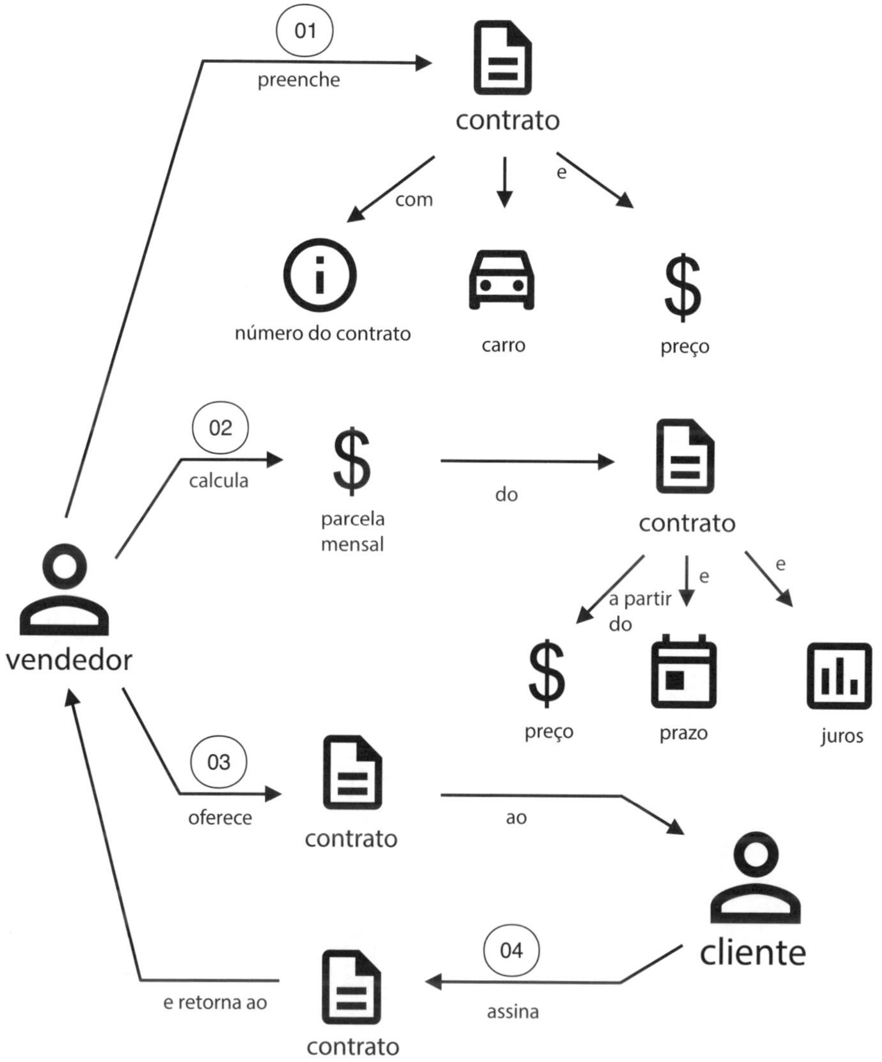

Figura 12.3 *Alphorn 6: Proposta, caminho feliz — GRANULARIDADE FINA*

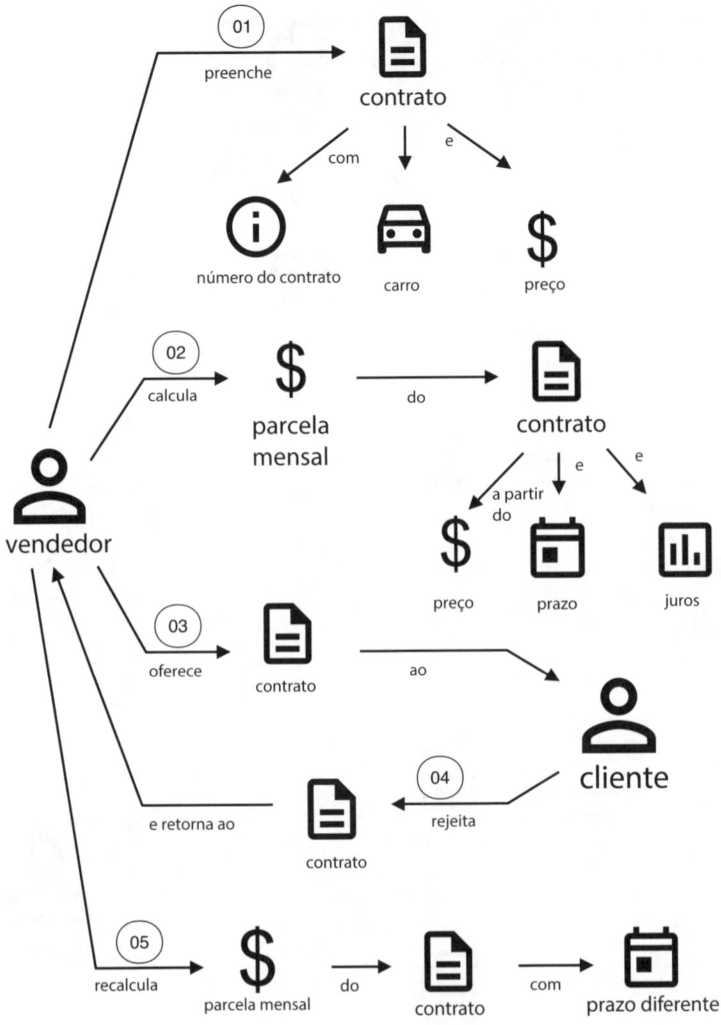

Figura 12.4 *Alphorn 7: Proposta, rejeição — GRANULARIDADE FINA*

Agora examinaremos o modelo de domínio para o contexto delimitado "proposta". A equipe começa com a história do usuário "calcular parcela mensal do novo contrato" a partir do backlog do produto (Figura 11.8).

Refinando os Cenários — Da História de Domínio ao Teste de Aceitação

Antes de começar a implementar o modelo de domínio, você deseja assegurar que entendeu os requisitos que o software deve atender. Você pode começar a discussão com as histórias de domínio, então continuar na forma de *testes de aceitação*. É possível usá-los depois para verificar se o software atende os requisitos. É fácil derivar os testes de aceitação no estilo BDD a partir da história de domínio de GRANULARIDADE FINA. A Listagem 12.1 mostra o primeiro esboço do "cenário da proposta com caminho feliz" de Alphorn 6 (Figura 12.3) escrito no formato Gherkin [SmartBear 2019].

Listagem 12.1 *Teste de Aceitação para Alphorn 6, Frase 2*

```
Scenario: Calculation of a car leasing contract
  Given a filled out contract
    And the price is X
    And the term is Y
    And the interest is Z
  When the contract is calculated
  Then the installment is W EUR
```

Para transformar a descrição do cenário em um teste de aceitação, precisamos pensar nos valores concretos dos parâmetros. Em geral as histórias de domínio não são modeladas com essa granularidade. Assim, precisamos de informações adicionais da nossa especialista Sandy, a vendedora, para completar o cenário (Listagem 12.2).

Listagem 12.2 *Teste de Aceitação para Alphorn 6, Frase 2, com Valores Concretos*

```
Scenario: Calculation of a contract for a midsize car
  Given a filled out contract
    And the price is EUR 40000
    And the term is 48 months
    And the interest is 3.7 % p.a.
  When the contract is calculated
  Then the monthly installment is 897.80 EUR
```

Conforme continuamos, encontramos cenários como o da Listagem 12.3 e muitos outros.

Listagem 12.3 *Teste de Aceitação para Alphorn 6, Frases 3 e 4*

```
Scenario: Signing a leasing contract
  Given an offered contract
  When the customer signs the contract
  Then the signature date is today
```

Métodos como *Especificação por Exemplo* [Adzic 2011] e modelagem colaborativa com *Mapeamento de Exemplo* [Wynne 2015] podem nos ajudar a encontrá-los. Como se pode ver, trabalhar com cenários não é necessariamente uma abordagem vertical da GRANULARIDADE GROSSA para a GRANULARIDADE FINA. Por exemplo, quando detalhamos as histórias de domínio "proposta" com os especialistas da Alphorn, eles podem propor exemplos que não consideramos antes:

- Um cenário em que o cliente já tem um contrato
- Um cenário em que o carro precisa ser pedido previamente
- E outros

Implementando o Modelo de Domínio

A escolha da linguagem e do paradigma da programação influencia como o domínio é modelado em código. Uma boa modelagem pode ser feita em (quase) toda linguagem, embora algumas sejam mais adequadas e requerem menos "código padronizado".

Na próxima seção, veremos como expressar os blocos de construção DDD usando meios orientados a objeto. Achamos que esse é o paradigma mais relevante para a prática dos nossos leitores. Também implementaremos o exemplo em Java, pois ainda é a linguagem mais usada. Depois, mostraremos rapidamente como implementar o mesmo domínio com uma programação funcional (com exemplos em F#). Concluímos com uma breve consideração de quando estilos de arquitetura mais simples são suficientes.

Uma Implementação Orientada a Objetos e Baseada em Domínio

A linguagem pictográfica do Storytelling de Domínio se encaixa naturalmente nos blocos de construção do design tático do DDD:

- Os *objetos de trabalho* são candidatos para se tornarem os *agregados*, as *entidades* e os *objetos de valor* (implementados como *classes* ou *tipos*) no modelo de domínio.
- As *atividades* podem se tornar as *operações* (ou seja, *métodos*, *funções* ou *comandos*). Além disso, o resultado de uma atividade pode ser implementado como um *evento de domínio*.

As histórias de proposta de GRANULARIDADE FINA da Alphorn têm muitos objetos de trabalho. Um que ocorre sempre é o contrato, portanto criaremos um tipo `Contract` (Figura 12.5). Como um contrato tem uma *identidade* (declarada explicitamente aqui com o número do contrato), nós o tornamos uma *entidade*.

Figura 12.5 *Entidade* `Contract`

As interações com um contrato — como preencher, calcular a parcela e assinar — se transformam em métodos (Figura 12.6).

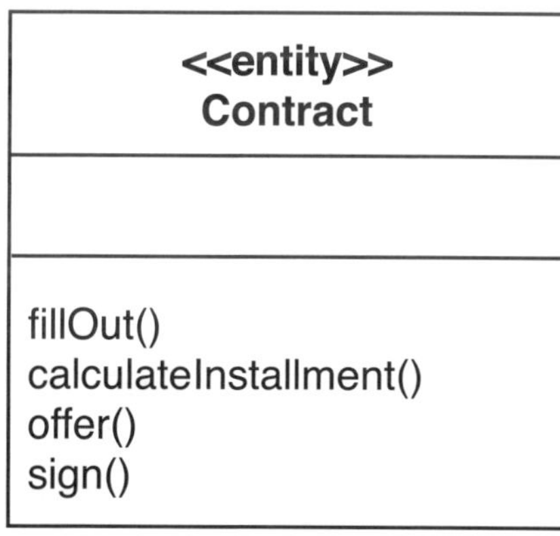

Figura 12.6 *Entidade* `Contract` *com métodos*

A Figura 12.7 mostra a regra geral: "os objetos de trabalho se tornam classes, as atividades se tornam métodos."

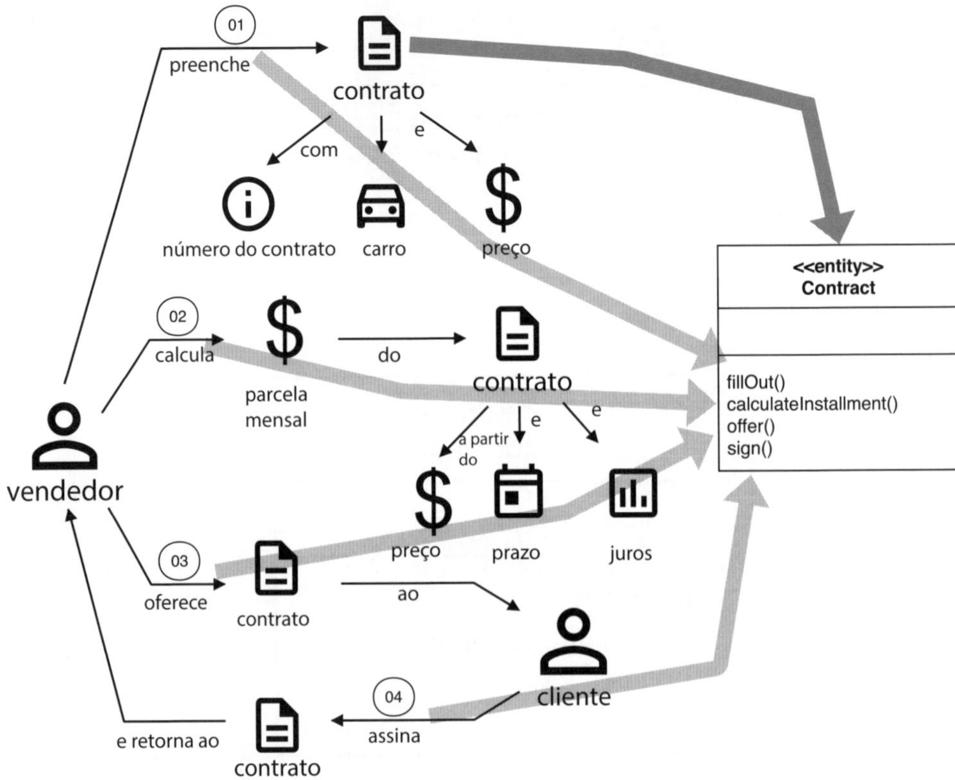

Figura 12.7 *Da história de domínio ao diagrama de classes*

Outros objetos de trabalho, como parcela, preço, prazo e juros, não têm uma identidade, portanto nós o modelamos de acordo como *objetos de valor* (Figura 12.8). Nesse caso, os tipos mencionados também se tornam parâmetros da operação `calculateInstallment()`.

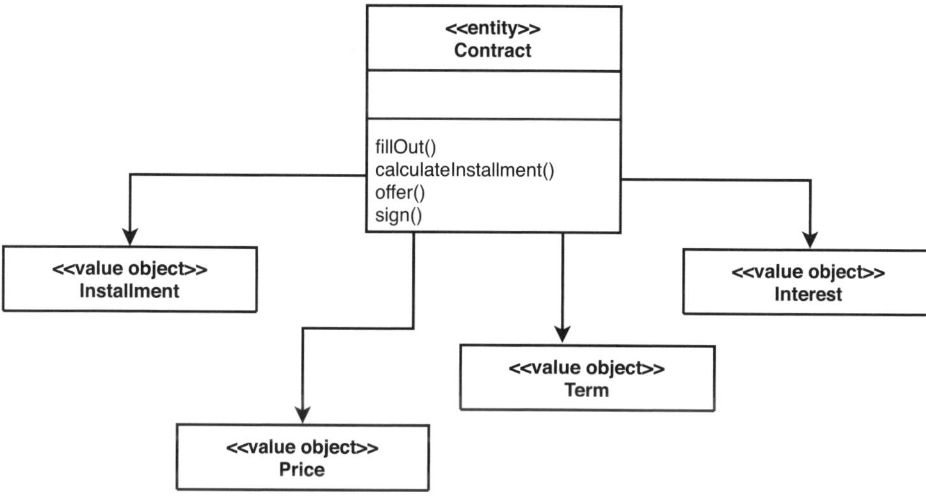

Figura 12.8 *Entidade* `Contract` *com objetos de valor*

Ao se aprofundar no domínio, você verá que todas as operações têm pré-condições e podem ser chamadas apenas em certos estados. Expressar essas variantes no código o torna mais legível e robusto.

Se você usa um desenvolvimento orientado a testes [Beck 2000], começa a codificar o modelo de domínio convertendo os cenários BDD em testes de aceitação executáveis. A Listagem 12.4 mostra de novo o primeiro cenário BDD de Alphorn.

Listagem 12.4 *Teste de Aceitação para Alphorn 6, Frase 2, com Valores Concretos*

```
Scenario: Calculation of a contract for a midsize car
  Given a filled out contract
    And the price is EUR 40000
    And the term is 48 months
    And the interest is 3.7 % p.a.
  When the contract is calculated
  Then the monthly installment is 897.80 EUR
```

A Listagem 12.5 mostra uma implementação como um caso de teste JUnit.

Listagem 12.5 *Implementação JUnit do Teste de Aceitação para Alphorn 6, Frase 2*

```
import org.junit.jupiter.api.Test;
import static org.assertj.core.api.Assertions.assertThat;

@Test
void calculateContractForMidsizeCar() {
  // conhecido
  var contract = new Contract(
```

```
      Car.of("Volkswagen ID.3"),
      Amount.of(40000, Currency.EUR));

    // quando
    contract.calculateInstallmentFor(Term.of(48), Interest.of(3.7));

    // então
    assertThat(contract.installment())
      .isEqualTo(Amount.of(897.80, Currency.EUR));
}
```

Escrevendo o teste JUnit, identificamos outros dois tipos: `Currency` e `Amount` (mais sobre isso depois).

Para executar o teste, precisamos implementar as classes e os métodos usados nele. Apresentamos apenas as assinaturas das classes e dos métodos aqui para não passar do escopo deste livro. Começamos com a entidade[3] `Contract` na Listagem 12.6.

Listagem 12.6 *Implementação Java da Entidade* `Contract`

```
import org.jmolecules.ddd.annotation.Entity;

@Entity
public class Contract {

  public Contract(Car car, Amount price) { /* ... */ }

  public void calculateInstallmentFor(Term term, Interest interest) {
    /* ... */
  }

  public Amount installment() { /* ... */ }

}
```

Então, adicionamos os objetos de valor (Listagem 12.7).

Listagem 12.7 *Um Esboço da Implementação Java dos Objetos de Valor*

```
import org.jmolecules.ddd.annotation.ValueObject;

@ValueObject
public class Car {
  public static Car of(String description) { /* ... */ }
}

```

3 [N. do A.] Em nossos exemplos, usamos bibliotecas de anotação de xMolecules [site xMolecules] para marcar qual bloco de construção DDD uma classe do modelo de domínio representa. Os exemplos Java favorecem o jMolecules.

```
@ValueObject
public enum Currency { EUR, GBP, USD }

@ValueObject
public class Amount {
  public static Amount of(int amount, Currency currency) { /* ... */ }
}

@ValueObject
public class Term {
  public static Term of(int numberOfMonths) { /* ... */ }
}

@ValueObject
public class Interest {
  public static Interest of(float interestInPercent) { /* ... */ }
}
```

Em seguida, a classe Contract é concluída com testes e implementações dos métodos offer() e sign() de maneira semelhante a calculate InstallmentFor() (aqui omitido para abreviar). O interessante é que não existe um método fillOut(), embora o tenhamos projetado antes no diagrama de classes. Em vez disso, usamos um mecanismo Java típico para preencher (ou seja, criar) — um construtor. Este é um exemplo de linguagem de programação influenciando o design. Sempre há uma escolha a ser feita entre (a) expressar o domínio do modo mais puro e "correto", e (b) não lutar com a linguagem de programação e escrever um código que pareça "não idiomático" nessa linguagem.

Além disso, não implementamos os tipos Price e Installment esboçados antes (mostrados na Figura 12.8). Em vez disso, criamos um tipo Amount simples porque o "preço" e a "parcela" são expressos como dinheiro. Assim, esses objetos de trabalho se tornam nomes para variáveis e parâmetros, em vez de tipos.

Antes, aprendemos uma importante regra de negócio com os especialistas: um contrato pode ser assinado apenas se (a) a parcela foi calculada e (b) ainda não foi assinado. Para raciocinar sobre as invariantes no contexto delimitado, é útil visualizar o ciclo de vida de um contrato como uma máquina do estado simples, como na Figura 12.9.

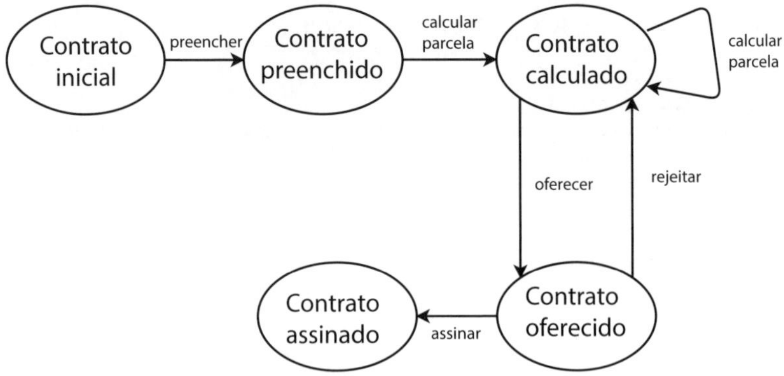

Figura 12.9 *Entidade* `Contract` *como máquina do estado*

Para expressar as invariantes que modelamos na máquina do estado, o DbC (*Design by Contract*) é de grande ajuda [Meyer 1997]. Com o DbC, as assinaturas do método são estendidas com *pré-condições* e *pós-condições*. As pré-condições devem ser atendidas para chamar o método; as pós-condições são asseguradas pelo método. Infelizmente, o DbC ainda não tem um suporte pronto para ser usado na maioria das linguagens de programação (veja [Thomas/Hunt 2020]). Contudo, a recomendação dos Programadores Pragmáticos (e nossa) é utilizá-lo como uma ferramenta de pensamento.

Em linguagens sem um suporte predefinido para DbC, a pessoa pode verificar as pré-condições e as pós-condições com *asserções* [Evans 2004]. Tradicionalmente, as pré-condições são definidas com a palavra-chave `require` e as pós-condições com `ensure`; como o Java não tem suporte para o DbC na linguagem, temos que emular aqui com a palavra-chave `assert` (Listagem 12.8).

Listagem 12.8 *Implementação Java da Entidade* `Contract` *com Asserções*

```
import org.jmolecules.ddd.annotation.Entity;

@Entity
public class Contract {

  public Contract(Car car, Amount price) { /* ... */ }

  public boolean isCalculated() { /* ... */ }

  public void calculateInstallmentFor(Term term, Interest interest) {
    /* ... */
    assert isCalculated() // pós-condição
  }

  public Amount installment() {
```

```
16     assert isCalculated(); // pré-condição
17     /* ... */
18   }
19
20   public boolean isSigned() { /* ... */ }
21
22   public void sign() {
23     assert isCalculated(); // pré-condição
24     assert !isSigned(); // pré-condição
25     /* ... */
26     assert isSigned(); // pós-condição
27   }
28
29 }
```

Como se pode ver, introduzimos um novo método `isCalculated()` na Listagem 12.8, linha 8, que pode ser usado para definir a pós-condição de `calculateInstallmentFor()` (linha 12) e a pré-condição de `installment()` (linha 16). Do mesmo modo, definimos o método `isSigned()` (linha 20).

De agora em diante, "só" precisamos detalhar a implementação.

Uma Implementação Funcional e Orientada a Domínio

Usando uma linguagem funcional, é possível expressar o domínio de uma forma elegante. Os objetos de trabalho que se tornam entidades e objetos de valor são implementados como *tipos*. As atividades são implementadas como *funções*. Uma implementação do modelo de domínio vista antes em F# pode lembrar as listagens nesta seção. Vamos começar com os objetos de valor na Listagem 12.9.[4]

Listagem 12.9 *Implementação F# dos Objetos de Valor*

```
open NMolecules.DDD

[<ValueObject>]
type Car = Description of string

[<ValueObject>]
type Currency =
  | EUR
  | GBP
  | USD

[<ValueObject>]
type Amount =
```

4 [N. do A.] Nos exemplos em F#, usamos nMolecules, a variante .NET de xMolecules [site xMolecules].

```
  {
    amountValue: int
    currency: Currency
  }

[<ValueObject>]
type Term = NumberOfMonths of int

[<ValueObject>]
type Interest = InterestInPercent of float
```

Implementamos a entidade `Contract` como a máquina de estado na Figura 12.9. Nosso objetivo é usar o sistema de tipos da linguagem de programação para *tornar o estado ilegal não representável* [Wlaschin 2018]. Fazemos isso definindo primeiro um tipo para cada estado, como `FilledOutContract` e `CalculatedContract` na Listagem 12.10.

Listagem 12.10 *Tipos F# para os Estados de* `Contract`

```
type FilledOutContract =
  {
    number: ContractNumber
    car: Car
    price: Amount
  }

type CalculatedContract =
  {
    number: ContractNumber
    car: Car
    price: Amount
    term: Term
    interest: Interest
    installment: Amount
  }

type OfferedContract = (* ... *)

type SignedContract = (* ... *)
```

Para implementar o `Contract` em si, usamos dados algébricos (Listagem 12.11).

Listagem 12.11 *Implementação F# da Entidade* `Contract`

```
open NMolecules.DDD

[<Entity>]
type Contract =
  | FilledOut of FilledOutContract
  | Calculated of CalculatedContract
  | Offered of OfferedContract
  | Signed of SignedContract
```

A atividade "O vendedor calcula a parcela do contrato" (frase 2 em Alphorn 6; Figura 12.3) é implementada como a função `CalculateContract` na Listagem 12.12.

Listagem 12.12 *Implementação F# de* `CalculateContract`

```
type CalculateContract =
  FilledOutContract -> Term -> Interest -> CalculatedContract

  let calculateContract : CalculateContract =
    fun filledOutContract term interest ->
     (* ... *)
```

Para abreviar, não detalharemos a implementação.

Se você quiser se aprofundar no tópico da implementação dos modelos de domínio em um estilo funcional, leia o excelente livro *Domain Modeling Made Functional* de Scott Wlaschin [Wlaschin 2018, sem publicação no Brasil], que teve grande influência nesta seção.

Quando um Estilo Mais Simples É Suficiente

Construir um modelo de domínio limpo e rico em comportamento nem sempre é a escolha certa. O bom desse design está no preço. Quando o preço não se justifica, criar um script de transação, um módulo de tabelas ou algo parecido pode ser apropriado. Por exemplo, algumas partes de um domínio podem ser bem centradas em dados por natureza. Nesses casos, o comportamento muitas vezes é adequadamente modelado com operações criar/ler/atualizar/excluir [em inglês, *create/read/update/delete* — CRUD]. Se for este o caso, não faz sentido inventar algo que simplesmente não se justifica no domínio. A modelagem CRUD precisa não ser ruim por si só.

Dito isso, as partes mais interessantes do domínio são as que *não* são centradas nos dados. Em geral este é o caso do que o DDD chama de *domínio central.*

O que Ler Depois?

Agora que temos um código em execução na camada de domínio, o próximo passo seria adicionar as partes adjacentes: camada do aplicativo, camada IU e camada da infraestrutura. Assim, desenvolvemos um sistema completo. No entanto, este livro não é sobre arquitetura de software. Se você estiver interessado em uma implementação do exemplo Alphorn com IU e persistência, veja *LeasingNinja* (site LeasingNinja, conteúdo em inglês). Para ler mais sobre como integrar um modelo de domínio em uma boa arquitetura de software, recomendamos estes livros (sem publicação no Brasil):

- *Sustainable Software Architecture*, de Carola Lilienthal [Lilienthal 2019]
- *Get Your Hands Dirty on Clean Architecture*, de Tom Hombergs [Hombergs 2019]
- *Patterns of Enterprise Application Architecture*, de Martin Fowler [Fowler 2003c]

Para saber mais sobre a modelagem de domínio com OO ou FP, leia o seguinte (sem publicação no Brasil):

- *Object-Oriented Software Construction*, de Bertrand Meyer [Meyer 1997]
- *Domain Modeling Made Functional*, de Scott Wlaschin [Wlaschin 2018]

Por fim, dois livros cobrem a modelagem de domínio e a arquitetura de um ponto de vista do DDD:

- *Implementando Domain-Driven Design* de Vaughn Vernon [Vernon 2013]
- *Patterns, Principles, and Practices of DomainDriven Design* de Scott Millet e Nick Tune [Millet/Tune 2015, sem publicação no Brasil]

Agora chegamos no nível do código. Quando a primeira iteração for feita, começaremos a próxima aprendendo a linguagem (Capítulo 9), verificando os limites (Capítulo 10) e trabalhando nos requisitos (Capítulo 11) de novo.

E mais, a implementação influenciará como a organização faz seu trabalho, portanto pode ser interessante ver como dar suporte às mudanças organizacionais (Capítulo 13).

Capítulo 13

Apoiando Mudanças Organizacionais

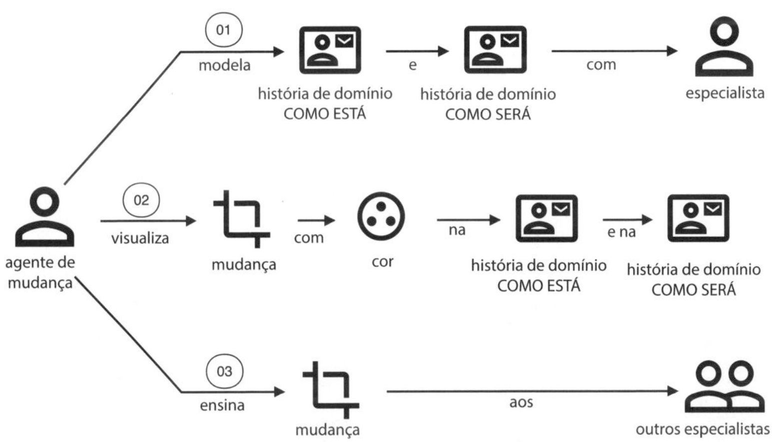

Até agora, vimos diferentes modos pelos quais o Storytelling de Domínio ajuda a criar um software. Quando esse software for usado, influenciará como as pessoas na empresa trabalham.

O objetivo de um novo software normalmente é tornar o trabalho mais fácil, rápido e eficiente (em resumo: melhor). Esse objetivo não será conseguido digitalizando processos manuais ruins. Nem uma pilha de requisitos se tornará por mágica um fluxo de trabalho de negócio perfeito. Para criar um bom software comercial, é preciso ir além de somente modelar a situação atual. Você precisará planejar o futuro modo de trabalhar. As histórias de domínio ajudam a fazer isso e a visualizar como o novo software mudará a maneira como as pessoas trabalham.

Este capítulo é para você, caso queira fazer o seguinte:

- Planejar como o trabalho deve ser feito no futuro
- Otimizar os processos de negócio

- Quer discutir e promover uma mudança nos processos de negócio
- Colocar em uso o novo software
- Implantar a nova versão de um software existente

História sobre Autoridade Pública de Stefan

Certa vez, uma autoridade pública nos incumbiu de ajudá-la a reunir requisitos para um novo software. O domínio envolvia muitas questões legais e decisões especializadas. As tarefas dos especialistas não tinham o apoio de softwares especializados. Basicamente, eles apenas usavam um software de escritório típico.

Havia um grande obstáculo no modo de melhorar o suporte do software: a autoridade tinha escritórios em quatro cidades e cada escritório tinha que realizar as mesmas tarefas — mas elas eram feitas de modo diferente. Isso significava que eles precisavam de um software com suporte para um alto grau de flexibilidade ou tinham que alinhar seus processos de negócio. A autoridade pública decidiu pela última opção.

Para planejar um novo modo de trabalhar, primeiro vimos como os especialistas trabalhavam atualmente. Para ter uma visão geral de suas tarefas, nos reunimos com os representantes de todos os escritórios e mapeamos suas responsabilidades atuais em um diagrama de casos de uso de UML (consulte o Capítulo 7, "Relação com Outros Métodos de Modelagem"). Então, conduzimos workshops de acompanhamento em que modelamos os casos de uso como histórias do domínio, escritório por escritório. Tivemos pelo menos quatro histórias de domínio para cada caso de uso (uma para cada escritório e alguns casos de uso exigiram várias histórias para serem bem entendidos). O escopo dessas histórias de domínio era de GRANULARIDADE FINA (nível do mar), COMO ESTÁ e DIGITALIZADO (mesmo que não houvesse quase nenhum software envolvido).

Uma vez que tínhamos modelado as diferentes versões dos processos de negócio, começamos a compará-los usando cores para indicar as diferenças. Em um workshop que novamente incluía participantes de todos os escritórios, as diferenças foram discutidas e os especialistas explicaram uns aos outros por que trabalhavam de tal modo. Verificou-se que muitas diferenças eram, de fato, insignificantes. Nesses casos, derivar um processo de negócio consolidado a partir dos existentes foi simples. No entanto, se um processo comum não era óbvio, escolhíamos projetar um começando com uma tela vazia, em vez de se basear em um existente.

Quando os especialistas em domínio voltaram para seus escritórios, eles acharam fácil explicar para os colegas o que havia sido discutido nas reuniões. Eles só precisaram comparar as histórias de domínio COMO ESTÃO e COMO SERÃO para cada caso de uso e entender como seu trabalho seria afetado pela mudança.

Mudando os Fluxos de Trabalho das Pessoas

Durante a carreira de um funcionário normal, como seu trabalho é feito normalmente mudará várias vezes. Os motivos para essa mudança podem ser variados: novas tarefas devem ser feitas, a empresa é reorganizada ou o processo é otimizado.

Modelando a Mudança

Mudar sempre é difícil — difícil de entender e de executar. No livro *More Fearless Change* (sem publicação no Brasil), Mary Lynn Manns e Linda Rising destacam que *cabeça*, *coração* e *mãos* devem ser igualmente endereçados pelo agente de mudança [Manns/Rising 2015]. Ao fazer uma mudança na organização, é importante que todos entendam o seguinte:

- O que muda
- Por que muda
- Como me afeta
- Como posso ajudar

As histórias de domínio podem ajudar a visualizar o que será diferente no futuro (e o que fica igual):

- Por causa da mudança no trabalho em si
    - Causada pela otimização do processo
    - Causada por obrigações legais
- Por causa da introdução de um novo software

Para tornar visível a mudança entre os processos, muitas vezes ajuda modificar as histórias de domínio colorindo os símbolos. A Figura 13.1 mostra uma legenda típica para essas histórias. Os elementos removidos ou alterados estão em vermelho no e-book ou cinza claro na versão impressa deste livro. Os elementos novos ou alterados são verdes (e-book) ou cinzas escuro (impresso). Os elementos que não mudam ficam em preto.

Figura 13.1 *Visualizando a mudança – uma legenda típica*

As histórias resultantes visualizam a saída de uma discussão, mas não têm todas as explicações. Assim, você deve anotar pelo menos as principais decisões e o raciocínio por trás delas, como uma anotação ou um documento separado.

De Volta ao Exemplo do Aluguel

No estudo de caso de aluguel de carros da Alphorn (Capítulo 8), modelamos o processo de avalização de risco com Raymond, o gerente de risco. Ao fazer isso, ele reconheceu que o processo estava abaixo do ideal. Como a equipe não queria apenas digitalizar um processo ruim, a história Alphorn 3 COMO ESTÁ (Figura 8.3) foi mais desenvolvida na história Alphorn 4 COMO SERÁ (Figura 8.4). A última mostra o processo otimizado.

Ele agora deseja visualizar o que muda de um ponto de vista do negócio. Assim, compara as duas histórias de domínio PURAS. Para tornar visível a mudança entre os processos, a equipe modifica as histórias de domínio colorindo os símbolos de acordo com a legenda da Figura 13.1. Os resultados dessa modificação são a história Alphorn 3a COMO ESTÁ (Figura 13.2) e a história Alphorn 4a COMO SERÁ (Figura 13.3).

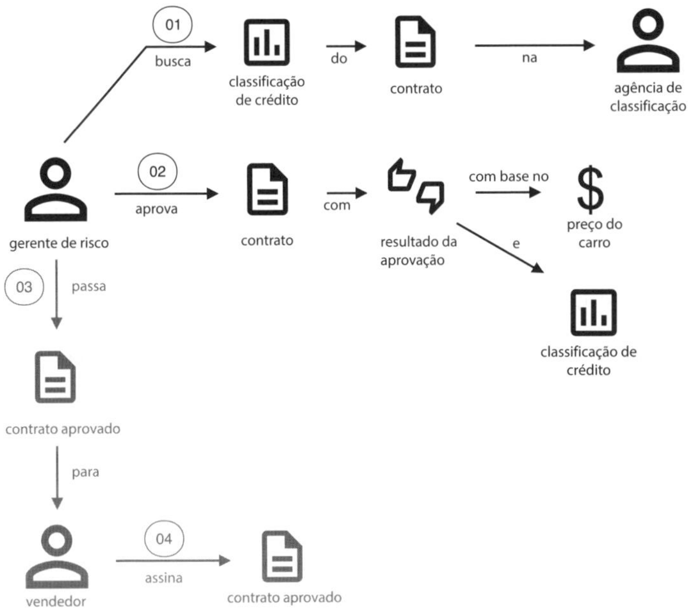

Figura 13.2 *Alphorn 3a: Avaliação de risco – GRANULARIDADE FINA, PURA, COMO ESTÁ – colorida*

Quando as duas histórias de domínio ficam lado a lado, é fácil identificar a diferença. Isso também facilita *explicar* a diferença.

Nas sessões de modelagem colaborativa que levaram às histórias anteriores, nem todos os gerentes de risco estavam presentes. Agora Raymond pode usar as histórias para explicar o novo processo para os outros gerentes de risco.

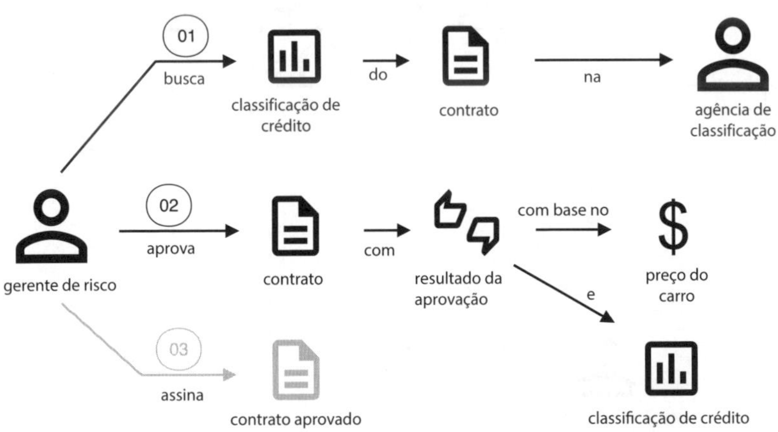

Figura 13.3 *Alphorn 4a: Avaliação de risco — GRANULARIDADE FINA, PURA, COMO SERÁ — colorida*

Cada membro da equipe de avaliação de risco pode ver o seguinte:

- Este ícone me representa.
- As setas vermelhas/cinzas claro conectadas ao ícone mostram quais tarefas mudarão para mim.
- As setas verdes/cinzas escuro conectadas ao ícone mostram o que será novo para mim.

Usando as histórias de domínio Alphorn 3a (Figura 13.2) e Alphorn 4a (Figura 13.3), Raymond explica:

— A administração decidiu: você não precisa mais passar o contrato aprovado (etapa 3); basta assiná-lo.

Como vimos, usar cores pode ajudar a destacar as mudanças. Uma alternativa às cores é usar grupos: um grupo para mostrar o que muda e outro para mostrar o que fica igual. Segundo nossa experiência, isso não é tão útil quanto usar cores. Principalmente porque as partes diferentes na história que mudam não podem ser agrupadas com facilidade. Além disso, pode haver problemas na legibilidade. No entanto, para as histórias de domínio simples como Alphorn 3 e 4, agrupar as mudanças pode ser uma opção viável, como se pode ver nas Figuras 13.4 e 13.5.

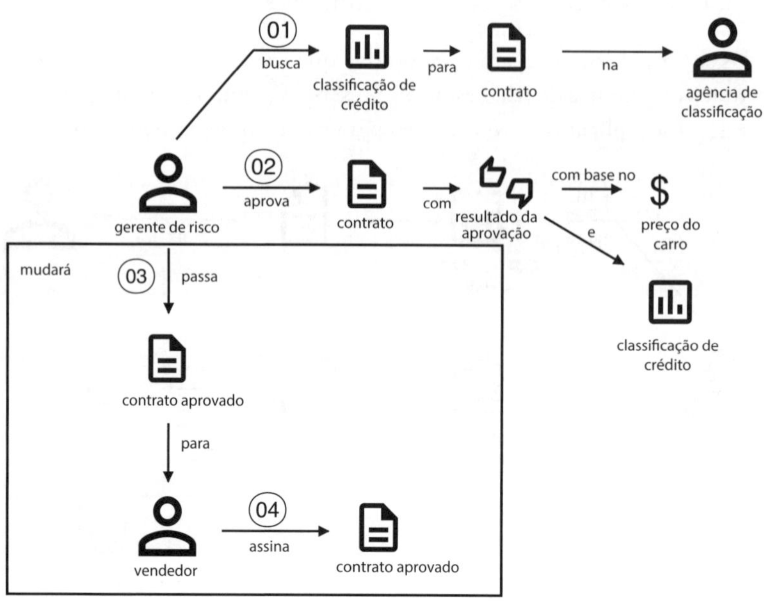

Figura 13.4 *Alphorn 3b: Avaliação de risco — GRANULARIDADE FINA, PURA, COMO ESTÁ — agrupada*

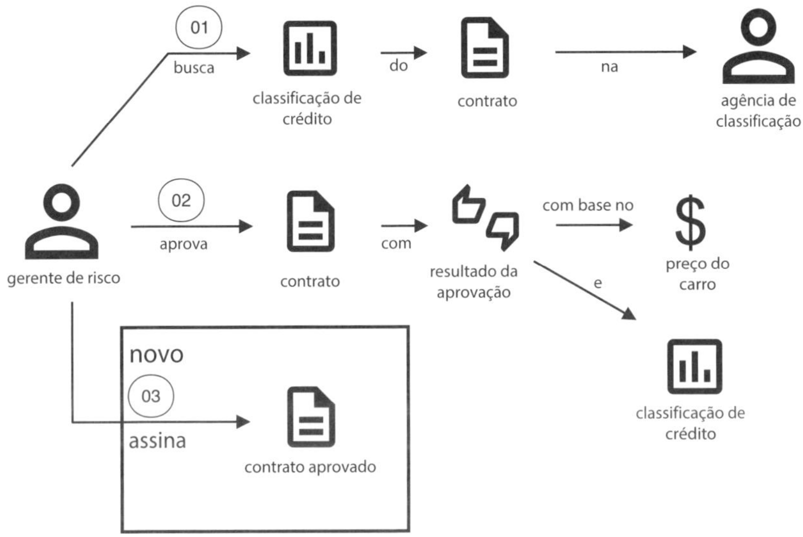

Figura 13.5 *Alphorn 4b: Avaliação de risco — GRANULARIDADE FINA, PURA, COMO SERÁ — agrupada*

Digitalizando o Trabalho

Outro motivo para mudar um processo é a introdução de um novo software.

Planejando Processos Viáveis e com Suporte do Software

Os processos COMO SERÃO tiveram um papel importante no Capítulo 11, "Trabalhando com Requisitos". Nele, aconselhamos não modelar cegamente o que os usuários contam. Discutimos os limites de um processo de design colaborativo: muitas vezes os especialistas acham difícil imaginar soluções de software diferentes daquelas com as quais estão familiarizados. Eles também não sabem o que é possível com as tecnologias modernas. Outros fatores limitantes incluem as estruturas da organização e os sistemas de recompensa. Em nossa experiência, muitos especialistas preferem pequenas melhorias a ter processos significativamente alterados.

De Volta ao Exemplo do Aluguel

Quando começamos a trabalhar com a Alphorn, eles tinham um modo antiquado de operar o negócio com muitas partes baseadas em papel. Quando um novo serviço de aluguel online for introduzido, ele mudará o trabalho diário dos usuários, porque agora eles usarão um software em vez do antigo sistema, e o processo em si será um pouco diferente.

Alphorn 2 descreve como o trabalho é feito hoje (Figura 8.2). Alphorn 5 contém o sistema que será criado (Figura 8.5). No último, a equipe explorou como o sistema influenciará o processo de negócio. Agora, as duas histórias estão coloridas para visualizar as mudanças. As Figuras 13.6 e 13.7 mostram o resultado.

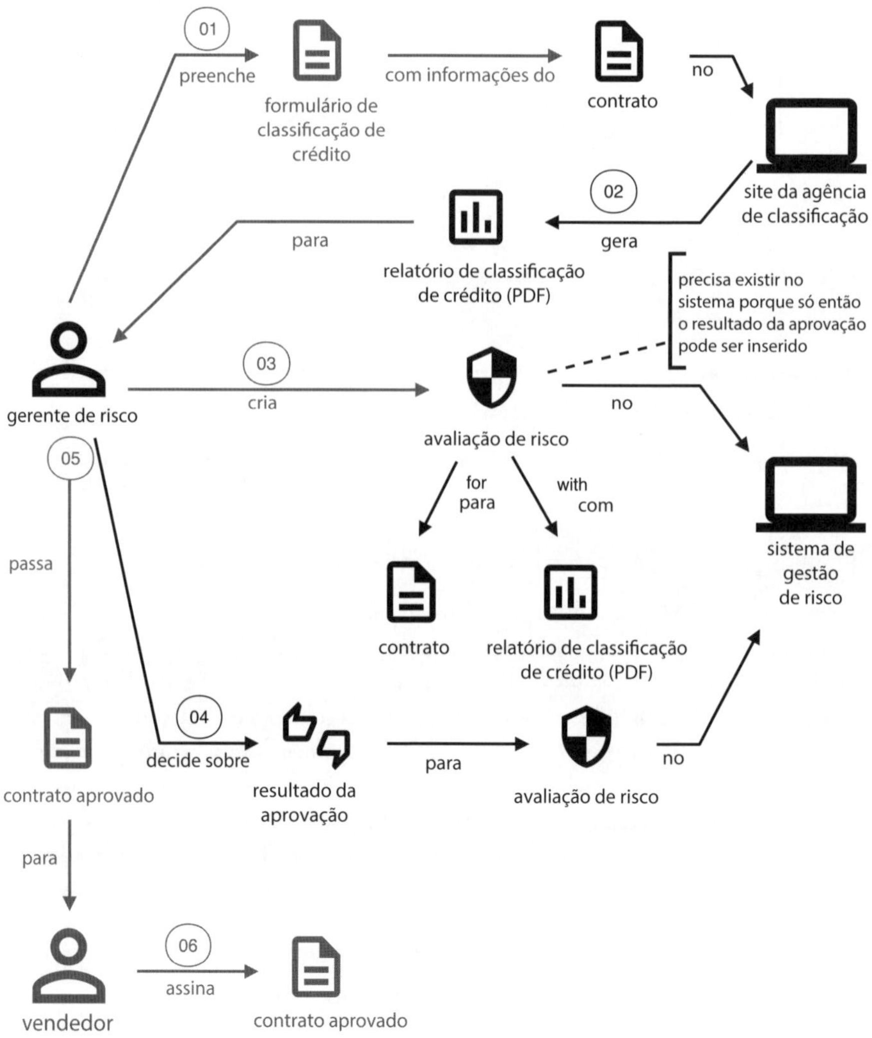

Figura 13.6 *Alphorn 2a: Avaliação de risco — GRANULARIDADE FINA, DIGITALIZADA, COMO ESTÁ — colorida*

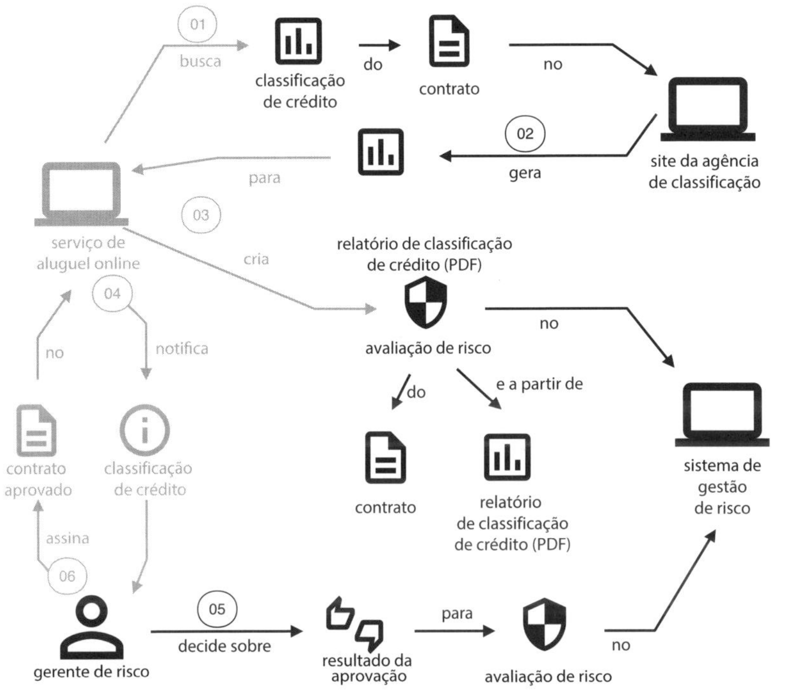

Figura 13.7 *Alphorn 5a: Avaliação de risco – GRANULARIDADE FINA, DIGITALIZADA, COMO SERÁ – colorida*

Os membros da equipe de avaliação de risco podem ver o seguinte:

- Este ícone me representa.
- As setas vermelhas mostram quais tarefas mudarão para mim ou serão feitas pelo sistema no futuro.
- As setas verdes mostram o que será novo para mim.

Raymond explica o novo processo com a ajuda das histórias de domínio:

— Você não terá que preencher a classificação de crédito (etapa 1 na Figura 13.6) nem criar mais uma avaliação de risco (etapa 3); isso será feito automaticamente pelo nosso serviço de aluguel online. Ele o notificará quando chegar uma classificação de crédito. Então, você decide sobre o resultado da aprovação como sempre fez (etapa 5). Por fim, é preciso assinar o contrato aprovado no novo serviço de aluguel online.

Colocar as situações COMO ESTÃO e COMO SERÃO lado a lado destaca o que será diferente no novo sistema. As pessoas que projetam o processo podem ver se suas ideias funcionam e as pessoas que usarão o novo sistema podem ver como seu trabalho é afetado.

O que Ler Depois?

As mudanças organizacionais estão entrelaçadas nos outros tópicos tratados neste livro:

- Planejar os processos COMO SERÃO revelará requisitos para os novos sistemas de software. Por isso mudanças organizacionais e trabalhar com requisitos (Capítulo 11) gostam de andar lado a lado.
- Além disso, mudanças organizacionais podem modificar os limites do domínio e da equipe. No Capítulo 10 descrevemos um modo analítico de encontrar os limites dos softwares e das equipes. Mas os limites não podem ser apenas identificados, eles podem ser *projetados* mudando a estrutura de comunicação de uma organização. Isso significa que você pode usar a Lei de Conway [Conway 1968] para planejar estruturas de comunicação e promover sua arquitetura de software desejada (a chamada *manobra invertida de Conway*).

Capítulo 14

Decidindo Criar ou Comprar, e Escolhendo um Software de Prateleira

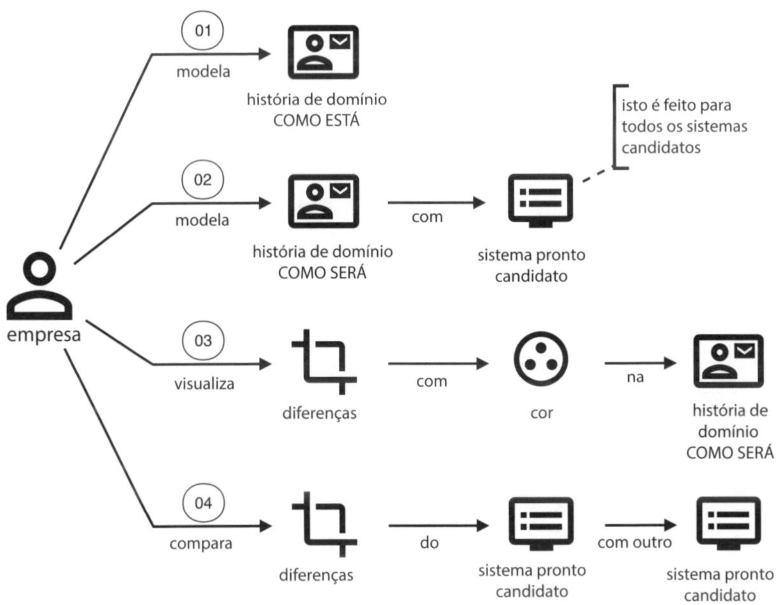

Nem todo software é feito sob medida. Muitos domínios têm o suporte de um software de prateleira. As histórias de domínio podem ajudá-lo a decidir se um novo software deve ser desenvolvido ou comprado. Muitas vezes, essa decisão é a próxima etapa lógica depois de identificar os contextos delimitados, como fizemos no Capítulo 10, "Encontrando os Limites". Para todo contexto delimitado,[1] você deve se perguntar: nós mesmos criamos esta parte do software ou adquirimos uma

1 [N. do A.] Na verdade, as soluções de prateleira geralmente fazem sentido apenas para os chamados *subdomínios genéricos*, um termo da literatura DDD; veja, por exemplo, *Implementando Domain-Driven Design* [Vernon 2013].

solução pronta? "Adquirimos" é usado em um sentido amplo aqui e também pode significar usar um software de código aberto.

Se a decisão é adquirir uma solução existente, em geral vários revendedores oferecerão seus produtos. Aqui também as histórias de domínio podem ser úteis ao fazer a escolha.

Este capítulo é para você se deseja fazer o seguinte:

- Comparar diferentes soluções e descobrir qual é a melhor para sua situação
- Pesar os prós e os contras do visual padrão do software

História sobre Seguro de Stefan

Quando uma seguradora decidiu adquirir um novo software para o CRM (gestão de relacionamento com o cliente), ela me pediu para ajudar no processo de seleção. Um limite importante era que o novo sistema CRM tinha que ser um software de prateleira. As diretrizes da empresa exigiam pelo menos três ofertas de revendedores adequados. Para tanto, a empresa seguiu um processo com vários estágios:

1. Pesquisar o mercado para identificar cerca de dez possíveis revendedores.
2. Dar aos revendedores igual acesso a um documento de requisitos e pedir suas ofertas.
3. Comparar as ofertas usando uma matriz de decisão ponderada.
4. Convidar os três principais revendedores para fazerem uma demonstração para os representantes de vendas (os futuros usuários do sistema) e outros interessados.
5. Avaliar as demonstrações, fatorar os resultados na matriz de decisão e tomar a decisão final.

Eu havia trabalhado com a seguradora antes para analisar seu cenário de TI. Modelamos muitas histórias COMO ESTÃO e DIGITALIZADAS, então incluímos as relevantes em um sistema CRM. Para escolher o novo sistema CRM, usamos histórias de domínio para as etapas 2 e 4 do processo de seleção.

Em grande parte, o documento de requisitos era composto de requisitos funcionais (claro, também descrevia os limites técnicos e os requisitos de qualidade, mas eles não são relevantes para esta história). Usamos várias fontes para chegar aos requisitos funcionais: recursos que o antigo sistema CRM tinha, recursos que descobrimos durante uma pesquisa de mercado e recursos que os representantes de venda consideravam úteis. Contudo, não fornecemos apenas uma lista de requisitos funcionais. Também fornecemos histórias de domínio que modelamos com os representantes e outras partes interessadas. As histórias mostraram como eles queriam usar o sistema e como ele se integraria aos softwares existentes.

O escopo das histórias de domínio era COMO SERÃO, em vez de GRANULARIDADE FINA (no nível do mar). Escolhemos contar histórias DIGITALIZADAS (com os softwares). Isso nos permitiu expressar nossas expectativas; por exemplo:

- Que o sistema de gestão de documentos deve notificar o sistema CRM se os clientes enviam ou recebem cartas
- Que as mudanças nos contratos no sistema host precisam ser refletidas no sistema CRM
- Que as interações entre os clientes e o suporte ao cliente por telefone precisam ser documentadas no sistema CRM

Quando pedimos as propostas aos revendedores, deixamos claro que as histórias de domínio eram sugestões. Pedimos que eles esclarecessem se os processos descritos poderiam ser feitos no software deles ou se tinham sugestões que melhorariam os processos. As respostas que os revendedores nos deram foram úteis para determinar quanta personalização seria necessária em um sistema. Para cada processo, podíamos nos perguntar: Pagamos para personalizar o sistema CRM e ele se enquadrar no processo pretendido? Ou devemos mudar o processo pretendido para se enquadrar no sistema CRM?

Para ajudar os revendedores a entender as histórias de domínio, não fornecemos apenas imagens, mas uma descrição textual, parecida com um caso de uso (veja o Capítulo 7, "Relação com Outros Métodos de Modelagem"). Afinal, não poderíamos falar com os revendedores diretamente até a etapa 4 do processo, a demonstração.

Na quarta etapa, as histórias de domínio tiveram outro papel: pedimos que os revendedores preparassem uma demonstração que reconstituísse as histórias de domínio mais importantes. Isso tornou mais fácil para as partes interessadas comparar as demonstrações porque todos os três fornecedores seguiram o mesmo "roteiro". A pesquisa após as demonstrações resultou em uma classificação clara dos revendedores. Por fim, o revendedor que venceu a rodada de demonstrações também teve a maior pontuação geral e ganhou o contrato.

Entenda os Processos das Soluções de Prateleira

Ao adquirir um software, você deve escolher entre as soluções oferecidas. Tome uma decisão fundamentada modelando o processo com diferentes soluções.

De Volta ao Exemplo do Aluguel

No Capítulo 10, "Encontrando os Limites", vimos os contextos delimitados de Alphorn. Para o contexto "proposta", o departamento de TI trabalha na implementação de sua própria solução (Capítulos 11 e 12). Agora, para o contexto "pagamento", Harold, chefe de TI, considera adquirir um produto de prateleira (Figura 14.1.)

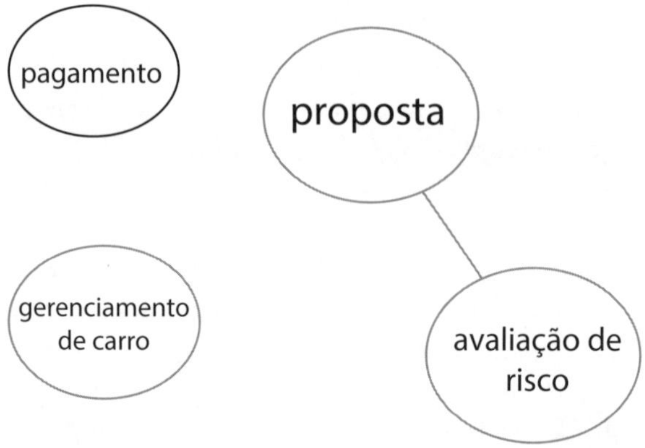

Figura 14.1 *Mapa de contexto para Alphorn, foco em "pagamento"*

Harold deseja comparar as diferentes soluções oferecidas no mercado: os dois concorrentes *Paynator* e *GreatPay*. Ele nos pediu suporte.

Como uma primeira etapa, nos reunimos com Amin, o especialista da contabilidade para modelar histórias de domínio de GRANULARIDADE FINA e PURAS para o contexto "pagamento". As histórias ajudarão a definir quais requisitos uma solução deve atender. Os dois casos são vistos — um pagamento bem-sucedido (caso padrão; Figura 14.2) e outro com falta de pagamento (Figura 14.3).

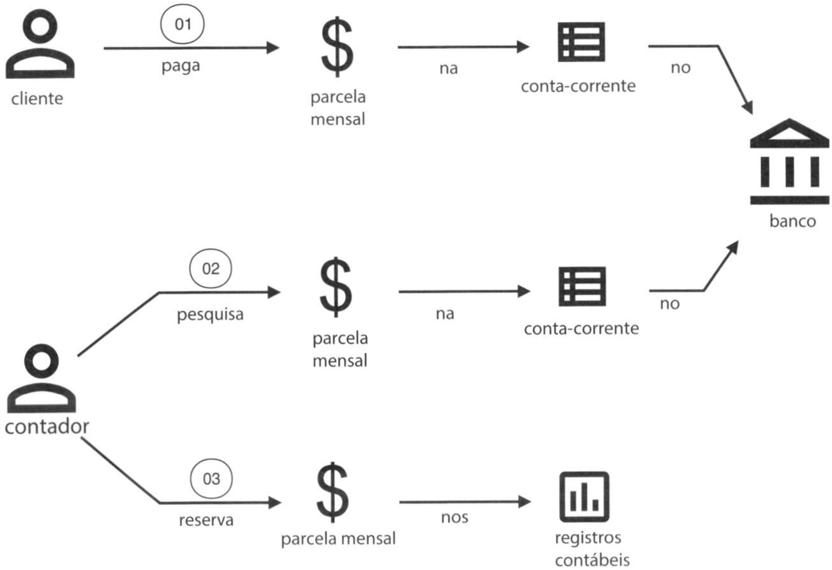

Figura 14.2 *Alphorn 8: Pagamento, caso padrão — PURO*

Agora que a equipe entende o processo PURO, ela vê como o processo mudaria com os diferentes sistemas oferecidos. Como no Capítulo 13, "Apoiando as Mudanças Organizacionais", usamos cores para marcar o que é novo em um processo: verde no e-book, cinza escuro na impressão.

A equipe avalia primeiro o sistema Paynator (Figura 14.4).

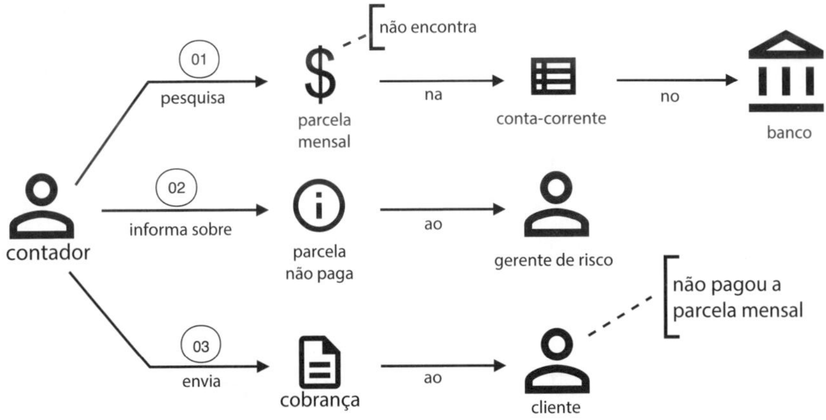

Figura 14.3 *Alphorn 9: Pagamento, falta de pagamento — PURO*

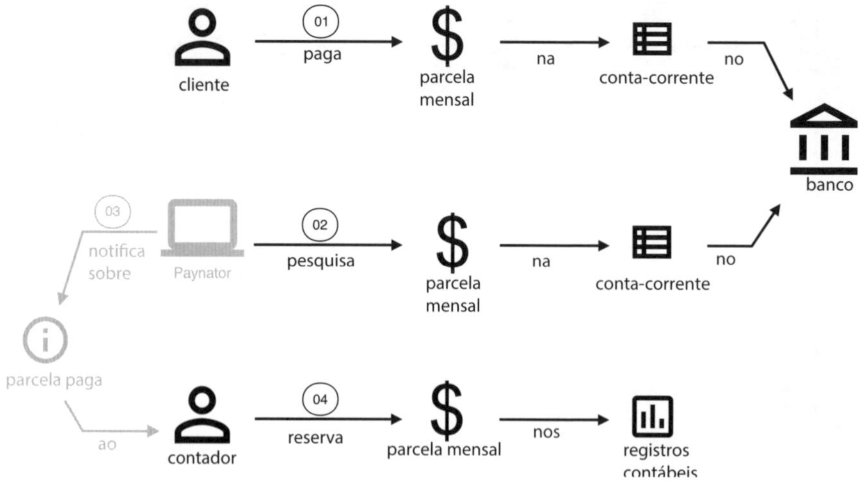

Figura 14.4 *Alphorn 8a: Pagamento, caso padrão — DIGITALIZADO — com sistema Paynator*

Como se pode ver, o contador teria menos trabalho, pois não precisaria mais pesquisar manualmente o pagamento da parcela mensal na conta-corrente.

A equipe passa a examinar o GreatPay. O processo nesse sistema é um pouco diferente (Figura 14.5).

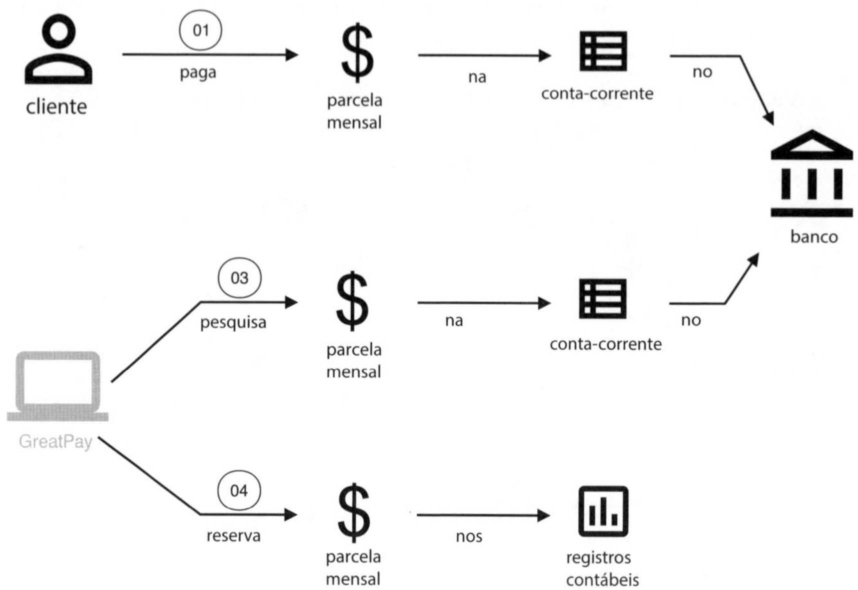

Figura 14.5 *Alphorn 8b: Pagamento, caso padrão — DIGITALIZADO — com sistema GreatPay*

No GreatPay, o trabalho do contador é todo automatizado e feito pelo sistema.

A partir dessa primeira avaliação, o GreatPay parece ser o vencedor. Mas e o outro caso? De novo, a mudança é modelada como histórias de domínio. Primeiro vejamos o Paynator na Figura 14.6.

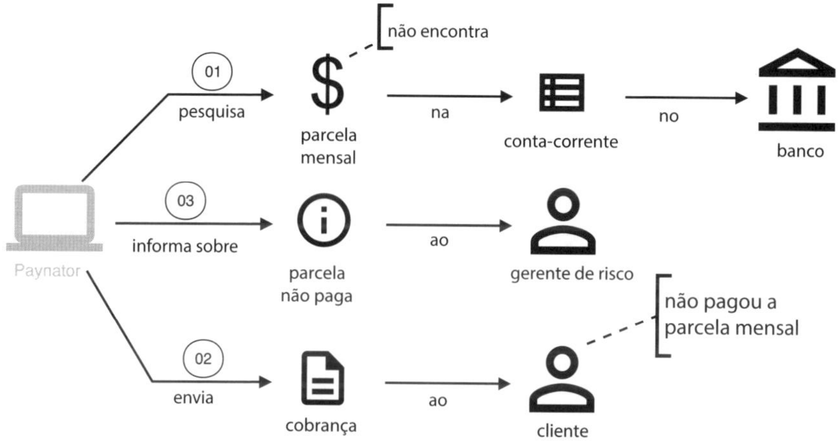

Figura 14.6 *Alphorn 9a: Pagamento, falta de pagamento — DIGITALIZADO — com Paynator*

Nessa história, o sistema faz tudo que o contador tinha que fazer antes. Compare-o com o GreatPay (Figura 14.7).

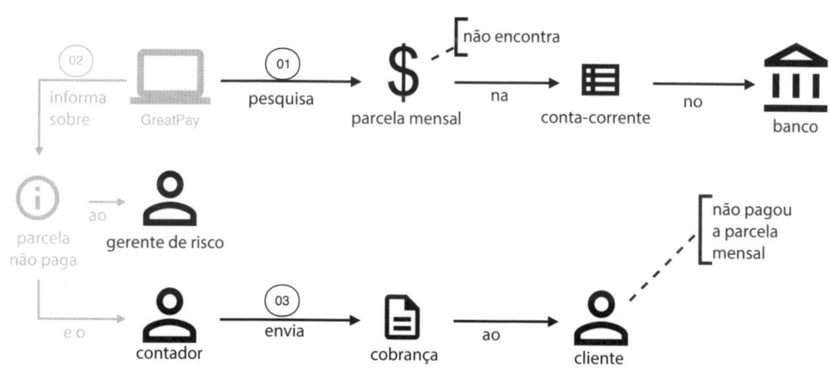

Figura 14.7 *Alphorn 9b: Pagamento, falta de pagamento — DIGITALIZADO — com GreatPay*

Aqui, a gestão de recebíveis[2] deve ser feita pelo contador. Nesse cenário, o Paynator parece a ferramenta mais adequada.

2 [N. do A.] "Gestão de recebíveis" é o termo do domínio que descreve o processo de lembrar aos clientes que eles devem uma parcela.

Com base nessa avaliação, a Alphorn pode comparar as duas ferramentas. Como a gestão de recebíveis causou muitos erros no passado quando era feita manualmente, a gerência decide adquirir o Paynator.

Reconhecidamente, o exemplo Alphorn é muito simplista. No mundo real, a decisão não seria baseada apenas em qual sistema suporta melhor os processos comerciais. Outros critérios, como custo, adequação técnica, utilidade etc, teriam que ser considerados também. Mas visualizar como um sistema mudaria o modo de os usuários trabalharem pode ajudar a escolher qual seria o certo.

O que Ler Depois?

Quando a decisão sobre uma solução for tomada, siga em frente e faça a aquisição. Para ensinar seus usuários como o novo sistema afetará seu trabalho, é possível usar histórias de domínio, como mostramos no Capítulo 13, "Apoiando Mudanças Organizacionais".

Os sistemas existentes podem ter que mudar suas interfaces para o novo software, podendo levar a novos requisitos (veja o Capítulo 11, "Trabalhando com Requisitos").

Capítulo 15

Encontrando a TI Invisível

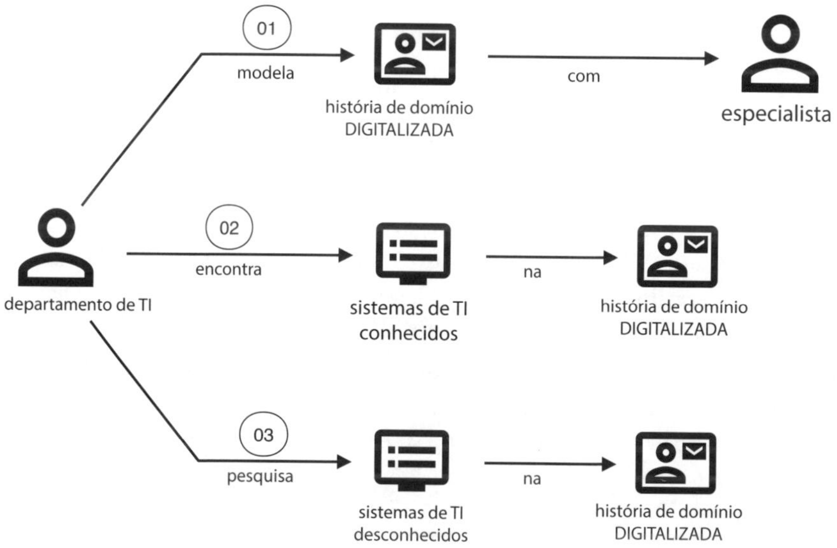

Quando você está tentando consolidar os cenários de aplicativos de software ou promover a digitalização, a chamada **TI invisível** entra no seu caminho. Toda empresa quando passa de certo tamanho usa um software do qual o departamento TI central não está ciente. Muitas vezes, são críticas para o negócio todas as pequenas soluções que são executadas nos departamentos de negócio e que dificilmente alguém sabe.

Com frequência, esse software foi criado pelos próprios usuários. Os especialistas que não têm uma educação formal em programação costumam não estar cientes das medidas que precisam ser tomadas para assegurar a qualidade, o backup, a segurança, e assim por diante. Isso pode se tornar um risco, por exemplo, quando um pequeno script de Visual Basic escrito por um estagiário para dar suporte à contabilidade acaba se tornando parte do processo do qual toda a empresa depende.

Em geral, os especialistas em domínio usam a TI invisível sem perceber, portanto ela é facilmente ignorada. As histórias de domínio podem ajudar a TI e a gestão a encontrar essa TI invisível e ver todo o ambiente de TI.

Este capítulo é para você em qualquer um dos seguintes casos:

- O cenário de TI de sua empresa não é claro ou tem "pontos cegos".
- Você deseja encontrar um software sobre o qual o departamento de TI não sabe.
- Deseja adicionar backup, controle de versões, segurança, etc ao software que foi criado pelos usuários.

História sobre Produção Industrial de Henning

Minha colega Carola analisou a arquitetura de um grande sistema de execução de manufatura [em inglês, *manufacturing execution system* — MES] para um fabricante de aviões. O objetivo do cliente era ter a menor interrupção da produção possível. Um único dia de interrupção custaria milhões. Carola logo percebeu que uma visão maior era necessária: um mapa do cenário de TI. Não apenas o MES, mas muitos outros sistemas tinham impacto na produção. Uma avaliação de cada sistema era necessária para responder à pergunta: Como uma falha nesse sistema em particular impactaria a produção?

Carola me levou junto e visitamos várias unidades de produção. Modelamos muitas histórias de domínio com pessoas da produção, do planejamento e de TI. Como nosso objetivo era descobrir sistemas de software, focamos nas histórias DIGITALIZADAS. Algumas eram de GRANULARIDADE GROSSA, outras de GRANULARIDADE FINA e todas eram COMO ESTÃO.

Descobrimos os grandes sistemas que esperávamos — o software que o fabricante de aviões tinha comprado e criado. Também encontramos muitas soluções pequenas e não tão pequenas que foram escritas pelos engenheiros de produção ao longo de décadas. Por exemplo, uma história de domínio mostrou que o sistema de planejamento (a TI conhecida) exportava todo o design do shell para um arquivo PDF em um HD específico, que então era convertido em um arquivo Excel (TI invisível!). Esse arquivo era lido pelo controlador de produção para iniciar a produção do shell.

Uma vez que havíamos descoberto quais sistemas existiam, pudemos discutir sobre as consequências de suas falhas. Por exemplo, descobrimos com a história de domínio descrita rapidamente que sem o arquivo Excel de design do shell, a produção pararia.

Não Apenas Desenvolvedores de Software Desenvolvem Software

A TI invisível é onipresente nas grandes organizações. Ela começa com uma planilha do Excel que realiza um cálculo. O especialista em domínio que escreveu esse arquivo a coloca em uma unidade de rede e passa adiante. Seus colegas ficam empolgados, pois não precisam mais fazer os cálculos à mão. O trabalho fica ainda mais fácil quando um pouco de script simplifica o uso da nova ferramenta.

Mas o entusiasmo pode evaporar quando acontece qualquer uma destas situações:

- O autor sai da empresa, e o arquivo é excluído sem querer e se perde para sempre.
- Uma nova versão é escrita e nem todos os colegas sabem sobre a substituição, com as diferenças nos resultados sendo detectadas somente alguns meses depois.
- Um cálculo errado passa despercebido em um certo caso de extrema importância e custa muito dinheiro.

Não é algo ruim por si só se pessoas fora da TI escrevem um software. O problema é que esse software é exposto a todo tipo de risco que apenas olhos treinados conseguem detectar. Um especialista em domínio geralmente não está ciente dos objetivos de qualidade do software, como confiabilidade, manutenibilidade e segurança. Ele pode não estar ciente dos problemas que surgem do monopólio do conhecimento ou da falta de backups. Além disso, é possível que ele nunca tenha ouvido falar sobre práticas como *testes de unidade*, *controle de versão*, *programação em pares* e muitas outras coisas que os engenheiros de software tiveram que aprender do modo difícil nas últimas décadas.

Tornando Visíveis os Sistemas de Software Ocultos

Assim, você deseja tirar a TI invisível das sombras. Um primeiro passo é se familiarizar com esse software. O Storytelling de Domínio pode funcionar aqui como um meio de coletar informações para a gestão da TI corporativa.[1]

Os gerentes não técnicos não entendem o problema com o software que ignora a TI corporativa. Quando o pessoal de TI fala sobre isso, eles não veem

1 [N. do A.] Não queremos entrar nos detalhes da *Gestão da Arquitetura Corporativa* [em inglês, *Enterprise Architecture Management* — EAM] aqui. Porém, se você está familiarizado com ela, talvez note que o Storytelling de Domínio pode ser usado para seu suporte.

como um desafio maior. Com as histórias de domínio, visualizamos o cenário todo para mostrar onde a TI invisível é usada nas partes importantes do processo do negócio. Assim, tornamos o problema visível.

De Volta ao Exemplo do Aluguel

Na Alphorn, Harold (o chefe de TI) suspeitava há algum tempo que havia uma TI invisível no departamento de risco. Até o momento, ele não tinha convencido Becky, a chefe, de que isso poderia levar a problemas. Agora que dois consultores externos estavam por ali, Harold nos perguntou sobre o que fazer quanto a isso. Organizamos outra reunião com Raymond, o gerente de risco, e contamos sobre nosso plano para encontrar o software oculto. Juntos, percorremos as histórias de domínio de GRANULARIDADE FINA Alphorn 2 a 5 (Figuras 8.2 a 8.5) que modelamos com ele no Capítulo 8, "Estudo de Caso – Alphorn Auto Leasing Inc." Em Alphorn 4, frase 2 (Figura 15.1), identificamos um detalhe interessante — o preço do carro.

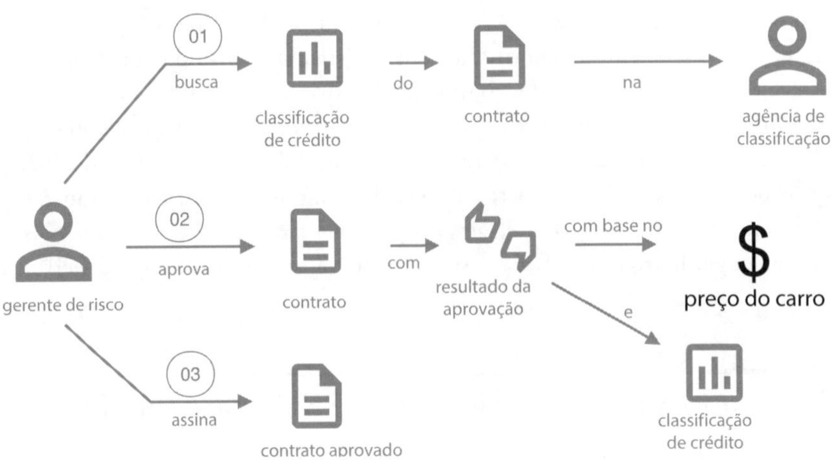

Figura 15.1 *Alphorn 4: Avaliação de risco — GRANULARIDADE FINA, PURA, COMO SERÁ*

Stefan abre a discussão.

Moderador Stefan: — Quando você aprova o contrato, como o preço do carro influencia a decisão? É só quanto maior o preço, maior o risco?

Gerente de risco Raymond: — Ah não, é muito mais sofisticado! Por exemplo, os carros caros normalmente são alugados por pessoas ricas.

Elas poderiam comprar o carro, mas alugam por razões fiscais. Elas têm dinheiro suficiente e normalmente pagam suas contas. Então, o risco com carros caros é baixo.

Stefan: — Hum, e como você avalia o risco?

Raymond: — Eu comparo o preço do carro com a tabela de risco de preço.

Stefan: — O que é tabela de risco de preço?

Raymond: — Ela calcula a probabilidade de falta de pagamentos com base no preço do carro.

Stefan: — Você poderia explicar isso?

Raymond: — Sempre que um cliente não paga uma parcela, o departamento de contabilidade nos informa.

Stefan: — Ah, ouvi algo sobre isso quando conversei com a contabilidade!

Ele aborda Alphorn 9 novamente (que foi escrito com o contador Amin no Capítulo 14, "Decidindo Criar ou Comprar, e Escolhendo um Software de Prateleira) e aponta para a frase 2 (Figura 15.2).

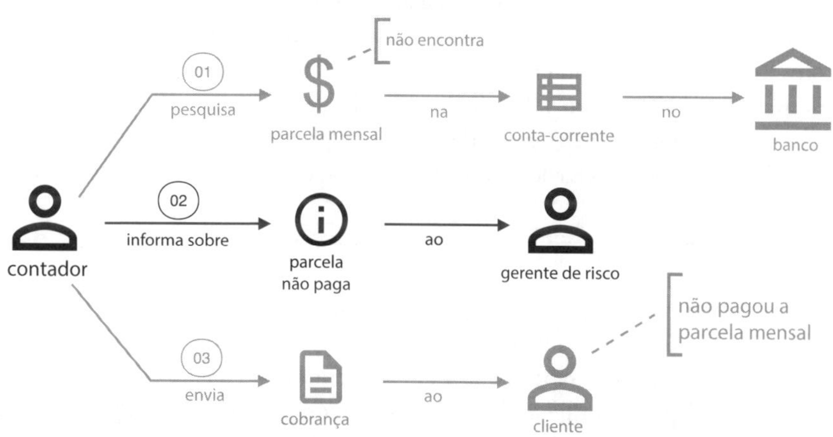

Figura 15.2 *Alphorn 9: Pagamento, falta de pagamento — PURO*

Raymond: — Exato! Quando sou avisado sobre uma parcela não paga, coloco isso no monitoramento dos pagamentos que faltam. A partir disso, a tabela de risco é extraída com VLOOKUP.

Stefan: — Vamos colocar tudo isso em uma outra história de domínio...

Juntos, eles modelam a história de domínio Alphorn 10, na Figura 15.3.

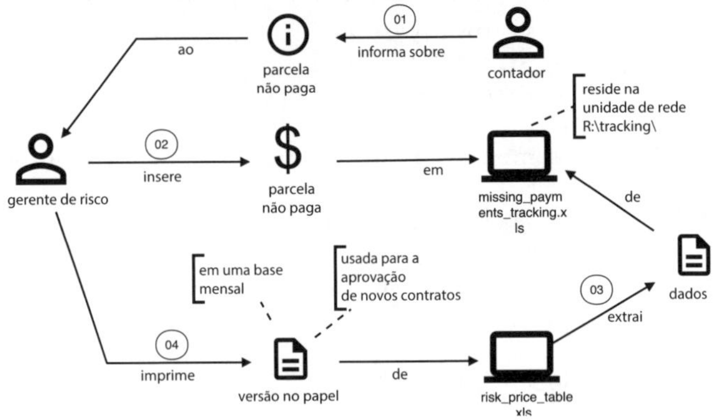

Figura 15.3 *Alphorn 10: Monitoramento dos pagamentos que faltam* — DIGITALIZADO, COMO ESTÁ

Stefan: — Certo, então o monitoramento é uma planilha do Excel! E a tabela de preço de risco é outra.

Raymond: — Sim é isso.

Então Harold estava certo: uma boa parte da lógica do negócio (o monitoramento dos pagamentos que faltam) depende de arquivos do Excel. A conversa com Raymond continua e cobre tópicos como a utilidade e a propensão a erros da solução de software atual. Toda essa informação vai para a gestão do portfólio de TI de Harold. Ele avalia o risco operacional dos arquivos Excel e determina a necessidade de se tomar uma ação. Junto com a história de domínio Alphorn 10, ele agora consegue convencer Becky de que precisa de fundos para preparar o monitoramento para o futuro.

O uso oculto dos softwares fica óbvio quando objetos de trabalho aparecem do nada. Os especialistas falam que "pesquisam a lista XYZ" ou eles respondem à pergunta "Como você sabe disso?" com algo como "Peguei no relatório ABC." Quando você pergunta de onde vem a lista XYZ e o relatório ABC, normalmente descobre que softwares como Microsoft Access, Excel, Lotus Notes ou scripts de shell são usados.

O que Ler Depois?

Os sistemas invisíveis encontrados fazem parte da solução de TI geral. Eles devem ao menos estar visíveis no mapa de contexto (veja o Capítulo 10, "Encontrando os Limites").

Os sistemas invisíveis podem ser substituídos por sistemas desenvolvidos pelo departamento de TI. Então, você desejará trabalhar nos requisitos (Capítulo 11, "Trabalhando com Requisitos") e implementá-los (Capítulo 12, "Modelando em Código").

Capítulo 16

Conclusão

Entender o outro sempre será um desafio. O Storytelling de Domínio (ou qualquer outro método nesse sentido) não fará com que isso desapareça como mágica. Mas o Storytelling pode fazer muito para mitigar o problema. Na verdade, acreditamos que o potencial ainda não foi totalmente atingido.

O Futuro do Storytelling de Domínio

A modelagem é uma disciplina emergente e o Storytelling de Domínio ainda é uma técnica relativamente nova. Achamos que o futuro trará desenvolvimentos interessantes — novos métodos e modos de combinar outros métodos com o Storytelling.

O suporte da ferramenta é outro campo no qual esperamos mais desenvolvimento. Para os workshops de Storytelling de Domínio pontuais, atualmente há soluções boas e variadas. Mas para o uso frequente, existem menos ferramentas a escolher, com a Egon.io fornecendo o melhor suporte para o método. Estamos curiosos para experimentar novas ferramentas. Mas em muitas situações de modelagem, um quadro branco, um marcador e notas adesivas ainda são tudo que você precisará. Esperamos que mais empresas cubram suas paredes com quadros brancos!

Neste livro, descrevemos as finalidades para as quais usamos pessoalmente o Storytelling de Domínio. Nós nos concentramos em usar o Domain Storytelling para facilitar o desenvolvimento de software. Porém, pode ser útil em outros campos também. Algumas finalidades que não entraram nesta edição:

- **Automação do fluxo de trabalho:** Use o Storytelling de Domínio para saber o que automatizar. Então, faça a transição para a BPMN e torne os fluxos de trabalho executáveis.
- **Documentação do processo de negócio:** Utilize as histórias de domínio como uma alternativa leve e fácil de entender em relação a textos longos ou diagramas mais formais.

- **Otimização de processos:** Apenas tocamos na superfície desse tema. Modele o processo atual como uma história de domínio COMO ESTÁ. Então otimize o processo e desenhe-o como uma história de domínio COMO SERÁ.

Temos certeza de que a comunidade dos profissionais de Storytelling de Domínio encontrará muitas outras finalidades.

A Essência do Storytelling de Domínio

Seja qual for o futuro do Storytelling de Domínio, alguns aspectos permanecerão porque são a essência do método:

- **Colaborativo:** Várias pessoas interagem contando (e ouvindo) uma história, cada uma adicionando seu próprio conhecimento e perspectiva.
- **Social:** É uma forma interativa de contar história — uma conversa de contadores e ouvintes, que fazem perguntas. A conversa é facilitada por um moderador.
- **Visual:** Falar e ouvir diretamente tem sido, é e será o melhor modo para as pessoas se comunicarem. A visualização abre um canal de feedback extra e ajuda a reter os temas debatidos por muito tempo. Contar histórias também é uma atividade de modelagem!
- **Baseado em cenários:** Uma história de domínio trata de um exemplo concreto e significativo de um processo de negócio.
- **Intencional:** O Storytelling de Domínio não é um fim em si, mas um meio para se chegar a um objetivo que pode aprimorar as organizações, criar um software melhor ou tornar o trabalho dos especialistas mais fácil, rápido e melhor.
- **Versátil:** Dependendo do objetivo, o escopo de uma história de domínio pode variar em granularidade, pode ser sobre diferentes pontos no tempo e mostrar processos de negócio puros ou com suporte de software.
- **Integrado:** O Storytelling de Domínio pode ser combinado com técnicas do DDD, engenharia de requisitos, teste, desenvolvimento de software ágil e outras disciplinas.

Agora, comece a modelar e divirta-se! Adoraríamos ouvir sobre sua experiência e dúvidas. Se quiser, compartilhe-as conosco usando a hashtag #domainstorytelling ou em stefan@domainstorytelling.org e henning@domainstorytelling.org!

Apêndice

A História do Storytelling de Domínio

No começo dos anos 1990, um grupo de cientistas da computação[1] na Universidade de Hamburgo começou a pesquisar técnicas para o desenvolvimento de softwares comerciais. Eles perceberam que era importante que os desenvolvedores entendessem as tarefas, os fluxos de trabalho e a linguagem de domínio dos futuros usuários. Para os workshops em conjunto, os desenvolvedores precisavam de técnicas que dariam suporte a uma cooperação igual entre os vários participantes. Os meios gráficos de representação disponíveis naquela época, como fluxogramas e diagramas de UML, se mostraram inadequados. Eles reforçavam o monopólio do modelo dos cientistas da computação na acepção de Stein Bråten [Bråten 1973].

Inspirado pela proposta de Peter Checkland para uma técnica de diagrama compreensível de modo geral — chamada *imagens ricas* [Checkland 1975] —, o grupo desenvolveu *imagens de cooperação* como uma técnica para os requisitos de engenharia. Uma imagem de cooperação mostra atores e objetos com os quais os atores trabalham. Atores e objetos são visualizados como ícones e conectados com setas para mostrar as tarefas conjuntas. O primeiro artigo em inglês sobre esse método que conhecemos é de Anita Krabbel, Sabine Ratuski e Ingrid Wetzel (posteriormente Schirmer) e foi publicado em 1996 [Krabbel *et alii* 1996). A Figura A.1 mostra uma imagem desse artigo visualizando a admissão de um paciente no hospital.

As imagens de cooperação antecedem a linguagem pictográfica do Storytelling de Domínio. No entanto, elas não contavam uma história, eram criadas em workshops com especialistas, mas *após* os especialistas terem sido entrevistados e os cenários textuais terem sido escritos — não durante a discussão.

---

1 [N. do A.] Incluindo Christiane Floyd, Heinz Züllighoven e Ingrid Wetzel (posteriormente Schirmer).

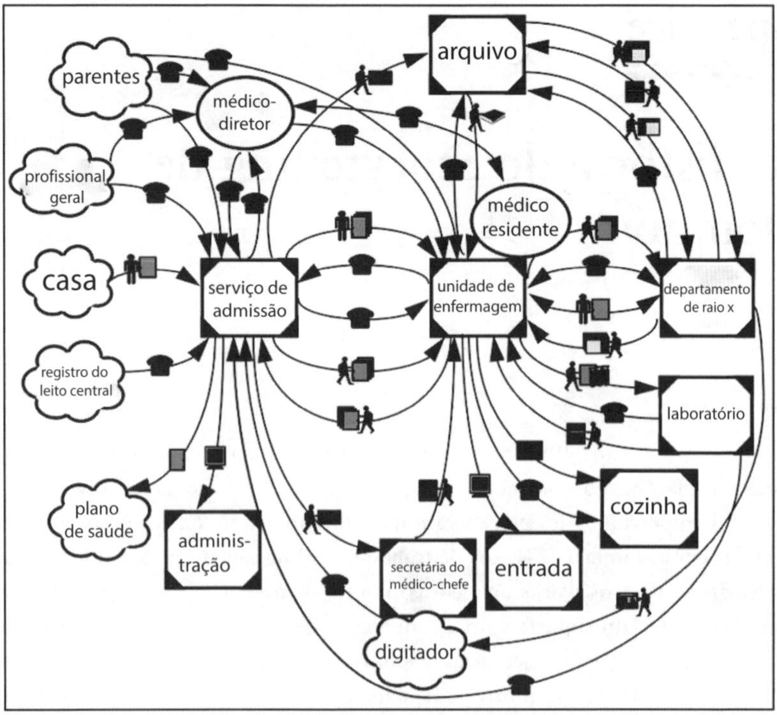

Figura A.1 *O antecessor do Storytelling de Domínio: imagens de cooperação*

A ideia de usar uma linguagem visual para contar histórias nasceu em 2000. Uma locadora de carros contratou uma subsidiária da universidade que agora é conhecida como WPS – Workplace Solutions Ltd. para elaborar alguns casos de uso para seu negócio. Os funcionários estavam familiarizados com as imagens de cooperação e sabiam que as técnicas de visualização podiam melhorar muito os workshops. Em seus workshops, eles desenharam imagens de cooperação em quadros brancos e adicionaram algo novo: marcaram as setas com números para expressar uma sequência de atividades. Agora, as imagens tinham o tempo como uma dimensão e contavam histórias. Depois do workshop, eles preservaram o conteúdo do quadro branco redesenhando a imagem no computador. Por falta de uma ferramenta mais adequada, usaram o Microsoft PowerPoint. A Figura A.2 mostra um exemplo do trabalho deles.

Para a documentação, eles escreveram a história em prosa, fazendo referência aos números na imagem. Eles escolheram essa combinação de casos de uso escritos e imagens de cooperação na modelagem de processos de negócio mais formais porque haviam tido uma ótima experiência nos workshops em que os especialistas não tinham formação em ciência da computação.

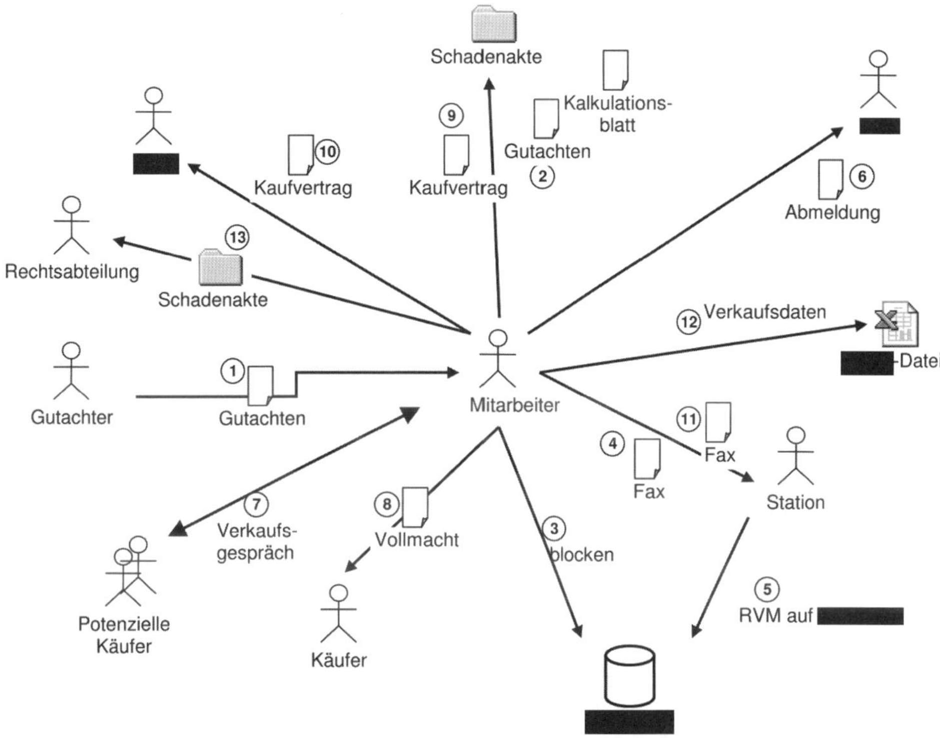

Figura A.2 *Uma das primeiras imagens de cooperação baseadas em cenários*

O novo tipo de diagrama inicialmente se chamou *imagem de cooperação* também e mais tarde foi renomeado como *cenário de cooperação*. Era perfeito para o estilo de desenvolvimento de software ágil, centrado no usuário e orientado a domínios que a WPS vinha buscando, recebendo o nome *Tool and Material Approach (T&M)* [Zullighoven 2004]. Os fundadores da WPS, Heinz Züllighoven e Guido Gryczan, também desenvolveram (com outros) essa abordagem. O T&M recomenda cenários como um meio para a comunicação entre especialistas em domínio e desenvolvedores.

Os cenários de cooperação foram usados pelos funcionários da WPS e outros em dezenas de projetos de desenvolvimento de software. Muitas pessoas ajudaram a melhorar a técnica e, em 2003, ela se tornou uma abordagem de modelagem cooperativa com vários tipos de modelo: cenários de cooperação foram aumentados com um glossário, diagramas de casos de uso, gráficos organizacionais, cenários de processos e (mais tarde) cenários de TI. É por isso que uma solução de modelagem baseada no ADONIS do Grupo BOC foi construída. A Figura A.3 é uma imagem do domínio de serviços bancários, criado com uma versão inicial da ferramenta de modelagem.

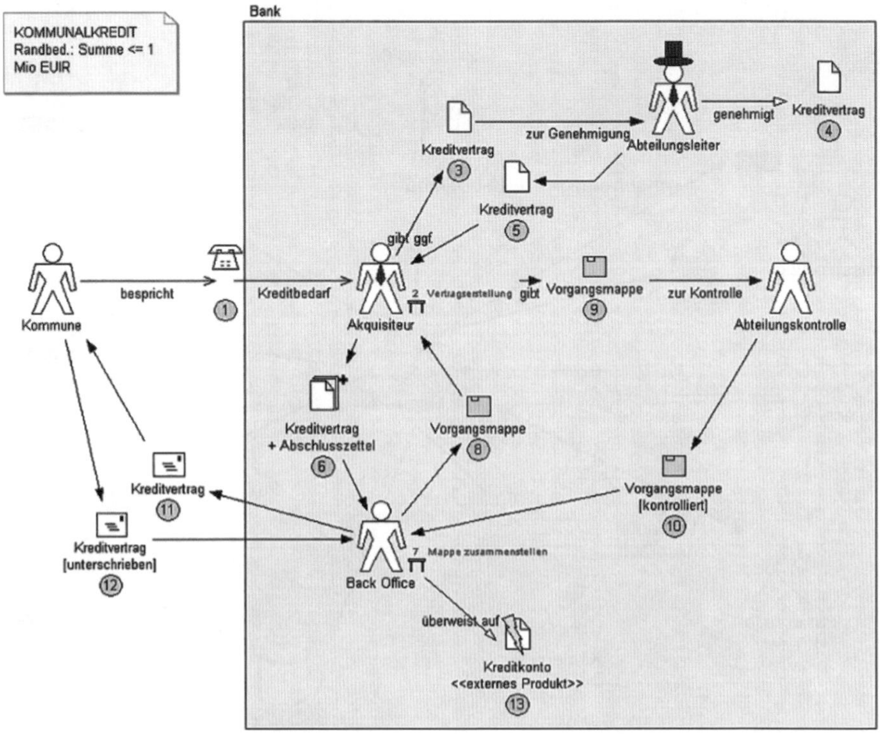

Figura A.3 *Um cenário de cooperação modelado com o suporte da ferramenta*

Nos anos seguintes, um método e uma ferramenta foram desenvolvidos em uma espécie de evolução em conjunto. Eles compartilhavam um nome longo e bem acadêmico em alemão: *exemplarische Geschäftsprozessmodellierung* (*eGPM*), que significa *modelagem exemplar de processos de negócios* [em inglês, *exemplary business process modeling*— eBPM]. O eGPM foi ensinado e pesquisado na Universidade de Hamburgo. Um dos artigos acadêmicos da época é "Design Rationale in Exemplary Business Process Modeling" [Breitling *et alii* 2006, conteúdo em inglês].

Nós, autores, nos conhecemos em 2005, quando entramos para a WPS. Também foi quando conhecemos o eGPM, que na época já era o método favorito de nossos colegas para aprender sobre novos domínios, conversar com especialistas em domínio e derivar o design do software baseado em domínios. Em 2011, uma ferramenta de modelagem gratuita para o eGPM foi lançada como parte da Open Models Initiative da Universidade de Viena. Stefan foi um dos desenvolvedores e aos poucos foi assumindo as responsabilidades do proprietário do produto.

Após Stefan ter terminado sua tese de pós-doutorado em modelagem da transformação corporativa [Hofer 2017], Carola Lilienthal, agora CEO da WPS, entrou em contato com ele. Ela pediu que Stefan assumisse a responsabilidade pelo método (um tanto adormecido). Desmontar e renomear o método foi o primeiro resultado visível desse esforço. No verão de 2016, Stefan sugeriu *Storytelling de Domínio* como um novo nome para o cenário de cooperação do eGPM. Este novo nome intencionalmente se assemelha ao *Domain-Driven Design (DDD)*. Henning, um dos profissionais DDD mais apaixonados da WPS, havia percebido que a comunidade DDD cada vez maior seria o ambiente certo para desenvolver o Storytelling de Domínio.

Começamos a conversar e a escrever sobre essa técnica com o nome *Storytelling de Domínio* em 2016. Após nossa apresentação na conferência Domain-Driven Design Europe em Amsterdã, em janeiro de 2018, percebemos que para se tornar um profissional em Storytelling de Domínio a pessoa precisaria de uma orientação que excede o formato de conversas, blogs e sessões práticas. Assim, decidimos escrever este livro, que iniciou como um projeto de publicação independente na Leanpub e acabou se tornando um livro "real" na Addison-Wesley.

Depois de apresentar o método nos eventos DDD Exchange, Explore DDD e KanDDDinsky, outros membros da comunidade DDD começaram a usá-lo e adaptá-lo. Ficou claro que as diferentes abordagens para a modelagem em colaboração têm muito em comum. A partir desse insight, o livro *Visual Collaboration Tools* [Baas-Schwegler/Rosa 2020, sem publicação no Brasil] e o CoMoCamp [site CoMoCamp] foram concebidos. Martin Schimak incorporou o Storytelling de Domínio no *Storystorming* e inventou uma notação alternativa com notas adesivas [Schimak 2019]. Nick Tune o usou como uma inspiração para a *Domain Message Flow Modelling* [Tune 2021, *Modelagem do Fluxo de Mensagens do Domínio*, em tradução livre].

Em 2018, o desenvolvimento de uma ferramenta de código aberta se iniciou: Egon.io — The Domain Story Modeler [site Egon.io, Modelador de Histórias do Domínio, em tradução livre].

Enquanto isso, o Storytelling de Domínio também foi adotado pelas comunidades ágeis, de engenharia de requisitos e BDD. Estamos ansiosos para continuar a escrever a história do Storytelling de Domínio!

Glossário

atividade: O que um ator faz com um objeto de trabalho. Um bloco de construção.

ator: Bloco de construção que representa uma pessoa ou um software que desempenha um papel ativo na história de domínio. São os sujeitos nas frases em uma história de domínio.

anotação: Uma informação textual, como uma nota. Pode ser sobre outro bloco de construção, uma frase ou a história de domínio inteira.

COMO ESTÁ: Escopo de um ponto no tempo da história de domínio, significando que a história descreve a situação atual.

bloco de construção: Um termo genérico para os diferentes tipos de elementos gráficos usados na notação do Storytelling de Domínio.

GRANULARIDADE GROSSA: Veja *granularidade.*

modelagem colaborativa: O processo de reunir desenvolvedores e especialistas para compartilhar e aprender sobre o conhecimento de domínio e a linguagem.

DIGITALIZADO: O fator escopo que explica a pureza do domínio. Descreve uma história de domínio que contém os sistemas de TI, tornando visível onde o processo de negócio depende deles.

pureza do domínio: Um fator escopo que expressa se os softwares fazem parte da história de domínio. Pode ser PURO ou DIGITALIZADO.

história de domínio: Uma imagem que representa um cenário contado oralmente por um ou vários contadores de história.

GRANULARIDADE FINA: Veja *granularidade.*

granularidade: Um fator escopo que define o detalhamento de uma história de domínio. Pode ser GRANULARIDADE GROSSA (contado de uma perspectiva de alto nível), GRANULARIDADE FINA (contado de uma perspectiva de baixo nível com muitos detalhes) ou algo intermediário, como GRANULARIDADE MÉDIA.

grupo: Agrupa partes de uma história de domínio que ficam juntas de algum modo. Geralmente desenhado como um contorno, por exemplo, uma forma retangular.

anfitrião: A pessoa que convida os participantes para um workshop de Storytelling de Domínio. Em geral tem interesse no resultado do workshop.

ouvinte: Participante em um workshop de Storytelling de Domínio cujo objetivo principal é ganhar conhecimento. Em geral um desenvolvedor.

GRANULARIDADE MÉDIA: Veja *granularidade*.

modelador: A pessoa que desenha a história de domínio em um workshop. Em geral a mesma pessoa no papel de moderador.

tela de modelagem: A superfície na qual é desenhada a história de domínio. Não precisa ser uma tela real; pode ser um pedaço de papel, um quadro branco ou uma ferramenta digital.

moderador: A pessoa que conduz um workshop de Storytelling de Domínio. Em geral a mesma pessoa no papel de modelador.

ponto no tempo: Um escopo que pode ser COMO ESTÁ ou COMO SERÁ.

PURO/PURA: Um escopo que explica a pureza do domínio. Descreve uma história de domínio que não tem sistemas de TI, mas apenas o processo do negócio em si.

cenário: Uma instância do processo de negócio. Conta uma história concreta.

modelagem baseada em cenário: Um estilo de modelagem em que diferentes casos do mesmo processo são modelados como cenários diferentes. Em oposição a modelar todos os casos em um diagrama.

escopo: O contexto de uma história de domínio expressado por meio dos fatores granularidade, ponto no tempo e pureza do domínio.

frase: Uma combinação de atores, atividades e objetos de trabalho. A gramática do Storytelling de Domínio permite diferentes frases. A forma mais simples é *sujeito* (ator) — *predicado* (atividade) — *objeto* (objeto de trabalho).

número de sequência: Indica a ordem de uma frase em relação às outras.

contador de história: O participante em um workshop de Storytelling de Domínio com o qual outros participantes podem aprender sobre o domínio. Em geral um especialista em domínio.

COMO SERÁ: Escopo de um ponto no tempo da história de domínio, significando que a história descreve uma situação futura. Diferentes situações COMO SERÃO são descritas em diferentes histórias de domínio.

objeto de trabalho: Um bloco de construção que representa algo no qual/com o qual o ator trabalha. Desenhado como um ícone que representa o objeto de trabalho em si, uma variante digitalizada ou o meio no qual objeto de trabalho é trocado.

workshop: Um evento de modelagem colaborativa para reunir ouvintes e contadores de história. Geralmente planejado pelo anfitrião e facilitado por um moderador.

Bibliografia

Você também encontra esta bibliografia online. Basta acessar o site do Grupo Editorial Alta Books. Acesse: www.altabooks.com.br e procure pelo nome do livro ou ISBN.

[Adzic 2011] Gojko Adzic. *Specification by Example.* Shelter Island, NY: Manning, 2011.

[Baas-Schwegler/Rosa 2020] Kenny Baas-Schwegler e João Rosa (eds.). *Visual Collaboration Tools.* Publicação independente, Leanpub, última atualização em 7 de agosto de 2020. https://leanpub.com/visualcollaborationtools.

[Beck 2000] Kent Beck. *Extreme Programming Explained: Embrace Change.* Reading, MA: Addison-Wesley, 2000.

[Beck/Andres 2005] Kent Beck e Cynthia Andres. *Extreme Programming Explained: Embrace Change.* 2ª ed. Boston: Addison-Wesley, 2005.

[Beck/Cunningham 1989] Kent Beck e Ward Cunningham. "A laboratory for teaching object oriented thinking". OOPSLA, 1989. http://www.inf.ufpr.br/andrey/ci221/docs/beckCunningham89.pdf.

[Beck *et alii* 2001] Kent Beck, Mike Beedle, Arie van Bennekum, Alistair Cockburn, Ward Cunningham, Martin Fowler, James Grenning, Jim Highsmith, Andrew Hunt, Ron Jeffries, Jon Kern, Brian Marick, Robert C. Martin, Steve Mellor, Ken Schwaber, Jeff Sutherland e Dave Thomas. *Manifesto for Agile Software Development.* 2001. https://agilemanifesto.org.

[Brandolini 2016] Alberto Brandolini. "Optimized for what?" SlideShare, 20 de novembro de 2016. https://www.slideshare.net/ziobrando/optimized-for-what.

[Brandolini 2020] ———. "Discovering Bounded Contexts with EventStorming". Em *Domain-Driven Design: The First 15 Years* da comunidade DDD. Publicação independente, Leanpub, 15 de fevereiro de 2020. https://leanpub.com/ddd_first_15_years.

[Brandolini 2021] ———. *Introducing EventStorming.* Publicação independente, Leanpub, última atualização em 12 de fevereiro de 2021. https://leanpub.com/introducing_eventstorming.

[Bråten 1973] Stein Bråten. "Model Monopoly and Communications: Systems Theoretical Notes on Democratization". *Acta Sociologica* 16, nº 2 (1973).

[Breitling *et alii* 2006] Holger Breitling, Andreas Kornstädt e Joachim Sauer. "Design Rationale in Exemplary Business Process Modeling". Em *Rationale Management in Software Engineering*, editado por Alen H. Dutoit, Ray McCall, Ivan Mistrik e Barbara Paech, 191–208. Berlim: primavera de 2006.

[Buschmann *et alii* 1996] Frank Buschmann, Regine Meunier, Hans Rohnert, Peter Sommerlad e Michael Stal. *Pattern-Oriented Software Architecture Volume 1: A System of Patterns*. Hoboken, NJ: Wiley, 1996.

[Carroll 2000] John Carroll. *Making Use: Scenario-Based Design of Human Computer Interactions*. Cambridge, MA: MIT Press, 2000.

[Checkland 1975] Peter Checkland. "The Development of Systems Thinking by Systems Practice — a methodology from an action research program". Em *Progress in Cybernetics and Systems Research*, vol. 2, editado por Robert Trappl e Franz Pichler, 278–283. Washington, DC: Hemisphere, 1975.

[Cockburn 2001] Alistair Cockburn. *Writing Effective Use Cases*. Boston: AddisonWesley, 2001.

[Cockburn 2005] ———. "Hexagonal Architecture". 4 de janeiro de 2005. https://alistair.cockburn.us/hexagonal-architecture/.

[CockburnOrigin] ———."Origin of Story Card Is a Promise for a Conversation". http://alistair.cockburn.us/Origin+of+user+story+is+a+promise+for+a+conversation.

[Cohn 2004] Mike Cohn. *User Stories Applied: For Agile Software Development*. Boston: Addison-Wesley, 2004.

[CoMoCamp, site] CoMoCamp — The Collaborative Modeling Unconference. Acessado em 15 de junho de 2021. https://comocamp.org/.

[Conway 1968] Melvin E. Conway. "How Do Committees Invent?" *Datamation*, abril de 1968. https://www.melconway.com/Home/Conways_Law.html.

[Cooper 1999] Alan Cooper. *The Inmates Are Running the Asylum: Why High Tech Products Drive Us Crazy and How to Restore the Sanity*. Indianapolis: Sams, 1999.

[DDDCrew, site] DDD Crew. Acessado em 5 de maio de 2021. https://github.com/ddd-crew/.

[DDDHeuristics, site] *DDD Heuristics. Heuristics to share and use for designing software.* https://www.dddheuristics.com.

[DomainStorytelling, site do livro] Domain Storytelling Book Website. https://domainstorytelling.org/book.

[DomainStorytelling, site] Domain Storytelling Website. https://domainstorytelling.org.

[Egon.io, site] *Egon.io — the Domain Story Modeler.* https://egon.io.

[Egon.io Sources] *Egon.io — the Domain Story Modeler, código-fonte.* https://github.com/WPS/domain-story-modeler.

[Evans 2004] Eric Evans. *Domain-Driven Design: Tackling Complexity in the Heart of Software.* Boston: Addison-Wesley, 2004.

[Evans 2016] ———. "Whirlpool Process of Model Exploration". Domain Language. Abril de 2016. https://domainlanguage.com/ddd/whirlpool/.

[Floyd 1992] Christiane Floyd. "Software Development as Reality Construction". Em *Software Development and Reality Construction*, editado por Christiane Floyd, Heinz Züllighoven, Reinhard Budde e Reinhard Keil-Slawik, 86–100. Berlim: primavera de 1992. http://dx.doi.org/10.1007/978-3-642-76817-0_10.

[Foote/Yoder 1997] Brian Foote e Joseph Yoder. "Big Ball of Mud". *PLoP '97*, Monticello, IL, setembro de 1997. http://www.laputan.org/mud/mud.html.

[Fowler 2003a] Martin Fowler. "Anemic Domain Model". *Bliki*. 25 de novembro de 2003. https://www.martinfowler.com/bliki/AnemicDomainModel.html.

[Fowler 2003b] ———. "Multiple Canonical Models". *Bliki*. 21 de julho de 2003. https://martinfowler.com/bliki/MultipleCanonicalModels.html.

[Fowler 2003c] ———. *Patterns of Enterprise Application Architecture. Boston: Addison-Wesley, 2003.*

[Fowler 2004] ———. *UML Distilled: A Brief Guide to the Standard Object Modeling Language.* 3ª ed. Boston: Addison-Wesley, 2004.

[Fowler 2005] ———. "Event Sourcing". *Development of Further Patterns of Enterprise Application Architecture.* 12 de dezembro de 2005. https://martinfowler.com/ eaaDev/EventSourcing.html.

[Freund/Rücker 2019] Jakob Freund, Bernd Rücker. *Real-Life BPMN.* 4ª ed. Publicação independente, 2019.

[Hofer 2017] Stefan Hofer. "Ein Modellierungsansatz für die Umgestaltung von Anwendungslandschaften". Dissertação de doutorado, Universidade de Hamburgo, 2017. https://ediss. sub.uni-hamburg.de/handle/ediss/7180.

[Hofer 2020] ———. "An Introduction to Domain Storytelling". Registrado em 18 de fevereiro de 2020. Virtual DDD session. https://virtualddd.com/sessions/19.

[Holtzblatt *et alii* 2005] Karen Holtzblatt, Jessamyn Burns Wendell e Shelley Wood. *Rapid Contextual Design*. Amsterdã: Elsevier, 2005.

[Hombergs 2019] Tom Hombergs. *Get Your Hands Dirty on Clean Architecture*. Birmingham: Packt, 2019.

[Hunt/Thomas 2000] Andrew Hunt, David Thomas. *The Pragmatic Program-mer: From Journeyman to Master. Boston: Addison-Wesley, 2000.*

[Jacobson 1987] Ivar Jacobson. "Object-Oriented Development in an Industrial Environment". Em *OOPSLA '87: Conference Proceedings on Object-Oriented Programming Systems, Languages and Applications*, editado por Norman Meyrow. Nova York: ACM, 1987.

[Jacobson *et alii* 2011] Ivar Jacobson, Ian Spence, Kurt Bittner. *Use-Cases 2.0: The Guide to Succeeding with Use Cases*. Ivar Jacobson International, dezembro de 2011. https://www.ivarjacobson.com/sites/default/files/field_iji_file/article/use-case_2_0_ jan11.pdf.

[Krabbel *et alii* 1996] Anita Krabbel, Sabine Ratuski e Ingrid Wetzel. "Requirements Analysis of Joint Tasks in Hospitals". Em *Proceedings of the 19th Information Systems Research Seminar in Scandinavia*, editado por Bo Dahlbom *et alii*. Gothenburg Studies in Informatics, Report 8, 733–49, junho de 1996. https://swa. informatik.uni-hamburg.de/files/veroeffentlichungen/finalIris96.pdf.

[LeasingNinja, site] LeasingNinja. Acessado em 5 de maio de 2021. https://www. leasingninja.io.

[LiberatingStructures, site] Liberating Structures. Acessado em 5 de maio de 2021. https://www.liberatingstructures.com.

[Lilienthal 2019] Carola Lilienthal. *Sustainable Software Architecture*. Heidelberg: dpunkt, 2019.

[Manns/Rising 2015] Mary Lynn Manns e Linda Rising. *More Fearless Change*. Boston: Addison-Wesley, 2015.

[Martin 2018] Robert C. Martin. *Clean Architecture: A Craftsman's Guide to Software Structure and Design. Upper Saddle River, NJ: Prentice Hall, 2018.*

[Martraire 2019] Cyrille Martraire. *Living Documentation: Continuous Knowledge Sharing by Design*. Boston: Addison-Wesley, 2019.

[MaterialIcons, site] Ícones do material. Acessado em 5 de maio de 2021. https://material.io/ icons/.

[Meyer 1997] Bertrand Meyer. *Object-Oriented Software Construction*. 2ª ed. Upper Saddle River, NJ: Prentice Hall, 1997.

[Millet 2017] Scott Millet. The Anatomy of Domain-Driven Design. Publicação independente, Leanpub, última atualização em 2 de fevereiro de 2017. https://leanpub.com/ theanatomyofdomain-drivendesign.

[Millet/Tune 2015] Scott Millet e Nick Tune. *Patterns, Principles, and Practices of Domain-Driven Design*. Birmingham: Wrox, 2015.

[Newman 2015] Sam Newman. *Building Microservices: Designing Fine-Grained Systems*. Sebastopol, CA: O'Reilly, 2015.

[North 2006] Dan North. "Introducing BDD". Dan North & Associates. Março de 2006. https://dannorth.net/introducing-bdd/.

[OMG 2013] Object Management Group. *Business Process Model and Notation*. Version 2.0.2, dezembro de 2013. https://www.omg.org/spec/BPMN/

[Palermo 2008] Jeffrey Palermo. "The Onion Architecture". 28 de julho de 2008. https://jeffreypalermo.com/2008/07/the-onion-architecture-part-1/.

[Patton 2014] Jeff Patton. *User Story Mapping*. Sebastopol, CA: O'Reilly, 2014.

[Plöd 2020] Michael Plöd. *Domain-Driven Design by Example*. Publicação independente, Leanpub, última atualização em 24 de junho de 2020. https://leanpub.com/ddd-by-example.

[Poupko 2018] Avraham Poupko. "The Importance of Multiple Perspectives When Modeling Software". 17 de setembro de 2018. Vídeo DDD Europe 2018. https://laptrinhx.com/the-importance-of-multiple-perspectives-when-modeling-software-avraham-poupko-ddd-europe-2018-543633462/.

[Rubin 2013] Kenneth S. Rubin. *Essential Scrum: A Practical Guide to the Most Popular Agile Process*. Boston: Addison-Wesley, 2013.

[Rumbaugh *et alii* 2005] James Rumbaugh, Ivar Jacobson e Grady Booch. *The Unified Modeling Language Reference Manual.* 2ª ed. Boston: Addison-Wesley, 2005.

[Schimak 2019] Martin Schimak. "Storystorming". Mídia, 9 de junho de 2019. https://medium.com/plexiti/story-storming-191756f57387.

[SCS, site] Sistemas independentes. Acessado em 5 de maio de 2021. https://scsarchitecture.org.

[Smart 2017] John Ferguson Smart. "When What We Ask for Is Not What We Get, and What We Get Is Not What We Need". *John's Latest Articles* (blog), 30 de abril de 2017. https://johnfergusonsmart.com/how-great-teams-deliver-great-products/.

[Smart 2019] ———. "Feature Mapping — a Lightweight Requirements Discovery Practice for Agile Teams". *John's Latest Articles* (blog), 6 de novembro de 2019. https://johnfergusonsmart.com/feature-mapping-a-lightweight-requirementsdiscovery-practice-for-agile-teams.

[SmartBear 2019] SmartBear Software. "Gherkin Reference". Última modificação em 2019. https://cucumber.io/docs/gherkin/reference/.

[Thomas/Hunt 2020] David Thomas e Andrew Hunt. *The Pragmatic Pro-grammer: Your Journey to Mastery. 20th Anniversary Edition. Boston: Addison--Wesley, 2020.*

[Tune 2019a] Nick Tune. "Sociotechnical Design Variables". *Nick Tune's Strategic Technology Blog*, Mídia, 24 de maio de 2019. https://medium.com/nick-tune-tech-strategy-blog/sociotechnical-design-variables-52b7048f7b62.

[Tune 2019b] ———. "Modelling Bounded Contexts with the Bounded Context Canvas: A Workshop Recipe". *Nick Tune's Strategic Technology Blog*, Mídia, 22 de julho de 2019. https://medium.com/nick-tune-tech-strategy-blog/modelling-boundedcontexts-with-the-bounded-context-design-canvas-a-workshop-recipe-1f123e592ab.

[Tune 2021] ———. "Domain Message Flow Modelling". DDD Crew. Último envio em 4 de fevereiro de 2021. https://github.com/ddd-crew/domain-message-flow-modelling.

[Tune Blog] ———. *Nick Tune's Strategic Technology Blog.* Mídia. https://medium.com/nick-tune-tech-strategy-blog.

[Vernon 2013] Vaughn Vernon. *Implementing Domain-Driven Design. Boston: Addison-Wesley, 2013.*

[Vernon 2016] ———. *Domain-Driven Design Distilled.* Boston: Addison-Wesley, 2016.

[Vernon 2017] ———. *Domain-Driven Design kompakt.* Traduzido por Carola Lilienthal e Henning Schwentner. Heidelberg: dPunkt, 2017.

[Verraes Blog] Mathias Verraes. *Blog.* http://verraes.net/#blog.

[Wikipédia no estilo Cockburn] Wikipédia, "Cockburn-style use cases". https://upload.wikimedia.org/wikipedia/commons/8/82/Cockburnstyle_use_cases.svg.

[Wlaschin 2018] Scott Wlaschin. *Domain Modeling Made Functional.* Raleigh, NC: Pragmatic Bookshelf, 2018.

[Wynne 2015] Matt Wynne. "Introducing Example Mapping". *Cucumber Blog*, 8 de dezembro de 2015. https://cucumber.io/blog/bdd/example-mapping-introduction/.

[xMolecules, site] xMolecules. Acessado em 5 de maio de 2021. https://xmolecules.org/.

[Yong 2017] Ed Yong. "The Desirability of Storytellers". *The Atlantic*, 5 de dezembro de 2017. https://www.theatlantic.com/science/archive/2017/12/the-origins-of--storytelling/ 547502/.

[Young 2010] Greg Young. "Command and Query Responsibility Segregation". *CQRS Documents.* Novembro de 2010. https://cqrs.files.wordpress.com/2010/11/cqrs_ documents.pdf.

[Zuill 2014] Woody Zuill. "Mob Programming – A Whole Team Approach". *Agile 2014.* https://www.agilealliance.org/resources/experience-reports/mobprogramming-agile2014/.

[Züllighoven 2004] Heinz Züllighoven. *Object-Oriented Construction Handbook.* Amsterdã: Elsevier, 2004.

Índice

Este livro foi impresso nas oficinas gráficas da Editora Vozes Ltda.,
Rua Frei Luís, 100 – Petrópolis, RJ.